教員採用試験対策

ステップアップ問題集⑩

専門教科
中学・高校 英語

基礎から実践へ段階的に得点力を付ける！
合格レベルまでステップアップできる！
教員採用試験必携の問題集

東京アカデミー｜編

東京アカデミー七賢出版

はじめに

教員採用試験は，自治体ごとに実施され，その出題傾向は多種多様です。そのため，受験生にとっては対策を立てる上で大変困難を極めます。また，近年の試験では，人物試験を重視する傾向にあり，その対策にも多くの時間が必要となります。これらの状況を考えると，筆記試験においては，限られた時間の中でより的確かつ効率よく学習を進めていくことが求められます。

このオープンセサミシリーズは，全国に拠点をもつ東京アカデミーのネットワークを最大限に活かして過去の教員採用試験を徹底的に分析し，より効率よく，かつ合理的に，合格に必要な知識を身に付けることができるよう編集されたものです。

多くの受験生が見事合格を勝ちとり，晴れて教師としてご活躍されますよう，ご健闘を心からお祈り申し上げます。

本書が，受験生の皆さまの合格の一助となりましたら幸いです。

東京アカデミー編集部スタッフ一同

■ 本書の特徴と構成

本書は，教員採用試験の出題傾向を詳細に研究・分析したうえで，頻出項目ごとにテーマ別に編集し，基礎・基本の知識整理から，実践的・即応的な合格力まで，段階的に実力がステップアップできるように構成しています。

▶ STEP　1

各章に，頻出テーマの基礎事項確認・定着を図るための“例題”を掲載しています。

▶ STEP　2

章末には，同章で学んだ知識を確認・反復するために“演習問題”を掲載しています。

▶ STEP　3

巻末には，各章で学んだテーマを横断的に扱った問題や，発展的な論点をカバーした問題などを，総合問題形式で“実践問題”として掲載しています。

※ 演習問題・実践問題は過去問題（及びその改題）を精選して掲載しています。

●表示説明：演習問題および実践問題に表示されている★印は，各問題の難度を示します。

★☆☆　普通　　★★☆　やや難しい　　★★★　難しい

Contents　中学・高校 英語

1 学習指導要領・指導法

傾向と対策

学習指導要領は教師にとっての「法」であり，実際の英語教育もすべて学習指導要領にのっとって行われている。よって，教員採用試験では頻出の分野である。主に空欄補充問題として出題されることが多いので，正しく書けるようにしておこう。

例題1　学習指導要領

1　次の文は，中学校学習指導要領（平成29年3月告示）「外国語」に示されている教科の目標である。文中の空欄に当てはまる語句を書け。

外国語によるコミュニケーションにおける見方・考え方を働かせ，外国語による聞くこと，読むこと，話すこと，書くことの言語活動を通して，簡単な（　A　）や考えなどを理解したり表現したり（　B　）するコミュニケーションを図る（　C　）を次のとおり育成することを目指す。

⑴　外国語の（　D　）や語彙，表現，文法，言語の働きなどを理解するとともに，これらの知識を，聞くこと，読むこと，話すこと，書くことによる実際のコミュニケーションにおいて活用できる（　E　）を身に付けるようにする。

⑵　コミュニケーションを行う目的や場面，状況などに応じて，（　F　）な話題や社会的な話題について，外国語で簡単な（　A　）や考えなどを理解したり，これらを活用して表現したり（　B　）することができる力を養う。

⑶　外国語の背景にある（　G　）に対する理解を深め，聞き手，読み手，話し手，書き手に配慮しながら，（　H　）に外国語を用いてコミュニケーションを図ろうとする態度を養う。

〈愛媛県改題〉

2　次の文は，中学校学習指導要領（平成29年3月告示）「外国語」の指導計画の作成に当たっての配慮事項の記述である。文中の空欄に当てはまる語句を書け。

○　単元など内容や時間のまとまりを見通して，その中で育む資質・能力の育成に向けて，生徒の（　A　）で深い学びの実現を図るようにすること。その際，具体的な（　B　）等を設定し，生徒が外国語によるコミュニケーションにおける見方・考え方を働かせながら，コミュニケーションの目的や（　C　），状況などを意識して活動を行い，英語の音声や語彙，表現，文法の知識を（　D　）における実際のコミュニケーションにおいて活用する学習の充実を図ること。

○　生徒が（　E　）機会を充実するとともに，授業を実際のコミュニケーションの（　C　）とするため，授業は英語で行うことを基本とする。その際，生徒の（　F　）に応じた英語を用いるようにすること。

○　指導計画の作成や授業の実施に当たっては，（　G　）や英語が堪能な（　H　）などの協力を得る等，指導体制の充実を図るとともに，指導方法の工夫を行うこと。

〈千葉県・千葉市改題〉

3　次の文は，高等学校学習指導要領（平成30年3月告示）「外国語」に示されている教科の目標である。文中の空欄に当てはまる語句を書け。

外国語によるコミュニケーションにおける見方・考え方を働かせ，外国語による聞くこと，読むこと，話すこと，書くことの言語活動及びこれらを結び付けた統合的な言語活動を通して，（　A　）や考えなどを的確に理解したり適切に表現したり（　B　）するコミュニケーションを図る（　C　）を次のとおり育成することを目指す。

⑴　外国語の（　D　）や語彙，表現，文法，言語の働きなどの理解を深めるとともに，これらの知識を，聞くこと，読むこと，話すこと，書くことによる実際のコミュニケーションにおいて，目的や場面，状況などに応じて適切に活用できる（　E　）を身に付けるようにする。

⑵　コミュニケーションを行う目的や場面，状況などに応じて，（　F　）な話題や社会的な話題について，外国語で（　A　）や考えなどの概要や要点，詳細，話し手や書き手の意図などを的確に理解したり，これらを活用して適切に表現したり（　B　）することができる力を養う。

⑶　外国語の背景にある（　G　）に対する理解を深め，聞き手，読み手，話し手，書き手に配慮しながら，（　H　）に外国語を用いてコミュニケーションを図ろうとする態度を養う。

〈香川県改題〉

解答 1　A．情報　B．伝え合ったり　C．資質・能力　D．音声
E．技能　F．日常的　G．文化　H．主体的

2　A．主体的・対話的　B．課題　C．場面
D．五つの領域　E．英語に触れる　F．理解の程度
G．ネイティブ・スピーカー　H．地域人材

3　A．情報　B．伝え合ったり　C．資質・能力　D．音声
E．技能　F．日常的　G．文化
H．主体的，自律的

解説 1　外国語科（中学校）の目標は次のように設定されている。

中学校（平成29年3月告示）

> 外国語によるコミュニケーションにおける見方・考え方を働かせ，外国語による聞くこと，読むこと，話すこと，書くことの言語活動を通して，簡単な情報や考えなどを理解したり表現したり伝え合ったりするコミュニケーションを図る資質・能力を次のとおり育成することを目指す。

目標の中心となる部分は「簡単な情報や考えなどを理解したり表現したり伝え合ったりするコミュニケーションを図る資質・能力」を育成することである。「理解する」，「表現する」という単に受け手となったり送り手となったりする単方向のコミュニケーションだけでなく，「伝え合う」という双方向のコミュニケーションも重視している。この資質・能力の育成のために(1)「知識及び技能」，(2)「思考力，判断力，表現力等」，(3)「学びに向かう力，人間性等」の3つの柱に関わる目標を以下のように明確に設定している。

> (1)　外国語の音声や語彙，表現，文法，言語の働きなどを理解するとともに，これらの知識を，聞くこと，読むこと，話すこと，書くことによる実際のコミュニケーションにおいて活用できる技能を身に付けるようにする。
>
> (2)　コミュニケーションを行う目的や場面，状況などに応じて，日常的な話題や社会的な話題について，外国語で簡単な情報や考えなどを理解したり，これらを活用して表現したり伝え合ったりすることができる力を養う。
>
> (3)　外国語の背景にある文化に対する理解を深め，聞き手，読み手，話し手，書き手に配慮しながら，主体的に外国語を用いてコミュニケーションを図ろうとする態度を養う。

3つの柱のうち，(3)は極めて重要な観点であるが，(1)，(2)，(3)は不可分に結び付いている。つまり，「知識及び技能」を実際のコミュニケーションの場面において活用し，考えを形成・深化させ，話したり書いたりして表現することを繰り返すことで，生徒に自信が生まれ，主体的に学習に取り組む態度

が一層向上するからである。特に，改訂前は「積極的にコミュニケーションを図ろうとする態度」が重視されていたが，改訂によって「主体的に外国語を用いてコミュニケーションを図ろうとする態度」としたことに留意する必要がある。

なお，学習指導要領の改訂（平成29年3月）では，小学校中学年に外国語活動を導入し，「聞くこと」，「話すこと［やりとり］」，「話すこと［発表］」の三つの領域を設定し，音声面を中心とした外国語を用いたコミュニケーションを図る素地を育成した上で，高学年において「読むこと」，「書くこと」を加えた教科として「外国語」を導入し，コミュニケーションを図る基礎となる資質・能力を育成することとしている。そのような状況を踏まえ，中学校段階では，五つの領域の言語活動を通して，コミュニケーションを図る資質・能力を育成することとしている。

2　例題の文は，中学校学習指導要領（平成29年3月）の指導計画の作成上の配慮事項について述べたものである。指導計画の作成に当たっては，小・中・高等学校を通じた領域別の目標の設定という観点を踏まえ，小学校や高等学校における指導との接続に留意した上で，ア～キの7つの事項が示されている。例文はア・エ・キの内容である。

3　外国語科（高等学校）の目標は次のように設定されている。

高等学校（平成30年3月告示）

> 外国語によるコミュニケーションにおける見方・考え方を働かせ，外国語による聞くこと，読むこと，話すこと，書くことの言語活動及びこれらを結び付けた統合的な言語活動を通して，情報や考えなどを的確に理解したり適切に表現したり伝え合ったりするコミュニケーションを図る資質・能力を次のとおり育成することを目指す。

「情報や考えなどを的確に理解したり，適切に表現したり伝え合ったりするコミュニケーションを図る資質・能力」は，外国語科の目標の中心となる部分である。「理解する」，「表現する」という単に受け手となったり送り手となったりする単方向のコミュニケーションだけではなく，「伝え合う」という双方向のコミュニケーションも重視している。上記の目標を基に育成を目指す資質・能力の3つの柱である「知識及び技能」，「思考力，判断力，表現力等」及び「学びに向かう力，人間性等」のそれぞれに関わる目標を，以下(1)(2)(3)のように明確に設定している。

> ⑴　外国語の音声や語彙，表現，文法，言語の働きなどの理解を深めるとともに，これらの知識を，聞くこと，読むこと，話すこと，書くことによる実際のコミュニケーションにおいて，目的や場面，状況などに応じて適切に活用できる技能を身に付けるようにする。
> ⑵　コミュニケーションを行う目的や場面，状況などに応じて，日常的な話題や社会的な話題について，外国語で情報や考えなどの概要や要点，詳細，話し手や書き手の意図などを的確に理解したり，これらを活用して適切に表現したり伝え合ったりすることができる力を養う。
> ⑶　外国語の背景にある文化に対する理解を深め，聞き手，読み手，話し手，書き手に配慮しながら，主体的，自律的に外国語を用いてコミュニケーションを図ろうとする態度を養う。

外国語教育における「学びに向かう力，人間性等」は，生徒が言語活動に主体的・自律的に取り組むことが外国語によるコミュニケーションを図る資質・能力を身に付ける上で不可欠であるため，極めて重要な観点である。「知識及び技能」を実際のコミュニケーションの場面において活用し，考えを形成・深化させ，話したり書いたりして表現することを繰り返すことで，生徒に自信が生まれ，主体的・自律的に学習に取り組む態度が一層向上するため，⑴,⑵,⑶は不可分に結び付いている。生徒が興味をもって取り組める言語活動を段階的に取り入れたり，自己表現活動を工夫したりするなど，様々な手立てを通して生徒の主体的・自律的に学習に取り組む態度の育成を目指した指導をすることが大切である。

なお，学習指導要領の改訂（平成29年3月）で，小学校に新たに外国語科が導入されたことを踏まえ，高等学校では，小学校及び中学校における学習との接続に一層留意する必要があるとし，小学校及び中学校での学習の成果が高等学校での学習に円滑に接続され，育成を目指す資質・能力を生徒が確実に身に付けることができるようにすることが大切であるとしている。

例題2　**指導法**

中学校1年生の授業で，全員の生徒にALTへの自己紹介文を自由に書かせたところ，次のような紹介文を書いた生徒が大勢いた。この紹介文を読んで，下の各問いに答えよ。

My name is Dai Aizawa. I am thirteen years old. I am like English. I am like music too. I have one sister. She is likes tennis. She is likes volleyball too. My mother and father are like football very much.

(1)　この学級の生徒の英語学習上の課題は何か，具体的に2つ書け。

(2)　(1)の課題解決に向けて，それぞれどのような対策が必要か，具体的に書け。

〈新潟県〉

解答〔解答例〕

(1)　課題1：be動詞と一般動詞の使い分けが正しく理解できていない。
課題2：内容にまとまりがなく，自分の考えや気持ちを伝えていない。

(2)　課題1の対策

・小学校で慣れ親しんだ語句を用いて，英語の書き方の規則を意識させるとともに，生徒一人一人をよく見取り，個の習熟度に応じて，ヒントを出したり，辞書の使用を促したり，直接的・間接的に誤りの修正を行ったりする。

・機会を捉えて説明し直し，自分が書いたものを修正させるなどの手立てを通して，徐々に正確に書けるように指導する。

課題2の対策

・日頃から，自分の考えや気持ちをペアやグループで簡単な語句や文を用いて口頭で伝える活動をした後に，その内容を書いてまとめる，といった言語活動を設定する。

・手本となるような文章を数多く提示し，その表現を活用したり入れ替えたりしながら書き方を学ばせた上で，その後に自分の力で書くことができるようにするといった段階を踏む。

解説　例題のように，具体的な状況が設定されて対応を問われる問題が多い。英文から，指導上のポイントを絞る。この例題では，「①文法的な誤りを正し，正しい表現を身に付けさせる」，「②互いに気持ちや考えを伝え合うという観点から，相手に伝えようとする態度を育成する」の2点が要点である。中学校学習指導要領解説（平成29年7月）の「内容　(3)①言語活動に関する事項　カ　書くこと」を熟読して，主旨から逸脱した内容にならないようにまとめることが重要である。

➤ 評価の観点

〈中学校　外国語〉

観点	知識・技能	思考・判断・表現	主体的に学習に取り組む態度
趣旨	・外国語の音声や語彙，表現，文法，言語の働きなどを理解している。 ・外国語の音声や語彙，表現，文法，言語の働きなどの知識を，聞くこと，読むこと，話すこと，書くことによる実際のコミュニケーションにおいて活用できる技能を身に付けている。	コミュニケーションを行う目的や場面，状況などに応じて，日常的な話題や社会的な話題について，外国語で簡単な情報や考えなどを理解したり，これらを活用して表現したり伝え合ったりしている。	外国語の背景にある文化に対する理解を深め，聞き手，読み手，話し手，書き手に配慮しながら，主体的に外国語を用いてコミュニケーションを図ろうとしている。

〈高等学校　外国語〉

観点	知識・技能	思考・判断・表現	主体的に学習に取り組む態度
趣旨	・外国語の音声や語彙，表現，文法，言語の働きなどについて理解を深めている。 ・外国語についての音声や語彙，表現，文法，言語の働きなどの知識を，聞くこと，読むこと，話すこと，書くことによる実際のコミュニケーションにおいて，目的や場面，状況などに応じて適切に活用できる技能を身に付けている。	コミュニケーションを行う目的や場面，状況などに応じて，日常的な話題や社会的な話題について，外国語で情報や考えなどの概要や要点，詳細，話し手や書き手の意図などを的確に理解したり，これらを活用して適切に表現したり伝え合ったりしている。	外国語の背景にある文化に対する理解を深め，聞き手，読み手，話し手，書き手に配慮しながら，主体的，自律的に外国語を用いてコミュニケーションを図ろうとしている。

演習問題

1 ★★☆

次の各問いに答えよ。

(1)　中学校学習指導要領(平成29年3月告示)「外国語」の「目標」として適切でないものは次の①～④のうちのどれか。

①　外国語の音声や語彙，表現，文法，言語の働きなどを理解するとともに，これらの知識を，聞くこと，読むこと，話すこと，書くことによる実際のコミュニケーションにおいて活用できる技能を身に付けるようにする。

②　コミュニケーションを行う目的や場面，状況などに応じて，日常的な話題や社会的な話題について，外国語で簡単な情報や考えなどを理解したり，これらを活用して表現したり伝え合ったりすることができる力を養う。

③　外国語を理解し，外国語で表現する基礎的な能力を養い，外国語で積極的にコミュニケーションを図ろうとする態度を育てるとともに，言語や文化に対する関心を深め，国際理解の基礎を培う。

④　外国語の背景にある文化に対する理解を深め，聞き手，読み手，話し手，書き手に配慮しながら，主体的に外国語を用いてコミュニケーションを図ろうとする態度を養う。

(2)　次の①～④のうち，中学校学習指導要領(平成29年3月告示)「外国語」の「指導計画の作成と内容の取扱い」に関する記述として適切なものが2つある。その2つを正しく組み合わせてあるものは，下のア～エのうちのどれか。

①　文字指導に当たっては，生徒の学習負担にも配慮しながら筆記体を指導することもできることに留意すること。

②　各学年とも，「言語活動」のうち，特に聞くこと及び話すことの言語活動に重点をおいて指導すること。

③　生徒が身に付けるべき資質・能力や生徒の実態，教材の内容などに応じて，視聴覚教材やコンピュータ，情報通信ネットワーク，教育機器などを有効活用し，生徒の興味・関心をより高め，指導の効率化や言語活動の更なる充実を図るようにすること。

④　内容の各学年に示す各事項については，生徒の実態等に応じて適切な指導が行われるようにするため，当該学年より前の学年で指導することができること。

ア．①と③　　イ．①と④　　ウ．②と③　　エ．②と④

〈東京都改題〉

2 ★★☆

中学校学習指導要領(平成20年3月)「外国語」の目標には「積極的にコミュニケーションを図ろうとする態度」を養うことが重視されていたが，中学校学習指導要領(平成29年3月告示)では「主体的に外国語を用いてコミュニケーションを図ろうとする態度を養う」と述べられている。これはどのようなことを意味しているか。日本語で書け。

〈大分県改題〉

3 ★☆☆

中学校学習指導要領(平成29年3月告示)では，英語学習の特質を踏まえ，五つの領域別に目標を設定している。空欄に当てはまる語句を書け。

(1)　聞くこと

ア　はっきりと話されれば，日常的な話題について，必要な(　A　)を聞き取ることができるようにする。

イ　はっきりと話されれば，日常的な話題について，話の(　B　)を捉えることができるようにする。

ウ　はっきりと話されれば，社会的な話題について，短い説明の(　C　)を捉えることができるようにする。

(2)　読むこと

ア　日常的な話題について，簡単な語句や文で書かれたものから必要な(　A　)を読み取ることができるようにする。

イ　日常的な話題について，簡単な語句や文で書かれた短い文章の(　B　)を捉えることができるようにする。

ウ　社会的な話題について，簡単な語句や文で書かれた短い文章の(　C　)を捉えることができるようにする。

(3)　話すこと[やり取り]

ア　(　D　)のある事柄について，簡単な語句や文を用いて(　E　)で伝え合うことができるようにする。

イ　日常的な話題について，事実や自分の考え，気持ちなどを整理し，簡単な語句や文を用いて伝えたり，相手からの(　F　)に答えたりすることができるようにする。

ウ　社会的な話題に関して聞いたり読んだりしたことについて，(　G　)

や感じたこと，その（　H　）などを，簡単な語句や文を用いて述べ合うことができるようにする。

⑷　話すこと［発表］

ア　（　D　）のある事柄について，簡単な語句や文を用いて（　E　）で話すことができるようにする。

イ　日常的な話題について，事実や自分の考え，気持ちなどを整理し，簡単な語句や文を用いて（　I　）を話すことができるようにする。

ウ　社会的な話題に関して聞いたり読んだりしたことについて，（　G　）や感じたこと，その（　H　）などを，簡単な語句や文を用いて話すことができるようにする。

⑸　書くこと

ア　（　D　）のある事柄について，簡単な語句や文を用いて（　J　）に書くことができるようにする。

イ　日常的な話題について，事実や自分の考え，気持ちなどを整理し，簡単な語句や文を用いて（　K　）を書くことができるようにする。

ウ　社会的な話題に関して聞いたり読んだりしたことについて，（　G　）や感じたこと，その（　H　）などを，簡単な語句や文を用いて書くことができるようにする。

〈岩手県改題〉

4　★☆☆

次の文は，中学校学習指導要領（平成29年3月告示）「外国語」の言語活動に関する事項における「イ　聞くこと」「ウ　読むこと」の言語活動例である。空欄に当てはまる語句を書け。

イ　聞くこと

㋐　日常的な話題について，（　A　）で話される英語を聞いて，話し手の（　B　）を正確に把握する活動。

㋑　店や公共交通機関などで用いられる簡単な（　C　）などから，自分が必要とする情報を聞き取る活動。

㋒　友達からの（　D　）など，身近な事柄に関する簡単な（　E　）を聞いて，その内容を把握し，適切に応答する活動。

㋓　友達や家族，（　F　）などの日常的な話題や社会的な話題に関する会話や説明などを聞いて，概要や要点を把握する活動。また，その内容を英語で（　G　）する活動。

ウ　読むこと

(ア)　書かれた内容や文章の構成を考えながら(　H　)したり，その内容を表現するよう(　I　)したりする活動。

(イ)　日常的な話題について，簡単な表現が用いられている(　J　)やパンフレット，予定表，(　K　)，電子メール，短い文章などから，自分が必要とする情報を読み取る活動。

(ウ)　簡単な語句や文で書かれた日常的な話題に関する短い説明やエッセイ，(　L　)などを読んで概要を把握する活動。

(エ)　簡単な語句や文で書かれた社会的な話題に関する説明などを読んで，イラストや(　M　)，図表なども参考にしながら，要点を把握する活動。また，その内容に対する(　N　)や自分の考えを述べる活動。

〈徳島県改題〉

5 ★★☆

次の□内は，中学校学習指導要領(平成29年告示)「外国語」に示されている英語の内容「(1)英語の特徴やきまりに関する事項」の一部である。これについて，後の各問いに答えよ。

> ア　音声
>
> 次に示す事項について取り扱うこと。
>
> (ア)　現代の標準的な発音
>
> (イ)　語と語の連結による音の変化
>
> (ウ)　語や句，文における基本的な強勢
>
> (エ)　文における基本的なイントネーション
>
> (オ)　文における基本的な区切り
>
> イ　符号

(1)　アの(ア)の下線部について，中学校学習指導要領解説(平成29年7月)では，指導に際してどのようなことに留意する必要があると述べられているか。

(2)　イの下線部について，中学校学習指導要領「外国語」にはどのような符号を指導するように例示されているか。

〈福岡県・福岡市・北九州市改題〉

6 ★★☆

中学校学習指導要領(平成29年3月告示)「外国語」について，次の各問いに答えよ。

(1)　次の文の空欄に当てはまる語句を書け。

　言語の使用場面については,「生徒の身近な暮らしに関わる場面」と「(　A　)」の2つに分けて示されている。言語の働きについては,「(　B　)にする」「気持ちを伝える」「情報を伝える」「考えや意図を伝える」「相手の行動を促す」の5つに分けて示されている。

(2)　次は,「言語の使用場面」及び「言語の働き」の中で示されている表現例である。①，②について，それぞれア，イのどちらかを選んで，授業で使える会話を作れ。

①　「言語の使用場面」………ア．地域の行事　　　イ．電話での対応

②　「言語の働き」……………ア．仮定する　　　イ．依頼する

〈鳥取県改題〉

7 ★★☆

中学校学習指導要領解説－外国語編－(平成29年7月)では，指導に当たり，視聴覚教材やコンピュータ，情報通信ネットワーク，教育機器などの有効活用は欠かせない要素であるとしている。指導の際に，これらを活用することにおける利点を日本語で1つ書け。　〈香川県改題〉

8 ★☆☆

次の文は，中学校学習指導要領(平成29年3月告示)「外国語」に示されている「指導計画の作成と内容の取扱い」の一部である。文中の空欄に当てはまる語句をア～クから選び，記号で答えよ。

英語を使用している人々を中心とする世界の人々や日本人の日常生活，風俗習慣，物語，地理，歴史,(　A　)，自然科学などに関するものの中から，生徒の発達の段階や(　B　)に即して適切な題材を効果的に取り上げるものとし，次の観点に配慮すること。

・　多様な考え方に対する理解を深めさせ，公正な判断力を養い(　C　)を育てるのに役立つこと。

・　我が国の文化や，英語の背景にある文化に対する関心を高め，理解を深めようとする態度を養うのに役立つこと。

・　広い視野から国際理解を深め，国際社会と向き合うことが求められている我が国の一員としての自覚を高めるとともに,(　D　)の精神を養うの

に役立つこと。

ア．芸術　イ．豊かな心情　ウ．国際協調　エ．寛容な精神
オ．能力　カ．伝統文化　キ．人権尊重　ク．興味・関心

〈愛媛県改題〉

9 ★☆☆

次の文は，中学校学習指導要領（平成29年3月告示）「外国語」の「第3　指導計画の作成と内容の取扱い」である。空欄に当てはまる語句を書け。

1　外国語科においては，（　A　）を履修させることを原則とすること。

2　第1章総則の第1の2の(2)に示す道徳教育の目標に基づき，（　B　）科などとの関連を考慮しながら，第3章特別の教科（　B　）の第2に示す内容について，外国語科の（　C　）に応じて適切な指導をすること。

10 ★★☆

中学校学習指導要領（平成29年3月告示）「外国語」に関する次の各問いに答えよ。

(1)「2　内容」の「(1)　英語の特徴やきまりに関する事項」において3学年間に指導する語は，小学校で学習した語に何語程度の新語を加えた語と示されているか。

(2)　各学年で指導する「外国語」の授業時数を答えよ。

11 ★★☆

中学校において，英語によるコミュニケーションを図る資質・能力を育成するために，言語活動を効果的に取り入れていきたい。中学校学習指導要領（平成29年告示）に示されている，話すこと［やり取り］における言語活動例を3つ書け。

〈新潟県改題〉

12 ★★☆

中学校学習指導要領（平成29年告示）「外国語」の「英語」の「内容」に示された言語活動「話すこと［やり取り］」として，「日常的な話題について，伝えようとする内容を整理し，自分で作成したメモなどを活用しながら相手と口頭で伝え合う活動」がある。この活動について中学校学習指導要領解説（平成29年7月）では，実際の指導に当たってどのようなことが重要であると述べられているか。

13 ★★☆

中学校学習指導要領(平成29年告示)では，実際に英語を使用して互いの考えや気持ちを伝え合うなどの言語活動を行う際,「小学校第3学年から第6学年までに扱った簡単な語句や基本的な表現などの学習内容を繰り返し指導し定着を図ること」としている。これに関して，中学校第1学年において，特に必要なことは何か。

14 ★★☆

次の各問いに答えよ。

(1)　高等学校学習指導要領(平成30年3月告示)「外国語」の「英語コミュニケーションⅠ」の「話すこと[やり取り]」の領域における「目標」として適切なものは，次の①～④のうちのどれか。

①　日常的な話題や社会的な話題について，使用する語句や文，対話の展開などにおいて，多くの支援を活用すれば，ディベートやディスカッションなどの活動を通して，聞いたり読んだりしたことを活用しながら，基本的な語句や文を用いて，意見や主張などを論理の構成や展開を工夫して話して伝え合うことができるようにする。

②　社会的な話題について，使用する語句や文，対話の展開などにおいて，一定の支援を活用すれば，聞いたり読んだりしたことを基に，多様な語句や文を用いて，情報や考え，気持ちなどを論理性に注意して詳しく話して伝え合うことができるようにする。

③　社会的な話題について，使用する語句や文，対話の展開などにおいて，多くの支援を活用すれば，聞いたり読んだりしたことを基に，基本的な語句や文を用いて，情報や考え，気持ちなどを論理性に注意して話して伝え合うことができるようにする。

④　日常的な話題について，使用する語句や文，事前の準備などにおいて，多くの支援を活用すれば，基本的な語句や文を用いて，情報や考え，気持ちなどを論理性に注意して話して伝えることができるようにする。

(2)　次の①～④のうち，高等学校学習指導要領(平成30年3月告示)「外国語」の「英語に関する各科目にわたる指導計画の作成と内容の取扱い」に関する記述として適切なものが2つある。その2つを正しく組み合わせてあるものは，ア～エのうちどれか。

①　用語や用法の区別などの指導が中心とならないよう配慮し，実際に活用できるようにするとともに，語順や修飾関係などにおける日本語との違いに留意して指導すること。

② 現代の標準的な英語によること。ただし，様々な英語が国際的に広くコミュニケーションの手段として使われている実態にも配慮すること。

③ 多様な生徒の実態に応じ，生徒の学習負担に配慮しながら，年次ごと及び科目ごとの目標を適切に定め，学校が定める卒業までの指導計画を通して十分に段階を踏みながら，外国語科の目標の実現を図るようにすること。

④ 生徒が身に付けるべき資質・能力や生徒の実態，教材の内容などに応じて，視聴覚教材やコンピュータ，情報通信ネットワーク，教育機器などを有効活用し，生徒の興味・関心をより高め，指導の効率化や言語活動の更なる充実を図るようにすること。

ア．①と③　　イ．①と④　　ウ．②と③　　エ．②と④

〈東京都改題〉

15 ★☆☆

次の文は，高等学校学習指導要領(平成30年3月告示)「外国語」の「第4　論理・表現Ⅰ」の目標である。空欄に当てはまる語句を書け。

1　目標

省略

(1) 話すこと［やり取り］

省略

(2) 話すこと［(　A　)］

ア　日常的な話題について，使用する語句や文，(　B　)の準備などにおいて，(　C　)の支援を活用すれば，基本的な語句や文を用いて，情報や考え，(　D　)などを論理の構成や展開を工夫して(　E　)ことができるようにする。

イ　日常的な話題や社会的な話題について，使用する語句や文，(　B　)の準備などにおいて，(　C　)の支援を活用すれば，スピーチや(　F　)などの活動を通して，聞いたり読んだりしたことを活用しながら，基本的な語句や文を用いて，意見や主張などを論理の構成や展開を工夫して(　E　)ことができるようにする。

(3) (　G　)

ア　日常的な話題について，使用する語句や文，(　B　)の準備などにおいて，(　C　)の支援を活用すれば，基本的な語句や文を用いて，情報や考え，(　D　)などを論理の構成や展開を工夫して文章を(　H　)ことができるようにする。

イ　日常的な話題や社会的な話題について，使用する語句や文，(　B　)の準備などにおいて，(　C　)の支援を活用すれば，聞いたり読んだりしたことを活用しながら，基本的な語句や文を用いて，意見や主張などを論理の構成や展開を工夫して文章を(　H　)ことができるようにする。

〈青森県改題〉

16 ★★☆

次の文は，高等学校学習指導要領(平成30年3月告示)「外国語」の「第3款　英語に関する各科目にわたる指導計画の作成と内容の取扱い」の一部である。空欄に当てはまる語句をア～ツから選び，記号で答えよ。

3　教材については，次の事項に留意するものとする。

(1)　教材は，五つの領域別の言語活動及び複数の領域を結び付けた(　A　)な言語活動を通してコミュニケーションを図る資質・能力を(　B　)に育成するため，各科目の五つの領域別の目標と2に示す内容との関係について，単元など内容や時間のまとまりごとに各教材の中で(　C　)に示すとともに，実際の言語の使用場面や言語の働きに十分に配慮した題材を取り上げること。その際，各科目の内容の(1)に示す文法事項などを中心とした構成とならないよう十分に留意し，コミュニケーションを行う目的や場面，状況などを設定した上で，言語活動を通して育成すべき資質・能力を(　C　)に示すこと。

(2)　英語を使用している人々を中心とする世界の人々や日本人の日常生活，風俗習慣，物語，地理，歴史，伝統文化，自然科学などに関するものの中から，生徒の発達の段階や興味・関心に即して適切な題材を(　D　)に取り上げるものとし，次の観点に配慮すること。

(ア)　多様な考え方に対する理解を深めさせ，公正な(　E　)を養い豊かな心情を育てるのに役立つこと。

(イ)　我が国の文化や，(　F　)にある文化に対する関心を高め，理解を深めようとする態度を養うのに役立つこと。

(ウ)　社会が(　G　)する中で，広い視野から国際理解を深め，国際社会と向き合うことが求められている(　H　)としての自覚を高めるとともに，国際協調の精神を養うのに役立つこと。

(エ)　(　I　)，社会，自然などについての考えを深めるのに役立つこと。

ア．的確	イ．明確	ウ．英語の背景	エ．日本語
オ．国語	カ．我が国の一員	キ．効果的	ク．思考力
ケ．総合的	コ．日本人	サ．人間	シ．グローバル化

ス．地域　　セ．変化　　ソ．段階的　　タ．統合的
チ．判断力　　ツ．知識

17 ★★☆

高等学校学習指導要領（平成30年3月告示）「外国語」について，次の問いに答えよ。

⑴ 「英語コミュニケーションⅠ」の「2　内容」(2)には，情報を整理しながら考えなどを形成し，英語で表現したり，伝え合ったりすることに関する事項として，身に付けることができるよう指導するべき事項が3つ示されている。そのうちの2つを書け。

⑵ 「論理・表現Ⅰ」の「2　内容」(3)には，三つの領域別の言語活動及び複数の領域を結び付けた統合的な言語活動として領域ごとに2つずつ示されている。「ウ　書くこと」におけるもののうち1つを書け。

〈徳島県改題〉

18 ★★☆

英語の授業における主体的・対話的で深い学びの実現に向けた指導法について，あなたの考えを日本語で答えよ。

〈鳥取県改題〉

19 ★★★

「総合的な学習の時間」(the Period for Integrated Studies)において，英語の授業での学習成果を生かした活動を行うとすれば，どのような活動が考えられるか。また，その活動を通して子どもたちにどのような力を身に付けさせたいかを英語で書け。ただし，「総合的な学習の時間」のねらいに沿って書くこと。

〈秋田県〉

20 ★★☆

次の英語の問いに対するあなたの考えを100語程度の英語で論述せよ。

What should you take into consideration for slow learners when you make students do listening activities in English classes?

〈京都市〉

21 ★★☆

外国語教育に関連した次の各文の空欄に当てはまる語句をア～スから選び，記号で答えよ。

(1)　In (　　　) students can practice language together, study a text, research language or take part in information-gap activities. They can write dialogues, predict the content of reading texts, or compare notes on what they have listened to or seen.

(2)　(　　　) encompasses not only correcting students, but also offering them an assessment of how well they have done, whether during a drill or after a longer language production exercise. The way we assess and correct students will dependent only upon the kind of mistakes being made and the reasons for them, but also on the type of activity the students are taking part in.

(3)　We need to decide whether a particular activity in the classroom is designed to expect the students' complete (　　　) — as in the study of a piece of grammar, a pronunciation exercise, or some vocabulary work for example — or whether we are asking the students to use the language as fluently as possible. We need to make a clear difference between 'non-communicative' and 'communicative' activities; whereas the former are generally intended to ensure correctness, the latter are designed to improve language fluency.

(4)　Although, as teachers, we are ideally placed to provide accurate assessments of student performance, students can also be extremely effective at monitoring and judging their own language production. They frequently have a very clear idea of how well they are doing or have done, and if we help them to develop this awareness, we may greatly enhance learning. Student (　　　) is bound up with the whole matter of learner autonomy.

(5)　A critical aspect in the prevention of problem behavior is the (　　　) we have with our students. This can be greatly enhanced by making sure that we listen to what they say with interest, and that we look at them when we talk to them; we need to ensure that we do not only respond to the students at the front — or the more extrovert ones — but that we try and work with all of the people in our class.

(6)　A term commonly used in discussions about reading is (　　　) (which means running your eyes over a text to get a quick idea of the gist of a text). By encouraging students to have a quick look at the text before plunging into it for detail, we help them to get a general understanding of what it is all about. This will help them when and if they read for more specific information.

ア. feedback　イ. pair work　ウ. fluency　エ. syllabus
オ. schemata　カ. TPR　キ. self-assessment
ク. affective filter　ケ. Audio-lingual Method　コ. accuracy
サ. skimming　シ. scanning　ス. rapport

〈京都府〉

22 ★★☆

次の(1)～(4)の英文は英語の指導法について述べたものである。それぞれの英文が説明している指導法を，下のア～エの中からそれぞれ1つずつ選び，その正しい組み合わせを下の①～⑤から選べ。

(1) This is based on the theory that language learning is a question of habit formation. By imitating accurately, and responding to and performing controlled tasks, learners learn the target language. Errors are not tolerated and the teacher is like an orchestra conductor, controlling the behavior of the students. It addresses a need for people to learn foreign languages rapidly.

(2) This method has been most commonly used in schools throughout the history of language teaching. It concentrates on teaching students the rules of the language and translating both into and out of the target language. Errors are not tolerated at all. The teacher gives the knowledge and the students receive it. It often creates frustration for students, but makes few demands on teachers.

(3) It is thought that if students are exposed to authentic language use and they have to try to communicate in the language, they will become competent users of the foreign language. The teacher acts as a facilitator and an adviser in the class and the students are active participants. Errors are tolerated and they are seen as part of the development of the communication skills.

(4) In this method the emphasis in on students developing basic communication skills and vocabulary through receiving meaningful exposure to the language. The teacher helps the students to understand her by using pictures and occasional words in the students' native language and by

using gesture and mime. Students are asked to respond physically to the language they hear.

ア. Total Physical Response　　イ. Grammar Translation Method

ウ. Audio-lingual Method　　エ. Communicative Approach

① (1) ア　(2) イ　(3) エ　(4) ウ

② (1) ア　(2) ウ　(3) イ　(4) エ

③ (1) ウ　(2) イ　(3) エ　(4) ア

④ (1) ウ　(2) エ　(3) ア　(4) イ

⑤ (1) エ　(2) ウ　(3) ア　(4) イ

〈岐阜県〉

23 ★★☆

言語材料として過去形を扱う単元を指導する際，JTL (日本人英語教師) がALT (外国語指導助手) とスキットを演じ，導入を行いたい。その導入のためのスキットを英語で作成せよ。なお，スキットは，get up, got up, last Sunday の3語を用いて作成すること。

〈香川県〉

24 ★★☆

あなたが，ALT (外国語指導助手) とティーム・ティーチングを行う際の指導案を，下の(1)～(5)に留意して，日本語で書け。

(1) 対象とする生徒は，中学校第3学年または高等学校第1学年とし，50分授業とする。

(2) 「Aim of this period」は，下記の通りとする。

(3) 「ACTIVITIES」には，JTLとALTの役割を明記するとともに生徒の活動が具体的に表れるように書くこと。

(4) 「NOTES」には，評価の内容・方法や予想される生徒のつまずきとその対策等を書くこと。

(5) 言語活動は，コミュニケーション活動を重視した展開とすること。

TEACHING　PLAN

I　Schedule: Four periods are allotted to this lesson with today's class being the first period.

II　Aim of this period: To let the students learn the following sentences;

1　I have lived in this town for thirteen years.

2　How long have you lived in this town?

PROCEDURE	TIME	ACTIVITIES			NOTES
		STUDENTS' ACTIVITIES	JTL'S ACTIVITIES	ALT'S ACTIVITIES	
1　挨拶					

〈青森県〉

25 ★☆☆

次の日本語を英語に直せ。

(1)　学習指導要領　(2)　課外活動　(3)　義務教育　(4)　指導要録
(5)　初等教育　(6)　教育実習　(7)　文部科学省　(8)　職員会議
(9)　能力別指導　(10)　視聴覚教育　(11)　文化交流　(12)　生涯教育
(13)　文化祭　(14)　個人面談　(15)　生徒指導　(16)　いじめ
(17)　国際化　(18)　生徒会　(19)　評価　(20)　入学式

26 ★★☆

次の英語教育に関する用語を簡潔に日本語で説明せよ。

(1)　shadowing
(2)　oral introduction
(3)　phonics

〈香川県〉

27 ★★☆

次の用語について，日本での英語教育の課題を明確にしながら簡潔に日本語で説明せよ。

(1)　comprehensive input
(2)　mechanical drill
(3)　criterion referenced test
(4)　discourse competence

〈京都市〉

28 ★★★

次に示した言語活動の中から1つを選び，それを行う際の留意点について，あなたの考えを100語程度の英語で書け。

(1)　Active Listening

(2)　Creative Writing

(3)　Persuasive Speech

〈福岡県・福岡市・北九州市〉

29 ★★★

中学校2年生に，次のような電話での対応の場面を題材としAETとのティーム・ティーチングで指導したい。このとき，次の各問いに答えよ。なお，(1)，(3)については日本語で，(2)については英語で答えること。

Taro：Hello.
Ken ：Hello, this is Ken.
Taro：Oh, hi, Ken. What's up?
Ken ：My uncle invited us to dinner next Sunday. Can you come?
Taro：Wow, that's nice! Thank you very much.
Ken ：Sure. Let's talk about it tomorrow. OK?
Taro：OK. Thank you for calling.

(1)　「場面や相手に応じて適切に話すこと」を目指した授業を行いたい。そのために4つの段階を踏んで指導するとすれば，どのように指導するか。具体的な学習活動を4段階で答えよ。

(2)　下線部の新出語"invite"の意味を生徒に英語で理解させるとき，どのような説明をするか書け。

(3)　本時で，練習活動としてRead and look upをさせたい。Read and look upとはどのような活動か，その有効性にふれながら，日本語100字以内で書け。

〈長野県〉

30 ★★☆

次の英文を高等学校「英語コミュニケーションⅠ」の教科書の一部と仮定し，これを教材として，話すこと［やり取り］に重点を置いた授業を展開するとき，あなたならどのような言語活動を行うか。具体的な言語の使用場面に留意し，コミュニケーション能力を育成する観点から指導過程を述べよ。（指導のねらいと活動の概要に分けて記入すること。50分の授業の指導案全体を作成する必要はない。解答は日本語，英語のいずれも可とする。）

My Favorite Things

Dialog

昼休みに上級生のボブと出会った恵は，週末の出来事についてたずねます。

B…Bob　　M…Megumi

M：What did you do on the weekend?

B：I practiced with my band.

M：You're in a rock band?

B：Yes. We're called the Hot Tomatoes.

M：What instrument do you play?

B：I play the drums. They're cool. We also have a keyboard player, two guitarists, and a lead singer.

M：What kind of music do you play?

B：Rhythm and blues, Beatles songs, and Japanese pop songs.

M：Great! Can I come and see you next time?

B：Sure. Next Saturday at two in the AV room.

M：Thanks. See you then.

〈京都府〉

31 ★★★

次の題材を用いて高等学校の「英語コミュニケーションⅡ」における学習指導案を日本語で作成せよ。

・全体学習計画は3時間で行うものとする。

・全体学習計画　①第1時，第2時　②第3時（本時）
本時の展開　③「本時の目標」④「生徒の活動」⑤「教師の支援」⑥「評価」について書くこと。

・全体学習計画については，第1時，第2時についてはまとめて書くこと。
「本時の展開」については，3時間目について書くこと。
⑥については，3観点のうちの「どの観点で」評価するのかを明確にし，併せてその評価方法も明示すること。

The other day the subject of weddings came up in my Japanese class. When the teacher told us that church weddings were quite fashionable in Japan these days, some of the Western students were shocked. They started asking questions like, "You mean even if the couple getting married aren't Christians?" and "Does a real priest perform the ceremony?" I could see from their faces and the tone of their questions that this seemed very, very strange to them. Then suddenly it occurred to me, hey, this is no different from America! It's true. The majority of Americans are married in a Christian church by a minister or priest whether they're believers or not. Some Japanese have the idea that all Americans are Christians, but this is false. Other than Christians, which includes both Catholics and Protestants, there are also Americans who are Jewish, Muslim, Buddhist, just to name a few, and plenty of people who have no religion at all. It might be impossible for a non-Catholic to be married in a Catholic church, but among Protestants, there are many different groups, some strict and some very open. Non-Christians who want a church wedding can easily find a Protestant minister to perform the ceremony — and that is just what most non-Christians choose to do. So in that case, it's really not so different from Japanese having a Christian wedding even when they're not Christians. But why do Americans who aren't religious do it? There are other ways to get married. In fact, some people have home weddings and some even go down to the city hall and get a license from the justice of the peace with no ceremony at all. But church weddings are by far the most popular, and for some of the same reasons that they're popular in Japan: a church has a nice atmosphere and a romantic image. Of course, it's also a long tradition in Western culture. After all, the image of a wedding for most Americans is a church wedding, and some little girls dream about "the big day" long before they're old enough to marry. There's no doubt that the Christian wedding ceremony is a powerful ritual. If you think about it, it's not hard to understand why non-Christians might also be attracted to it, whether they live in Japan or America. My surprised classmates made me realize that while it's easy to notice what seems "strange" in a foreign country, we often don't see the same "strangeness" is in our own culture as well.

全体学習計画

時　数	学　習　内　容
第1時 第2時	①
第3時	②

本時の展開

目　標	③		
学習内容	生徒の活動	教師の支援	評　価
導　入	④	⑤	⑥
展　開			
まとめ			

〈富山県改題〉

32 ★★☆

次の英文は，ある教科書の一部を抜粋したものである。これを教材として，高校1年生を対象にALT (外国語指導助手) とteam-teachingを行う場合，生徒の題材に対する興味・関心を喚起するために，あなた (JTE) はどのような導入を行うか。生徒の発言を予想し，JTE, ALT及び生徒のdialogを英語で書け。なお，(　　　) には発話者を記入するが，その際，JTE, ALT及び生徒は，それぞれ J, A及びS1，S2，…で表すこととする。

Every society makes laws to protect a certain way of life. By looking at a country's laws, we can learn something about the culture of that society. We can also understand what is important to its people. Sometimes these laws may seem unusual to outsiders.

In Switzerland, for example, you mustn't hang laundry out on Sundays. It's also against the law to use a power lawn mower on Sundays, because it's too noisy. Do these laws tell us anything about Switzerland and its way of life?

〈山口県〉

33 ★★☆

Read the following passage an ALT wrote and write your opinion in English.

Whenever I step into a class and ask a question, I already know what the students' responses are going to be. For instance when class starts I ask, "How are you?" And the response I always get is, "I'm fine. Thank you. How are you?" Even though they might actually be sick, tired, hungry, sleepy… I really don't like it. It's strange. It seems here in Japan, the key to learning is simple memorization instead of actually developing the skills of English. What are other possibilities there other than to purely memorize lines to learn English?

〈静岡県・静岡市〉

演習問題　解答・解説

1

(1)　③　　(2)　ア

解説

(2)　④　平易なものから難しいものへと段階的に指導すること。

2

単に授業等において積極的に外国語を使ってコミュニケーションを図ろうとする態度のみならず，学校教育外においても，生涯にわたって継続して外国語習得に取り組もうとするといった態度を養うことを意味している。

解説

中学校学習指導要領解説（平成29年7月）の第2章第1節「第1 目標」(3)参照。

3

A．情報　　B．概要
C．要点　　D．関心
E．即興　　F．質問
G．考えたこと　　H．理由
I．まとまりのある内容
J．正確
K．まとまりのある文章

解説

外国語科の目標を踏まえ，五つの領域ごとに具体的な目標が設定されている。「(3)話すこと［やり取り］」は，平成29年の改訂で新たに設定された領域である。「話すこと」の言語活動では，話し手と聞き手の役割を交互に繰り返す双方向のコミュニケーションの機会が多いことから，「(4)話すこと［発表］」とは別に［やり取り］を加えた。

I.「まとまりのある内容を話す」とは，一つのテーマに沿った発表をしたり，内容に一貫性があるスピーチをしたりすることを意味している。

K.「まとまりのある文章を書く」とは，文と文の順序や相互の関連に注意を払い，全体として一貫性のある文章を書くことを指している。

4

A．自然な口調　　B．意向
C．アナウンス　　D．招待
E．メッセージ　　F．学校生活
G．説明　　H．黙読
I．音読　　J．広告
K．手紙　　L．物語
M．写真　　N．賛否

解説

平成29年の改訂では，「言語活動に関する事項」において，「思考力，判断力，表現力等」を育成するに当たり，「知識及び技能」に示す事項を活用して，五つの領域ごとの具体的な「言語活動に関する事項」に示された言語活動を通して指導する必要があることを整理している。

A.「自然な口調」の英語とは，正しい強勢やイントネーション，区切りを伴って自然な速さで話されるなど，話し方が自然な英語のことである。

5

(1)　母音や子音の種類や数が英語と日本語では異なっていること，また，例えばschoolやstreet，booksなどのように英語では子音が続いたりすることなど，日本語と英語の音声の特徴や違いに十分留意する必要がある。

⑵　感嘆符（！），引用符（“”）

解説

⑴　中学校学習指導要領解説（平成29年7月）の第2章第2節「2 内容　⑴ア　音声」㋐参照。

⑵　同上「2 内容　⑴イ　符号」参照。

6

⑴　A．特有の表現がよく使われる場面

B．コミュニケーションを円滑

⑵　〔解答例〕

①－ア

A：**What big events do you have in your city?**

B：**We have an all-night dance festival. It is fun and exciting.**

①－イ

A：**Hello. This is Mina. May I speak to Lucy?**

B：**OK. Just a minute, please.**

②－ア

A：**If I had my own computer, I could get some information on the Internet.**

B：**How about going to the library? You can use the Internet.**

②－イ

A：**It’s dark outside. Can you turn on the light?**

B：**Sure.**

7

・写真や映像などを見せることで，理解を促進し，現実感や臨場感を与え，学びの動機付けときっかけを与えることができる。

・インターネット等を活用することで，学校外へと広がる，現実との結び付きの濃い発展学習を実現することができる。

・教師やALT等の使う英語だけでなく，ほかの様々な英語音声に触れる機会をもたせることで，国際共通語としての英語に対する理解を深め，同時に生徒自身の英語に対する自信を深めていくことができる。

・コンピュータや情報通信ネットワークを使って，教材に関する資料や情報を入手したり，電子メールで情報を英語で発信したりするような活動を通して，生徒一人一人が主体的に世界と関わっていこうとする態度を育成することができる。

などから1つ

解説

中学校学習指導要領解説（平成29年7月）の第2章第2節「3　指導計画の作成と内容の取扱い　⑵内容の取扱い」キ参照。

8

A．カ　　B．ク

C．イ　　D．ウ

9

A．英語　　B．道徳

C．特質

解説

2　外国語科の年間指導計画の作成などに際して，道徳教育の全体計画との関連，指導の内容及び時期等に配慮し，外国語科と道徳科の両者が相互に効果を高め合うようにすることが大切である。

10

⑴　1600～1800語程度

⑵　各学年とも140時間

解説

⑵　学校教育法施行規則別表第二（第73条関係）参照。

11

・関心のある事柄について，相手からの質問に対し，その場で適切に応答したり，関連する質問をしたりして，互いに会話を継続する活動。

・日常的な話題について，伝えようとする内容を整理し，自分で作成したメモなどを活用しながら相手と口頭で伝え合う活動。

・社会的な話題に関して聞いたり読んだりしたことから把握した内容に基づき，読み取ったことや感じたこと，考えたことなどを伝えた上で，相手からの質問に対して適切に応答したり自ら質問し返したりする活動。

解説

中学校学習指導要領（平成29年3月告示）の第2章第9節第2の2「⑶① 言語活動に関する事項」エ参照。

12

生徒の実態や習熟の程度を考慮し，考えを整理するための時間を設定したり，詳細なメモからキーワードのみによるメモまで，作成する「メモ」の条件を適切に示したりするなど，計画的に指導していくこと。

解説

中学校学習指導要領解説（平成29年7月）の第2章第2節「2　内容　⑶①エ話すこと［やり取り］」(イ)参照。

13

小学校における外国語活動や外国語科の内容，指導等の実態や生徒の興味・関心等を十分に踏まえるとともに，生徒が在籍していた小学校において，どのような時間割編成，指導体制によって授業が行われているかを把握することにより，中学校への円滑な接続を図ること。

解説

中学校学習指導要領解説（平成29年7月）の第2章第2節「3　指導計画の作成と内容の取扱い　⑴指導計画の作成上の配慮事項」ウ参照。

14

⑴　③　　⑵　ウ

解説

⑵　①・④　中学校学習指導要領「外国語」（平成29年3月告示）の「第2　各言語の目標及び内容等　3　指導計画の作成と内容の取扱い」に関する記述。

15

A．発表　　B．事前

C．多く　　D．気持ち

E．話して伝える

F．プレゼンテーション

G．書くこと　　H．書いて伝える

16

A．タ　　B．ケ　　C．イ

D．キ　　E．チ　　F．ウ

G．シ　　H．カ　　I．サ

17

⑴・日常的な話題や社会的な話題について，英語を聞いたり読んだりし

て，情報や考えなどの概要や要点，詳細，話し手や書き手の意図などを的確に捉えたり，自分自身の考えをまとめたりすること。

・日常的な話題や社会的な話題について，英語を聞いたり読んだりして得られた情報や考えなどを活用しながら，話したり書いたりして情報や考えなどを適切に表現すること。

・日常的な話題や社会的な話題について，伝える内容を整理し，要点や意図などを明確にしながら，英語で話したり書いたりして，情報や考えなどを伝え合うこと。

から2つ

(2)・関心のある事柄や学校生活などの日常的な話題について，使用する語句や文，文章例が十分に示されたり，準備のための多くの時間が確保されたりする状況で，情報や考え，気持ちなどを適切な理由や根拠とともに段落を書いて伝える活動。また，書いた内容を読み合い，質疑応答をしたり，意見や感想を伝え合ったりする活動。

・日常的な話題や社会的な話題に関して聞いたり読んだりした内容について，使用する語句や文，文章例が十分に示されたり，準備のための多くの時間が確保されたりする状況で，発想から推敲まで段階的な手順を踏みながら，意見や主張などを適切な理由や根拠とともに段落を書いて伝える活動。また，書いた内容を読み合い，質疑応答をしたり，意見や感想を伝え合ったりする活動。

から1つ

解説

(1) 高等学校では，外国語で，情報や考えなどの概要や要点，詳細，話し手や書き手の意図などを的確に理解したり，これらを活用して適切に表現したり伝え合ったりすることができる力を養うことが求められているため，「具体的な課題等」の解決に向けた言語活動の中で，「論理的に適切な英語で表現すること」を通して，上記の3点を身に付けることができるよう整理している。

(2) 「段落を書いて伝える」とは，一つの段落で書いて伝えることを指す。その際，必要に応じて複数の段落で書くことも考えられるとしている。

18 〔解答例〕

単元など内容や時間のまとまりの中で，主体的に学習に取り組めるよう学習の見通しを立てたり，学習したことを振り返ったりして自身の学びや変容を自覚できるような場面や，対話によって自分の考えなどを広げたり深めたりするような場面を設定し，学びの深まりをつくりだせるよう生徒が考える場面と教師が教える場面を組み立てる授業が求められる。また，生徒や学校の実態に応じ，多様な学習活動を組み合わせて授業を組み立てていくことが重要である。

解説

習得・活用・探究という学びの過程の中で，見方・考え方を働かせることを通じて，より質の高い深い学びにつなげることが重要である。

19 〔解答例〕

I think it effectivc to make students divided into some groups and play a

drama in English in the class. And we teachers should ask someone, such as foreigners or foreign students living in the neighborhood of the school to take part in the play, if possible. Situations and roles in the play must be set by the students. Naturally, they'll have an opportunity to present the play to the audience. I'd like to encourage the students to take the initiative in doing such activities; this will develop their creativity. Their experience with foreign people, culture and ideas could help them have various views and thoughts. They'll not only cultivate their international sense but also realize that they are Japanese. When the play is presented, I'd like to encourage the students to use appropriate expressions they've found out, and of course to carry out the communicative activities with confidence and delight. I'd like to help the students have their feelings of achievement and satisfaction through these activities.

20 〔解答例〕

I have to direct slow learners to hear the most important parts without sticking to the details of story. Afterwards I have them hear the story again, with understanding the concrete contents in it. It is essential for them to get used to hearing English in a natural tone. I try to teach them stress, intonation, the change of tone completely. Through communicative activities in a small group, I have students improve their abilities to hear. I think that I have them understand the essential characteristics little by little through these activities.

（92語）

21

(1) イ　(2) ア　(3) コ
(4) キ　(5) ス　(6) サ

22

③

解説

ア．全身反応法
イ．文法訳読式教授法
ウ．オーディオリンガル・メソッド
エ．コミュニカティブ言語教授法

23 〔解答例〕

JTL：**I got up at nine last Sunday. What time did you get up?**
ALT：**I got up at six.**
JTL：**Why did you get up so early?**
ALT：**Because we had a baseball game in the morning.**
JTL：**Did you enjoy the game?**
ALT：**Yes, we did. We had a great time.**

24 P.37・38参照

25

(1) **Course of Study**
(2) **extracurricular activities**
(3) **compulsory education**
(4) **cumulative guidance record**

［student record］

⑸　**elementary education**

⑹　**teaching practice**

⑺　**Ministry of Education, Culture, Sports, Science and Technology (MEXT)**

⑻　**staff meeting**

⑼　**ability grouping(instruction)**

⑽　**audio visual education**

⑾　**cultural exchange**

⑿　**life-long education**

⒀　**a cultural festival ［a school festival］**

⒁　**an individual interview**

⒂　**student guidance**

⒃　**bullying**

⒄　**internationalization**

⒅　**student council**

⒆　**evaluation**

⒇　**entrance ceremony**

26

⑴　外国語学習において，耳から聞こえてきた音声を，文字を見ず，間をあけずにそのまま発声する音声練習法。自然な音声を身につけるために効果的である。モデルテープやCD等に影のようについていくことからこう呼ばれる。

⑵　外国語の授業において，新出文型や新出語句，新教材の意味内容を，教師が既習の語彙や表現を使ってわかりやすく口頭で説明すること。

⑶　音素（発音）とアルファベット（綴り）との結びつきの規則を教えることによって，英単語を正確に読めるようにする方法。

27

⑴　**comprehensive input**とは，言語学習者が理解可能な英文のインプットを通じて言語習得を目指すアプローチである。理解可能なレベルを低く設定しないこととインプットだけではなくアウトプットする能力とのバランスが課題である。

⑵　**mechanical drill**とは，与えられた課題を機械的に繰り返し演習することによる学習方法である。学習者が与えられた言語表現を暗記することだけを目的とせず，学習しようとしている表現の使用場面や状況，意味や機能と共に学習するようにすることが課題である。

⑶　**criterion referenced test (CRT)**とは，到達目標を立て，その目標に到達しているかどうかを見ようとするテストの方法である。この評価方法は絶対評価となるため，到達目標の設定や評価の信頼性や妥当性が大きな課題である。

⑷　**discourse competence**（談話能力）とは，伝えたい内容の要点を整理し適切な構成をもって相手に伝えられるかどうか，また相手の伝えようとしている要点を理解できるかどうかに関わる能力である。言語能力の技術的な側面ばかりではなく，内容面の充実が大きな課題である。

解説

⑴　comprehensive outputについても知っておく必要がある。comprehensive inputは，Krashenが主張したinput hypothesisによる。一方，comprehensive outputは，Swainが主張しているoutput hypothesisによる。言語によるコミュニケーションは，comprehensive input

とcomprehensive outputの連続によって達成されるものである。

(2) mechanical drillに対し，meaningful drillがある。学習における配慮事項としては「機械的」にならないようにすることが大切であり，ドリルという学習方法の否定になってはならない。

(3) norm referenced test (NRT)という評価方法もある。これは，学習者の集団の中で個人がどの位置にいるのかを評価する相対的評価方法である。

(4) communication competenceの一側面である。Canale&Swainは，grammatical competence (文法的能力)，sociolinguistic competence (社会言語的能力)，discourse competence (談話能力)，strategic competence (方略的能力) の4つに分類している。

28 〔解答例〕

(1) **Active Listening**

Active Listening is a way of listening and responding to another person that improves mutual understanding. When people talk to each other, they should listen more attentively. The listener must attend to what the speaker is saying, and repeat it in the listener's own words. Then it is important for the listener to interpret the speaker's words in terms of feelings and explain in detail. Because that is the best way to avoid misunderstandings. If both parties use this technique correctly and comfortably, chances of being able to develop a solution to their problem will become much greater. (98語)

(2) **Creative Writing**

Creative Writing is an introduction to fiction writing. I need to give students several opportunities to create original works of fiction in classroom. By reading and discussing short stories and by completing writing assignments, I have them be familiar with the elements that characterize fiction writing so they can apply them to their own writing. Afterward, I want to share their writing with their classmates, so it can be discussed in a workshop setting in order to provide direction for the revision process. (83語)

(3) **Persuasive Speech**

I think that persuasive speech is up to speaker to choose how much or little he or she would like to write oneself. Speakers may seek either immediate action or passive agreement. Seeking immediate action from their audience is especially encouraged. I'm sure that they should deal with the three basic components of policy speeches. These are need, plan, and practicality. This speech will require considerable research and skillful use of the methods of persuasion. Special emphasis should be given to using good evidence and valid reasoning.

(87語)

から1つ

29

⑴〔解答例〕

① 電話での対応表現を学ぶことを理解させる

② 電話表現をいくつかピックアップして指導する

③ 具体的な状況を設定してペアで会話する

④ **AET**や教師を交え，適切な英語表現を使用して会話する

⑵ **The new word ‘invite’ is used in expressing action. When people ask you in a friendly or polite way to go somewhere or do something, they will use it. For example, ‘Are you coming to the party?’ ‘No, I haven’t been invited.’**

⑶ 読む練習の際，テキストを黙読し，次に文字から目を離して顔を上げ，誰かに語りかけるようにその文章を読む活動のことである。機械的な音読練習にならず，意味をよく考えながら発音する点で有効である。

（94字）

30 〔解答例〕

＜指導のねらい＞

日常的な話題について，使用する語句や文，対話の展開などにおいて，多くの支援を活用すれば，基本的な語句や文を用いて，情報や考え，気持ちなどを話して伝え合うやり取りを続けることができるようにする。

＜活動の概要＞

①教材の語彙や表現のほかに，やり取りにおいて有用な語句や文を示す。

②会話の展開の仕方や，会話がうまく続けられないときの対処法を提示する。

③ティーム・ティーチングでの教師同士のやり取りや，モデルとなる生徒同士のやり取りを見せる。

④ペアを何度も変えてやり取りを続けることで，やり取りに慣れさせる。その際，中学校において学習した，会話を継続させるために必要な表現などを繰り返し活用するとともに，会話のきっかけを作って話を切り出したり，会話の流れに応じて関連する質問をしたり，会話の流れを変えたりできるよう指導する。原稿を事前に用意して覚えたり読んだりするのではなく，即興で行う。

31 P.38参照

32 〔解答例〕

（A）：**Have you ever been to Singapore?**

（J）：**Yes, I’ve been there once. It’s a very beautiful city!**

（A）：**I’ve heard that there are so many strict laws in Singapore. Do you know that?**

（S1）：**Yes, I know. We must not throw garbage.**

（A）：**Do we need penalty if we throw garbage on street?**

（J）：**Yes, and smoking, too. If we smoke on the street, we have to pay penalty.**

（A）：**Wow, it’s very strict, isn’t it?**

（S2）：**Yes, I think they are very strict laws. Because of these laws, Singapore keeps clean.**

（J）：**Sometimes laws show us the culture of that country or society. Don’t you think so?**

（A）：**Yes, I think so. There are so**

many differences between Japanese laws and foreign countries' laws. Do you know any unique laws?

(S3)：**Well, no, I don't know.**

(A)：**OK, today, we will introduce some unique laws. Do you know where Switzerland is?**

(S4)：**Yes. It is in Europe, next to Germany.**

(S5)：**Switzerland is famous for watches.**

(J)：**Oh, I see. There are some unique laws in Switzerland, but not only unique, they have reasons why the laws are important. So, let's think about the culture and society throughout laws!**

解 説

生徒の身近な話題から導入し，少しずつ本題に近づけるような対話にすると良い。その時々の場面や目的に応じて，情報や考え，気持ちなどを理由や根拠を踏まえて伝え合うなど，適切に応答できるよう指導することが必要である。

33 〔解答例〕

I understand why he or she feels so. I also wonder why students' answers are apt to be the same. I think students are afraid of making mistakes and hesitate to speak English spontaneously in class. So, they only repeat memorized lines. However, communication can not be realized with the attitude like that. Now, we should encourage students to speak English as much as possible without correcting their grammatical mistakes and boost their motivation to communicate and communicative abilities.

解 説

記憶した返答ではなく，まず，コミュニケーションが成立することが第一であるとして，文法的なミスにはこだわらず，生徒の意欲を高めていくといった内容が書かれていればよいだろう。

24 〔解答例〕

PROCEDURE	TIME	ACTIVITIES			NOTES
		STUDENTS' ACTIVITIES	JTL'S ACTIVITIES	ALT'S ACTIVITIES	
1．挨拶	3分	元気よく挨拶する 質問に答える	挨拶 天気など質問をする	挨拶をしたあと簡単な質問をする	主体的に答えようとしているか
2．導入	5分	**JTL**と**ALT**のスキットをよく聞く	**ALT**と目標文を用いた短いスキット	**JTL**と目標文を用いた短いスキット	新出表現を用いたスキットなのでゆっくり繰り返して行う
3．展開	35分	**ALT**の後に続いて目標文を読む	**How long ～？**と**I have lived～**板書をする	目標文をリピートする	
			How long～?と現在完了（継続）の形を説明する		**How**を用いた疑問文の復習
		質問に答える	もう一度スキットを読み生徒に質問しながら意味を確認する	スキットを読み生徒に英語で質問をする	英語で答えようとしているか
		既習の不規則変化の動詞を**ALT**の後に続いて発音する	既習の不規則変化の動詞の復習をする	不規則変化の動詞をリピートする	
		質問に答える	質問と答えの意味を説明する	**How long～?**の疑問文を使って数人の生徒に質問する	主体的に英語で答えようとしているか
		ALTの後に続いて文章を発音する		質問とその答えを発音練習する	
			○○**has lived**～と言い換えた文章を説明する		**have, has**が理解できているか
		周りの友達にインタビューを行う	**How long have you lived in this town?**と周りの友達にインタビューさせ誰が一番長く住んでいるのか見つける	インタビューに参加する	主体的に周りの友達とやり取りできているか **JTL, ALT**は生徒の手助け（発音，内容）を行う
4．終末	7分	**ALT**の質問に答えて挙手をする		**How long have you lived in this town? For 10 years? For 5 years?**と質問する	質問内容が理解できているか
		He (She) has～の表現を用いてクラスの中で誰が一番この町に長く住んでいるのか発表する	発表された文章に誤りがあれば正し，板書する		**I have lived** ～, **He (She) has lived**～が理解できたか

		ALTの後に続いて発音する		文章を発音する	
		終わりの挨拶			元気よく挨拶できているか

解説

指導案作成のポイントは次の通り。

・全体の時間配分が適切であること（概ね，導入10分以内，展開30～35分以内，終末10分以内に配分）。

・本時の学習課題の提示が既習事項を生かす等，身近な場面を想定して適切に提示されていること。

・生徒への働きかけについて，ALTとJTLの役割を明確にしながら適切に展開していること。

・コミュニケーション活動を重視し，言語活動（言語の使用場面，具体的な状況や言語の働きを考慮）を適切に展開していること。

・評価の内容を定めて評価し，評価の手だてを明らかにしていること。

・終末（整理）の段階に学習のまとめを設定し，学習活動を適切にまとめていること。

31 〔解答例〕

全体学習計画

時　数	学　習　内　容
第1時 第2時	①　新しい文法項目へ学習と定着・習熟のための練習および本文の略読と精読による教会式の日米比較に関する内容理解。
第3時	②　教会式に関する意見交換とプレゼンテーション。

本時の展開

目　標	③　情報や考え，気持ちなどを論理性に注意して詳しく話して伝え合うことができるようにする。		
学習内容	生 徒 の 活 動	教 師 の 支 援	評 価
導　入	④　教会式に関する教師の問いに対する考えを整理する。	⑤　ディスカッションの議題を提出し，ディスカッションの促進に努める。	⑥　「知識・技能」の観点から，題材の関する議論について目的や状況などを理解しているかを評価する。
展　開	・自分の考えを英語でまとめる。 ・教会式についてグループ内で意見交換をする。自分たちの意見をまとめる。 ・グループ毎に発表する。	・机間指導で生徒からの質問に応じたり，手伝ったりする。 ・机間指導の中でグループ活動が活発になるよう助言する。 ・効果的かつ論理的な伝え方を助言する。	・「思考・判断・表現」の観点から，題材の要点や詳細を読み取り，話し手の意図を的確に理解できているか，また読み取った内容を元に話し合いができているかを評価する。 ・「主体的に学習に取り組む態度」の観点から，話し合いの中で賛成・反対の立場を明確にして，理由や根拠を示しながら自分の考えや思いを伝え合おうとしているかを評価する。
まとめ	・皆の意見を聞き，内容を理解する。	・様々な視点や考え方があるということを理解させる。	・3つの観点すべての点から評価する。

2 語句

傾向と対策

語句に関する出題は非常に広範囲にわたるが，大きく語義・派生語・反意語・イディオムに分類することができる。イディオムに関する出題は非常に多いので，普段から意識的にイディオムの知識を蓄積しておくことが必要となる。また，英英辞典の活用を勧めたい。英語で与えられた語句を英語で答える形式の問題が数多く出題されており，その対策としても非常に有効であろう。教育関連用語・時事英語の知識を問うタイプの問題も頻繁にみられるので，常識的な用語はまとめて覚えておくこと。

例題　語句

1　次の英文の空欄に当てはまる語句をア～エから選び，記号で答えよ。

(1)　Mr. Ward is (　　　) to Internet trading.

ア．addicted　イ．advocated　ウ．attempted　エ．absorbed

(2)　The vending machine needs (　　　).

ア．fix　イ．fixing　ウ．be fix　エ．to fixed

(3)　You must use extreme (　　　) when you scuba in the sea.

ア．care　イ．warning　ウ．caution　エ．advisory

(4)　Bob thought he was helping us load all the stuff, but he was only getting (　　　).

ア．in a way　イ．in the way

ウ．in no way　エ．in every way

(5)　Roy Peterson was discretion (　　　) in the use of speech at the committee.

ア．myself　イ．himself　ウ．oneself　エ．itself

(6)　Mr. Brown (　　　) a lot when he was young.

ア．used to drink　イ．used to drinking

ウ．was used to drink　エ．was used drinking

〈栃木県〉

2　次の英文の空欄に当てはまる語句を答えよ。

(1)　I'm looking (　　　) seeing you again.

(2)　(　　　) do you think about the new model?

(3)　I thought I heard a voice in the next room, but when I looked, there was (　　　) there.

〈鳥取県改題〉

解答　1　(1)　ア　(2)　イ　(3)　ウ　(4)　イ　(5)　エ　(6)　ア

2　(1)　forward to　(2)　What　(3)　no one〔nobody〕

解説　1　(1)　「ウォード氏はインターネット取引に病みつきになっている」

be addicted to ～　「～中毒である，～に病みつきになっている」

be absorbed in ～　「～に熱中している」と区別して覚えたい。

(2)　「自動販売機は修理の必要がある」

動詞needが動名詞を目的語にとると「(主語が)～される必要がある」と受身の意味を表すことに注意。～ to be fixedも同じ意味となる。

(3)　「海でスキューバをする時には十分気をつけなければならない」

take careでも「用心する」の意だが，useと結びつくのはcaution。

warning「警告」，advisory「助言の」

(4)　「ボブは私たちの積み込みの手伝いをしているつもりでいたが，ただ邪魔になっているだけだった」

in the way「邪魔になって」　wayを用いたイディオムを整理しておこう。

(5)　「ロイ・ピーターソンの委員会での言葉遣いは慎重そのものだった」

discretionを強調する再帰代名詞なのでitselfとなる。

(6)　「ブラウン氏は若いころ大酒を飲んでいたものだった」

used to＋原形「よく～したものだった」は頻出表現である。be used to＋名詞〔動名詞〕「～(すること)に慣れる」と区別しよう。

2　(1)　「あなたとまたお会いできるのを楽しみにしている」

look forward to＋動名詞「～するのを楽しみにする」

(2)　「新しいモデルについてどう思いますか」

「どう」という日本語に惑わされてHowとしてはならない。

「どう思うか」はWhat do you think?

(3)　「隣の部屋で声が聞こえたと思ったが，見てみるとそこには誰もいなかった」

前の文の内容より「誰もいなかった」という意味になることを見抜く。

no one〔nobody〕「誰も～ない」

演習問題

1 ★☆☆

次の(1)～(5)で説明されている英単語を答えよ。ただし，[ ]の文字で始めること。

(1) a person whose job is to wash, cut and arrange hair : [h]

(2) waste material such as old food, dirty paper, and empty bags : [g]

(3) a dark shape that an object or a person makes on a surface when it is between that surface and the light : [s]

(4) a liquid or powder containing soap, used for washing clothes, dishes etc. : [d]

(5) a class for young children, usually aged five, that prepares them for school : [k]

〈愛媛県〉

2 ★☆☆

次の(1)～(5)で説明されている英単語を答えよ。ただし，[ ]の文字で始めること。

(1) a person who is in charge of the political administration of a prefecture : [g]

(2) a vehicle for taking people to and from hospital : [a]

(3) a very small living thing, smaller than bacteria, that can cause infectious illnesses : [v]

(4) a piece of land almost completely surrounded by water but jointed to a large mass of land : [p]

(5) a small round mass of medicine which you swallow : [t]

〈北海道・札幌市〉

3 ★★☆

For each definition, (1) to (10), below, choose the most suitable word from the four choices to match the definition.

(1) the act of considering and judging someone or something, especially to decide how skillful or useful they are, or a document in which this is done

ア. education　　イ. evolution

ウ. evaluation　　エ. encouragement

(2) the ability to wait calmly, accept delays, or continue doing something difficult for a long time, without becoming angry or anxious

ア. possibility　イ. capability　ウ. confidence　エ. patience

(3) a time of great, usually sudden, social and political change, especially the changing of a ruler or political system by force

ア. aggression　イ. revolution　ウ. invasion　エ. conquer

(4) an unreasonable dislike and distrust of people who are different from you in some way, especially because of their race, sex, religion etc.

ア. purpose　イ. prejudice　ウ. preference　エ. prospect

(5) a situation or society in which everyone is equal and has the right to vote, speak etc.

ア. freedom　イ. restriction　ウ. democracy　エ. peace

(6) to love someone very much and feel very proud of them

ア. adore　イ. bear　ウ. care　エ. drown

(7) angry and deliberately unfriendly toward someone, and ready to argue with them

ア. horrible　イ. pitiful　ウ. painful　エ. hostile

(8) treating people or animal in a way that is kind, not cruel

ア. human　イ. humble　ウ. humane　エ. humanity

(9) not real, but produced from pictures or ideas in your mind

ア. image　イ. imaginary　ウ. imaginable　エ. imaginative

(10) the qualities and attitudes a person or group of people have that make them different from other people

ア. career　イ. background　ウ. identity　エ. aptitude

〈茨城県〉

4 ★★★

Choose the appropriate definition for the word.

(1) prescription

ア. the act of listening to people and giving them support with their problems

イ. an opinion that everyone in a group will agree with or accept

ウ. a particular medicine or treatment ordered by a doctor for a sick person

エ. an opinion you give someone about what they should do

(2)　recitation

ア．an act of saying a poem, piece of literature, etc. that you have learned, for people to listen to

イ．discussion or argument on a subject that people have different opinions about

ウ．an exercise in which you behave in the way that someone else would behave in a particular situation, especially to help you learn something

エ．an activity for school children in which they bring an object to school and tell the other children about it

(3)　collocation

ア．a collection of naturally occurring samples of language which have been collected and collated for easy access by researchers and materials developers

イ．the way in which some words are often used together, or a particular combination of words

ウ．the grammatical and/or lexical relationships between the different elements of a text

エ．the relationships which link the meanings of utterances in a discourse or of the sentences in a text

(4)　pragmatics

ア．the study of the use of language in communication, particularly the relationships between sentences and the contexts and situations in which they are used

イ．the study of the system of speech sounds in a language, or the system of sounds itself

ウ．the study of the rules of grammar that are used for ordering and connecting words to form phrases or sentences

エ．the study of the meaning of words and other parts of a language

(5)　cognitive code approach

ア．an approach which emphasizes that before learners are taught speaking, there should be a period of training in listening comprehension and that comprehension should be taught by teaching learners to understand meaning in the target language

イ．an approach based on the use of communicative and interactive tasks as the central units for the planning and delivery of instruction

ウ．an approach which emphasizes learning to read and write naturally with a focus on real communication and which is opposed to the idea of teaching the separate components of a language in isolation

エ．an approach which is based on the belief that language learning is a process which involves active mental processes and not simply the forming of habits

〈東京都〉

5 ★★☆

次の(1)〜(4)の日本語を英語に直して答えよ。

(1)　花粉症　　(2)　冷凍食品　　(3)　電卓　　(4)　派遣社員

〈愛媛県〉

6 ★★☆

次の英文の空欄に当てはまる語句をア〜エから選び，記号で答えよ。

(1)　Vain people are (　　　) to flattery.

ア．apt　　イ．equal　　ウ．susceptible　　エ．true

(2)　He is good at making a quick dinner by using (　　　) from the night before.

ア．leftover　　イ．refills　　ウ．remain　　エ．reminder

(3)　Mt. Fuji is sometimes referred (　　　) Fujiyama in foreign countries.

ア．as　　イ．as to　　ウ．to　　エ．to as

(4)　Recently he feels better (　　　).

ア．inside out　　イ．on and off

ウ．ups and downs　　エ．upside down

(5)　Have you ever considered (　　　) in economics at college?

ア．of majoring　　イ．about majoring

ウ．to major　　エ．majoring

(6)　A lot of money will be used to provide farmers (　　　) the necessary tools.

ア．at　　イ．with　　ウ．for　　エ．to

(7)　(　　　) the fact that I was tired, I managed to play the piano pretty well.

ア．Considered　　イ．Given　　ウ．Providing　　エ．Thinking

(8) Concern (　　　) poverty is more frequently observed in recent newspaper articles.

ア. to　　イ. over　　ウ. on　　エ. of

〈富山県〉

7 ★★☆

次の英文の空欄に当てはまる語句をア〜エから選び，記号で答えよ。

(1) The journalist was certainly very (　　　), never accepting no for an answer, and he went to extraordinary length to get an interview with the great man.

ア. debilitated　　イ. depleted　　ウ. tenuous　　エ. tenacious

(2) She is well suited to being a (　　　) because her young patients seem to be perfectly at ease with her.

ア. pediatrician　　イ. pedestrian　　ウ. patriot　　エ. patrician

(3) Unable to get his own way, the little boy (　　　) into a tantrum and stomped around the house breaking things.

ア. threw　　イ. flew　　ウ. blew　　エ. drew

(4) Of all the plants that inhabit the planet, (　　　) are those that live at considerable depths under the sea.

ア. understanding the least　　イ. the least that understandable

ウ. less the understand　　エ. the least understood

(5) Other people in the office could not believe it when they saw their boss engaging in, (　　　), a most blatant piece of sex discrimination.

ア. who could only be described as　　イ. whom they might describe as

ウ. what can only be described as　　エ. which is described as

〈千葉県・千葉市〉

8 ★★☆

次の英文の空欄に当てはまる語をア〜エから選び，記号で答えよ。

(1) I can't describe it, but there was a certain (　　　) feeling in the room that made us all uneasy.

ア. intact　　イ. intangible　　ウ. integral　　エ. intensive

(2) The president's social program was criticized as being (　　　) of serious content.

ア. delusive　　イ. diverse　　ウ. devoid　　エ. depraved

(3) Don't take her seriously. She is just pulling your (　　　).

ア. coat　イ. leg　ウ. sleeve　エ. foot

(4) Such a rare coincidence happens only once in a (　　　) moon, but it did happen to me.

ア. red　イ. blue　ウ. yellow　エ. white

(5) A driver should be in control of the car, not the (　　　) way around.

ア. one　イ. other　ウ. opposite　エ. another

〈富山県〉

9 ★★☆

次の英文の空欄に当てはまる語をア～エから選び，記号で答えよ。

(1) Scientists have found that classical music can (　　　) plants to grow faster and larger.

ア. insulate　イ. stimulate　ウ. provoke　エ. wither

(2) The bright light from the movie screen was so (　　　) that many of the children began to get headaches.

ア. delicate　イ. feeble　ウ. intense　エ. passionate

(3) Company policy is to keep all personal data (　　　). We never disclose customer information without permission.

ア. confidential　イ. conceptual

ウ. comprehensive　エ. conditional

(4) The government (　　　) provided the extra money needed to keep the local bus service running.

ア. clemency　イ. fallacy　ウ. insolvency　エ. subsidy

(5) The young designer was very proud to have had a (　　　) in the production of such a wonderful play.

ア. foot　イ. hand　ウ. mouth　エ. thumb

(6) If you can't state exactly what the repairs will cost, can you give us an (　　　) figure to go on?

ア. expended　イ. enormous　ウ. irrelevant　エ. approximate

(7) When you travel in the United States, you need to be able to understand such (　　　) of measure as miles, pounds, and gallons.

ア. marks　イ. units　ウ. digits　エ. tools

(8) This patient's condition could worsen at any time, so I want her kept under constant (　　　).

ア. inspection　　イ. investigation
ウ. observation　　エ. preservation

(9) I don't understand why you're so upset over something so (　　). Who cares what color my necktie is?

ア. feasible　　イ. sensitive　　ウ. vital　　エ. trivial

(10) We were very happy to help you. Please don't feel (　　) to repay us.

ア. obliged　　イ. gratified　　ウ. impaired　　エ. restrained

〈徳島県〉

10 ★★☆

次の英文の空欄に当てはまる語句をア〜オから選び，記号で答えよ。

(1) I bought a new cellphone which has a lot of attractive (　　), but I cannot make good use of all of them.

ア. concepts　　イ. features　　ウ. instructions
エ. characters　　オ. advertisings

(2) I'd like to request a (　　) call for six o'clock tomorrow morning.

ア. wake-up　　イ. morning　　ウ. first　　エ. get-up　　オ. early

(3) People active in the ecology movement urge everyone to (　　) energy.

ア. require　　イ. conserve　　ウ. reduce
エ. consume　　オ. make

(4) The prolonged (　　) of the Japanese economy has discouraged equity investment by individual investors.

ア. procession　　イ. profession　　ウ. suggestion
エ. recession　　オ. confession

(5) I (　　) the assignment. It's just that a family emergency came up.

ア. finish　　イ. finished　　ウ. am finishing
エ. will have finished　　オ. would have finished

(6) It is tough to teach where many students give up (　　) they even enter the classroom.

ア. before　　イ. after　　ウ. because　　エ. if　　オ. though

(7) We no longer merely have nice-looking homes (　　) energy-efficient ones.

ア. as　　イ. so　　ウ. or　　エ. and　　オ. but

(8) I couldn't (　　　) his explanation because he spoke so quickly.

ア. take out　　イ. take after　　ウ. take back

エ. take in　　オ. take place

(9) Customers formed a long (　　　) in front of the store to get those new toys.

ア. joint　　イ. firm　　ウ. line　　エ. bay　　オ. plan

(10) Please bring your seat backs and tray tables to their full and (　　　) positions.

ア. vertical　　イ. straight　　ウ. upright

エ. reclining　　オ. sidelong

〈京都府〉

11 ★★☆

次の英文の空欄に当てはまる語をア〜エから選び，記号で答えよ。

(1) He drank a lot, to the (　　　) of his health.

ア. detriment　　イ. development　　ウ. distinction　　エ. distraction

(2) Children must acquire their first language by (　　　) or they will never be able to learn from subsequent exposure.

ア. puberty　　イ. mastery　　ウ. proficiency　　エ. senility

(3) It seems reasonable to (　　　) that the accident was caused by human carelessness.

ア. confer　　イ. defer　　ウ. infer　　エ. refer

(4) The UN imposed an arms (　　　) against the country.

ア. embryo　　イ. emulsion　　ウ. embargo　　エ. embroider

(5) His way of speaking is (　　　) of his father.

ア. remunerative　　イ. remedial

ウ. remarkable　　エ. reminiscent

〈千葉県・千葉市〉

12 ★★☆

Choose the best answer from the four choices for each blank.

(1) This sort of work (　　　) great patience.

ア. does without　　イ. calls for　　ウ. turns on　　エ. looks for

(2) As I have no taste for wine, I (　　　) a good wine from a bad wine.

ア. can change　　イ. can keep　　ウ. cannot tell　　エ. cannot make

(3)　Last year lots of young yellowtails died (　　　) the sand pollution in the ocean.

ア．for fear of　　イ．for want of

ウ．in search of　　エ．on account of

(4)　The newcomers lived on friendly (　　　) with most of their neighbors.

ア．locations　　イ．terms　　ウ．conditions　　エ．circumstances

(5)　No living thing can ever (　　　) air and water.

ア．die without　　イ．come by　　ウ．dwell on　　エ．do without

(6)　Her application for a passport was (　　　).

ア．given off　　イ．taken down

ウ．turned down　　エ．thought aloud

(7)　Mr. White (　　　) his new project for all his repeated attempts.

ア．succeeded in　　イ．relied upon　　ウ．failed in　　エ．paid for

(8)　She seems to be (　　　) weight.

ア．putting on　　イ．turning in　　ウ．bringing on　　エ．giving up

(9)　I'll surely (　　　) your kindness some day.

ア．reply　　イ．repay　　ウ．turn　　エ．award

(10)　Mr. Brown (　　) to his former employer when asked about his career.

ア．referred　　イ．conferred　　ウ．preferred　　エ．deferred

(11)　The minister was wrongly (　　　) on the political situation.

ア．informed　　イ．informal　　ウ．informant　　エ．informative

〈沖縄県〉

13 ★★☆

次の英文の空欄に当てはまる語をア～エから選び，記号で答えよ。

(1)　A：“What do you think about the government policy to the refugee reception?”

B：“The president's (　　　) for the refugees caused him to admit a very large number of them.”

ア．respect　　イ．hostility　　ウ．compassion　　エ．friendship

(2)　A：“You should go to the dentist's before you have a toothache.”

B：“You mean better safe than (　　　), Kate?”

ア．sorry　　イ．late　　ウ．dangerous　　エ．sad

(3)　A：“Excuse me, but aren't these vegetables polluted by agricultural chemicals?”

B：“Don’t worry, sir. We always use (　　　) vegetables for our cuisine. Please enjoy a healthy dinner.”

ア. artificial　イ. genic　ウ. sanitary　エ. organic

(4) A：“Could you tell me who wrote this essay?”

B：“Sorry, it’s on the tip of my (　　　).”

ア. lips　イ. throat　ウ. tongue　エ. mouth

(5) If nobody (　　　) this digital-camera, you can keep it.

ア. claims　イ. asserts　ウ. decides　エ. identifies

(6) The speaker was asked to (　　　) his presentation in order to allow his audience to ask questions.

ア. expand　イ. condense　ウ. continue　エ. delay

(7) Luckily, her childhood poverty caused Lucy to be very (　　　) as she grew older.

ア. indulgent　イ. stingy　ウ. thrifty　エ. sensitive

(8) Sorry I can’t go. I have other (　　　) to fry.

ア. meat　イ. chicken　ウ. potato　エ. fish

(9) (　　　) exposure to sunlight is one of the most common causes of skin cancer.

ア. Wasteful　イ. Extravagant　ウ. Exclusive　エ. Excessive

(10) The use of fertilizers and improved methods of controlling plant and animal diseases has (　　　) farm production.

ア. exaggerated　イ. supplemented

ウ. extended　エ. increased

〈徳島県〉

14 ★★☆

次の英文の空欄に当てはまる語句をア～オから選び，記号で答えよ。

(1) His first guess was (　　　) of the mark.

ア. beside　イ. beyond　ウ. wide　エ. next　オ. close

(2) (　　　) did I expect to be treated like this.

ア. Few　イ. Little　ウ. Not　エ. No　オ. None

(3) It doesn’t (　　　) who will do it as long as it is done properly.

ア. matter　イ. mind　ウ. care　エ. differ　オ. vary

(4) As a universal language, Esperanto has never really gained widespread acceptance (　　　) its lack of native speakers.

ア. prior to　　イ. in addition to　　ウ. in order to
エ. owing to　　オ. up to

(5) Don't worry. You're right on the (　　). Keep up the good work.
ア. route　　イ. road　　ウ. fence　　エ. track　　オ. path

(6) I'm extremely (　　) to you for your assistance.
ア. engaged　　イ. compelled　　ウ. appreciated
エ. involved　　オ. obliged

〈福岡県・福岡市・北九州市〉

15 ★★☆

Choose the best answer from among the four alternatives below for each blank. Indicate the answer by writing the preceding letter.

(1) He was very kind to take the (　　) to help her.
ア. effort　　イ. proposal　　ウ. kindness　　エ. trouble

(2) If you are not (　　) toward your elders, you will often get into trouble.
ア. respecting　　イ. respectable　　ウ. respectful　　エ. respective

(3) The tomato is (　　) to a lot of diseases.
ア. subject　　イ. fruitful　　ウ. due　　エ. free

(4) He told her again (　　) to mail the letter for him.
ア. in the way　　イ. what　　ウ. to and fro　　エ. to be sure

(5) The bad habit of sitting up late at night, (　　), cannot easily be got rid of.
ア. on forming　　イ. every formed
ウ. if forming　　エ. once formed

〈茨城県〉

16 ★★☆

次の英文の空欄に当てはまる語をア～エから選び，記号で答えよ。

(1) It is a long (　　) that has no turning.
ア. street　　イ. lane　　ウ. road　　エ. river

(2) Please do not stand in my (　　). I want to read this letter.
ア. light　　イ. sun　　ウ. moon　　エ. lamp

(3) I asked him why he had (　　) away the secret.
ア. spoken　　イ. kept　　ウ. made　　エ. given

(4) She always (　　　) about her work at 9 o'clock.

ア. goes　　イ. walks　　ウ. gets　　エ. runs　　〈山梨県〉

17 ★★☆

Choose the word or phrase which best completes each sentence.

(1) She applied for training as a pilot, but they turned her (　　　) because of her poor eyesight.

ア. back　　イ. up　　ウ. over　　エ. down

(2) Having looked the place (　　　), the couple decided to buy the house.

ア. through　　イ. after　　ウ. down　　エ. out

(3) The accused man (　　　) to give the police any more information.

ア. objected　　イ. denied　　ウ. refused　　エ. disliked

(4) My mother was (　　　) of making a cake when the front door bell rang.

ア. at the center　　イ. on her way

ウ. in the middle　　エ. halfway through

(5) Almost all the employees gave (　　　) to the president because he could fire them whenever he wanted to.

ア. off　　イ. up　　ウ. in　　エ. on

(6) Mrs. Kent did't want the envelope (　　　) before she came back home but her son had opened it unintentionally.

ア. be opened　　イ. opening　　ウ. having　　エ. opened

(7) After several people became sick at the restaurant, health-department officials discovered that the food had been (　　　) during preparation.

ア. contaminated　　イ. slaughtered　　ウ. degraded　　エ. sterilized

(8) With new computer viruses constantly emerging, ensuring complete Internet security is a (　　　) task.

ア. forfeitable　　イ. formidable　　ウ. pernicious　　エ. pretentious

(9) When you go skiing tomorrow, make sure to wear a warm jacket so you don't (　　　) a cold.

ア. make up to　　イ. catch on to

ウ. come down with　　エ. get away with

(10) Kelly gave her boyfriend the cold (　　　) because she had seen him flirting with her best friend.

ア. elbow　　イ. foot　　ウ. shoulder　　エ. arm　　〈鳥取県〉

18 ★★☆

次の英文の空欄に当てはまる語をア～エから選び，記号で答えよ。

(1) All work and (　　　) play makes Jack a dull boy.

ア．no　　イ．little　　ウ．some　　エ．any

(2) The fog was so thick that we could barely (　　　) out the figures of people.

ア．know　　イ．show　　ウ．make　　エ．appear

(3) My joke didn't (　　　) across to her.

ア．go　　イ．communicate　　ウ．send　　エ．get

(4) The company (　　　) on only a few workers last year.

ア．took　　イ．employed　　ウ．had　　エ．fired

〈山梨県〉

19 ★★☆

次の日本文の意味を表すように，空欄に当てはまる英語1語を答えよ。

(1) 彼はあえて手にあまる仕事を引き受けた。

He dared to bite off more than he could (　　　).

(2) 彼女はいつも元気そうだ。

She is always rosy about the (　　　).

(3) 彼女はその計画をだめにした。

She upset the (　　　) cart.

(4) 彼はテストに受かって，上機嫌だった。

He passed the test and felt on (　　　) nine.

(5) 無茶なことを言うなよ。できるわけないだろ。

Don't cry for the (　　　). It's impossible.

(6) 彼は人生においてすべてがうまくいかなかったといつも感じている。

He has always felt that the (　　　) were loaded against him in life.

〈秋田県〉

20 ★★☆

次の英文の下線部に最も近い意味を表す語句をア〜エから選び，記号で答えよ。

(1) The water in the river looked very murky.

ア．clean　イ．fast　ウ．dirty　エ．deep

(2) She answered very contemptuously.

ア．politely　イ．scornfully　ウ．carefully　エ．carelessly

(3) We have worked long enough. Let's call it a day.

ア．stop here　イ．wait a while

ウ．listen to music　エ．take a rest

(4) I take it for granted that every child should learn mathematics.

ア．hope it true　イ．believe a right

ウ．think it wrong　エ．accept as normal

(5) Hard exercise can make a person ravenous.

ア．hearty　イ．hungry　ウ．happy　エ．healthy

〈千葉県・千葉市〉

21 ★★☆

次の英文の下線部に最も近い意味を表す語をア〜エから選び，記号で答えよ。

(1) The Minister said his country would never succumb to pressure.

ア．endure　イ．yield　ウ．devalue　エ．suspend

(2) An obvious change of attitude at the top will permeate the system.

ア．stifle　イ．pervade　ウ．quiet　エ．still

(3) Groups like ours are committed to eradicating racism and sexism.

ア．eliminating　イ．identifying　ウ．accusing　エ．condemning

(4) We found a secluded beach a few miles further on.

ア．authentic　イ．sunny　ウ．isolated　エ．comfortable

(5) He was a man who abhorred violence and was deeply committed to reconciliation.

ア．detested　イ．nullified　ウ．regretted　エ．approved

〈京都府〉

22 ★★☆

次の英文の下線部に最も近い意味を表す語句をア～エから選び，記号で答えよ。

(1) The bridge has given way since the earthquake hit the area.
ア. evaded　イ. released　ウ. submitted　エ. collapsed

(2) I'm sure that she will make good in that new job.
ア. succeed　イ. fail　ウ. continue working　エ. enjoy herself

(3) Her attitude gave rise to the misunderstanding.
ア. showed　イ. prevented　ウ. caused　エ. included

(4) When I asked her to help me with my homework, she made a face.
ア. showed her pity　イ. showed her joy
ウ. showed her dislike　エ. showed her relief

(5) We agreed to work at the office on Saturdays by turns.
ア. contentedly　イ. alternately　ウ. willingly　エ. voluntarily

〈群馬県〉

23 ★★☆

Fill in the blanks so that the two sentences have the same meaning. Please use only one word for each blank.

(1) The new cabinet is trying to abolish several regulations.
＝The new cabinet is trying to (　　　) (　　　) (　　　) several regulations.

(2) She was successful in the driving test.
＝She (　　　) (　　　) the driving test.

(3) After all her time and effort the project still collapsed.
＝(　　　) (　　　) (　　　) her time and effort the project still collapsed.

(4) I extremely appreciate all the teachers for their help.
＝I am extremely (　　　) (　　　) all the teachers for their help.

(5) I cannot understand what she said.
＝I cannot (　　　) (　　　) what she said.

(6) None of his classmates supported him.
＝None of his classmates (　　　) (　　　) him.

(7) A new notion occurred to me when I was talking to the doctor.
＝I (　　　) (　　　) a new notion when I was talking to the doctor.

(8) The President complied with the labor union's demand.

=The President (　　　) (　　　) the labor union's demand.

(9) The song stayed at No.1 on the hit chart for ten weeks straight.

=The song stayed at No.1 on the hit chart for ten weeks in (　　　) (　　　).

(10) She makes it a point to arrive at the office before nine.

=She arrives at the office before nine (　　　) (　　　) (　　　).

〈沖縄県〉

24 ★★☆

Fill in the blanks so that the two sentences have the same meaning. Then, write your answer on your answer sheet. Each blank needs one word.

(1) When I asked him whether he liked the plan or not, he said: "It isn't of any importance to me."

=When I asked him whether he liked the plan or not, he said: "It doesn't (　　　) any (　　　) to me."

(2) A very pleasant young woman served me in the Hilton yesterday.

= A very pleasant young woman (　　　) (　　　) me in the Hilton yesterday.

(3) Don't depend upon Mary to lend you any money because she has none.

=Don't (　　　) (　　　) Mary to lend you any money because she has none.

(4) Mr. Bush is responsible for the office while Mr. Smith is away.

=Mr. Bush takes (　　　) (　　　) the office while Mr. Smith is away.

(5) My daughter told her would-be boyfriend definitely that she wouldn't go out with him.

=My daughter told her would-be boyfriend once and (　　　) (　　　) that she wouldn't go out with him.

(6) The Okinawa basketball team has the possibility of winning all the games this year.

= The Okinawa basketball team (　　　) a (　　　) of winning all the games this year.

(7) Mr. Smith had to leave the class because he couldn't be silent while the teacher was speaking.

=Mr. Smith had to leave the class because he couldn't (　　　) his (　　　) while the teacher was speaking.

(8)　You'll have to look out for the entrance to the expressway.
＝You'll have to keep your (　　　) (　　　) for the entrance to the expressway.

(9)　When it comes to physics, I'm completely out of my depth.
＝When it comes to physics, it's completely (　　　) my (　　　).

(10)　I took my umbrella with me to the picnic just in case of rain, but I didn't need it in the end.
＝I took my umbrella with me to the picnic just in case of rain, but I didn't need it (　　　) (　　　).

〈沖縄県〉

25 ★★☆

次の各組の英文の空欄に共通する1語を答えよ。

(1)　The restaurant will (　　　) us 3,000 yen for the wine.
She took (　　　) of the family business when her father died.

(2)　He took four months' (　　　) after working very hard for six months.
Her essays (　　　) nothing to be desired. She is one of the greatest writers of the century.

(3)　The (　　　) situation is very different from that in 1990.
This river is dangerous because of its strong (　　　).

(4)　They'll help you without a (　　　) thought.
The pasta was so good that I had a (　　　) helping.

〈富山県〉

26 ★★☆

次の各組の英文の空欄に共通する1語を答えよ。

(1)　He (　　　) a dirty trick on me when I visited his room.
He (　　　) on her vanity to get her property.

(2)　That is the largest diamond (　　　) found.
The worst was (　　　) to come.

(3)　He (　　　) his throat and began to speak.
The bill (　　　) the Diet.

(4)　There is no way in which they can (　　　) the gap between their points of view.
We couldn't cross the (　　　) as the middle section had collapsed.

(5) Our grandmother left no (　　　) when she died, so we shared her wealth evenly.

I'm so tired after a three-hour soccer practice, I have no (　　　) to study today.

〈富山県〉

27 ★★☆

次の英文の空欄に当てはまる語をア〜ソから選び，記号で答えよ。

(1) I heard the new manager is (①) in five languages.

(2) The key to being a good teacher is to be able to present ideas so that anyone can (②) understand.

(3) Angela was very sad to (③) her many friends behind when she had to move away.

(4) Jane has made quite a (④) in literary circles with her new book.

(5) Smokers should be encouraged to (⑤) the habit as soon as they can.

(6) The government has taken (⑥) to try to solve the problem through diplomacy.

(7) Don't take him seriously. He's just pulling your (⑦).

(8) "The customer always comes first" is a (⑧) rule of business.

(9) The human rights organization (⑨) both groups to end the violence.

(10) This report would be more (⑩) if you added an introductory section.

ア．proficient	イ．vulnerably	ウ．cardinal	エ．coherent
オ．splash	カ．legs	キ．implored	ク．kick
ケ．charge	コ．tongue	サ．trivial	シ．steps
ス．revered	セ．readily	ソ．leave	

〈青森県〉

28 ★★☆

次の各組の英文がほぼ同じ意味になるように空欄に当てはまる語句を答えよ。

(1) You should know better than to leave your belongings unattended.

＝You should have somebody keep an (　　　) on your belongings.

(2) He has a good knowledge of German literature.
=He is very (　　　) with German literature.

(3) All this resulted from your negligence.
=You (　　　) all this through your negligence.

(4) He is as active as his brother.
=He is no (　　　) active than his brother.

(5) Do you see him often?
=Do you see (　　　) of him?

(6) Your work isn't up to the expected standard.
=Your work comes (　　　) of the expected standard.

〈富山県〉

29 ★★☆

次の英文の下線部に最も近い意味を表す語句をア～エから選び，記号で答えよ。

(1) Copyright law stipulates conditions for a collaboration of authors to reduce the possibility of legal contests.
ア．an ownership　イ．a competition
ウ．a conflict　エ．a joint effort

(2) With the aid of skin between their fore and rear paws, flying squirrels can leap from tree to tree.
ア．signal　イ．gather food　ウ．jump　エ．throw food

(3) Slang can be defined as a set of lexical, grammatical, and phonological regularities used in informal speech.
ア．situational　イ．casual　ウ．informative　エ．humorous

(4) The mountain resort industry advertises its sites as relaxing and secluded.
ア．affordable　イ．vogue　ウ．shaded　エ．remote

(5) Even the devoted fans of soap operas and serialized TV programming deplore the trivial plots of many episodes.
ア．divulge　イ．glorify　ウ．lament　エ．ignore

〈山口県〉

30 ★★☆

Choose the best answer from the four alternatives given for each blank.

(1) Thank you for inviting me to go to the dance, but I regret to say dancing is not my cup of (　　　).

ア. coffee　　イ. milk　　ウ. tea　　エ. flour

(2) The author is (　　　) to the way his ideas have been underreported.

ア. sensitive　　イ. sensible　　ウ. susceptive　　エ. susceptible

(3) After (　　　) several phone inquiries, he was told he should go to the nearby police station.

ア. making　　イ. asking　　ウ. doing　　エ. calling

(4) The student should gain a perspective on the subject as a whole, (　　　) mastering the details.

ア. as far as　　イ. as well as　　ウ. as good as　　エ. as long as

(5) We've been conditioned to be obedient and to accept things (　　　).

ア. as it is　　イ. as they are　　ウ. as they were　　エ. as there were

(6) Unlike most Europeans, many Americans (　　　) bacon and eggs for breakfast every day.

ア. used to eating　　イ. are used to eating

ウ. are used to eat　　エ. used to eat

(7) The film was expensive to use, (　　　) once exposed it could not be used again.

ア. when　　イ. if　　ウ. because　　エ. so

(8) She tried to hold together her shop, yet it just wouldn't (　　　).

ア. make　　イ. go　　ウ. work　　エ. manage

(9) Our ten years together were happy, (　　　) anticipation for the future.

ア. full with　　イ. full to　　ウ. fill of　　エ. filled with

(10) He (　　　) school and enlisted in the Army.

ア. quit from　　イ. quit at　　ウ. quit　　エ. was quitted from

〈沖縄県〉

31 ★★★

Choose the most appropriate definition for the word or phrase.

(1)　global error

ア. an error in the use of an element of sentence structure, but which does not cause problems of comprehension

イ. an error in the language use of a first or second language learner which is the result of a normal pattern of development, and which is common among language learners

ウ. an error which results from language transfer, that is, which is caused by the learner's native language

エ. an error in the use of a major element of sentence structure, which makes a sentence or utterance difficult or impossible to understand

(2)　morpheme

ア. the smallest meaningful unit in a language

イ. the smallest unit of sound in a language which can distinguish two words

ウ. the set of all the words and idioms of any language

エ. words which sound alike but are written differently and often have different meanings

(3)　corpus

ア. a reasonable connection or relation between ideas, arguments, statements etc

イ. a combination of two or more words which functions as a single word

ウ. a verb that links a subject to a complement

エ. a collection of information or material to be studied

(4)　withholding tax

ア. the government tax that is put on the goods that are produced and used inside a country

イ. a tax that takes a larger percentage of money from people with higher incomes than from people with lower incomes

ウ. money that is taken out of your wages as tax

エ. a tax that you have to pay in addition to the cost of something you are buying

(5) delegate

ア. someone who introduces speakers or performers at a social or public occasion

イ. someone who has been elected or chosen to speak, vote, or take decisions for a group

ウ. someone who has a special skill or special knowledge of a subject

エ. someone who is thought to be guilty of a crime

〈東京都〉

32 ★★☆

次の語の反意語を答えよ。

(1) fortunate　(2) guilty　(3) import　(4) increase

(5) majority　(6) married　(7) modern　(8) normal

(9) ordinary　(10) private

33 ★★☆

次の略語を完全な綴りにして答えよ。

(1) IQ　(2) ALT　(3) ICT　(4) JIS

(5) WHO　(6) AI　(7) ASEAN　(8) IPA

(9) IAEA　(10) ODA　(11) IMF　(12) SDGs

34 ★★☆

次の単語の名詞形を答えよ。

(1) interpret　(2) invent　(3) know　(4) lose

(5) marry　(6) obey　(7) occur　(8) oppose

(9) perceive　(10) please

演習問題 解答・解説

1

(1) **hairdresser** (2) **garbage**
(3) **shadow** (4) **detergent**
(5) **kindergarten**

2

(1) **governor** (2) **ambulance**
(3) **virus** (4) **peninsula**
(5) **tablet**

3

(1) ウ (2) エ (3) イ
(4) イ (5) ウ (6) ア
(7) エ (8) ウ (9) イ
(10) ウ

解説

(3) ア．aggression「侵略」
(8) ウ．humane「慈悲深い」
(10) エ．aptitude「素質」

4

(1) ウ (2) ア (3) イ
(4) ア (5) エ

5

(1) **pollen allergy [hay fever]**
(2) **frozen food**
(3) **calculator**
(4) **a temporary employee [worker]**

6

(1) ウ (2) ア (3) エ
(4) ア (5) エ (6) イ
(7) イ (8) イ

解説

(1) susceptible to flattery「甘言に乗りやすい」
(3) refer to A「Aについて言及する」, refer to A as B「AのことをBと表現する」
(4) inside out「徹底的に，完全に」
(5) considerは他動詞であるので前置詞は伴わない。
(6) provide ＜人＞ with ＜物＞[provide ＜物＞ for ＜人＞]「人にものを提供する」，米語ではprovide ＜人＞＜物＞も可。
(8) 「～についての心配・懸念」の意で使われる前置詞にはabout, for, overが考えられる。

7

(1) エ (2) ア (3) イ
(4) エ (5) ウ

解説

(1) ア．衰弱した イ．使い果した
ウ．内容のない エ．固守する
(2) ア．小児科医 イ．歩行者
ウ．愛国者 エ．貴族
(3) fly into ～「突然～になる」
stomp「どっしりした足取りで歩く」

8

(1) イ (2) ウ (3) イ
(4) イ (5) イ

解説

(3) pull one's leg「(人)をからかう」
(4) in a blue moon「長い間」
(5) the other way around [about]「あべこべに[の]」

9

⑴ イ　⑵ ウ　⑶ ア
⑷ エ　⑸ イ　⑹ エ
⑺ イ　⑻ ウ　⑼ エ
⑽ ア

解説

⑸ have a hand in ～「～に加担する」

10

⑴ イ　⑵ ア　⑶ イ
⑷ エ　⑸ オ　⑹ ア
⑺ オ　⑻ エ　⑼ ウ
⑽ ウ

11

⑴ ア　⑵ ア　⑶ ウ
⑷ ウ　⑸ エ

解説

⑴ to the detriment of one's health「健康をそこねるほど」

12

⑴ イ　⑵ ウ　⑶ エ
⑷ イ　⑸ エ　⑹ ウ
⑺ ウ　⑻ ア　⑼ イ
⑽ ア　⑾ ア

13

⑴ ウ　⑵ ア　⑶ エ
⑷ ウ　⑸ ア　⑹ ア
⑺ ウ　⑻ エ　⑼ エ
⑽ エ

解説

⑵ Better safe than sorry.「転ばぬ先の杖」
⑷ on the tip of one's tongue「口先まで出かかって」
⑻ have other [bigger] fish to fry「他にもっと大事な仕事がある」

14

⑴ ウ　⑵ イ　⑶ ア
⑷ エ　⑸ エ　⑹ オ

15

⑴ エ　⑵ ウ　⑶ ア
⑷ エ　⑸ エ

16

⑴ イ　⑵ ア　⑶ エ
⑷ ア

解説

⑴ It's a long lane that has no turning.「待てば海路の日和あり」(ことわざ)
⑷ go about「～に取り組む，～を始める」

17

⑴ エ　⑵ ア　⑶ ウ
⑷ ウ　⑸ ウ　⑹ エ
⑺ ア　⑻ イ　⑼ ウ
⑽ ウ

解説

⑽ the cold shoulder「すげない扱い」

18

⑴ ア　⑵ ウ　⑶ エ
⑷ ア

解説

⑴ All work and no play makes Jack a dull boy.「よく遊びよく学べ」(ことわざ)
⑶ get across to ～「(話・意味などが)～に通じる」
⑷ take on ～「(人を)雇う」

19

⑴ **chew**　⑵ **gills**
⑶ **apple**　⑷ **cloud**

(5) **moon** (6) **dice**

解説

(1) bite off more than one can chew「手にあまる仕事を引き受ける」
(2) be rosy about the gills「元気そうに見える」
(3) upset the apple cart「計画をだめにする」
(4) on cloud nine［seven］= on a cloud「上機嫌で」
(5) cry［ask, bark, reach, wish］for the moon「不可能なことを望む」
(6) load the dice against ～「～を不利な場に置く」

20

(1) ウ (2) イ (3) ア
(4) エ (5) イ

21

(1) イ (2) イ (3) ア
(4) ウ (5) ア

22

(1) エ (2) ア (3) ウ
(4) ウ (5) イ

23

(1) **do away with**
(2) **succeeded in** (3) **In spite of**
(4) **grateful to** (5) **make out**
(6) **stood by** (7) **thought of**
(8) **yielded to** (9) **a row**
(10) **out of habit**

24

(1) **make, matter**
(2) **waited, on**
(3) **look, to**
(4) **responsibility, for**
(5) **for, all**
(6) **stands [has], chance**
(7) **hold, tongue**
(8) **eyes, open**
(9) **beyond [above], comprehension [understanding]**
(10) **after, all**

25

(1) **charge** (2) **leave**
(3) **current** (4) **second**

26

(1) **played** (2) **yet**
(3) **cleared** (4) **bridge**
(5) **will**

27

① ア ② セ ③ ソ
④ オ ⑤ ク ⑥ シ
⑦ カ ⑧ ウ ⑨ キ
⑩ エ

28

(1) **eye**
(2) **acquainted [familiar]**
(3) **caused** (4) **less**
(5) **much** (6) **short**

29

(1) エ (2) ウ (3) イ
(4) エ (5) ウ

30

(1) ウ (2) ア (3) ア
(4) イ (5) イ (6) イ
(7) ウ (8) ウ (9) エ
(10) ウ

解説

(1) one's cup of tea「好みのもの，趣味に合うもの」

31

(1) エ　(2) ア　(3) エ
(4) ウ　(5) イ

解説

(2) morpheme「形態素」(意味をになう最小の言語単位のこと)

32

(1) **unfortunate**　(2) **innocent**
(3) **export**　(4) **decrease**
(5) **minority**　(6) **single**
(7) **ancient**　(8) **abnormal**
(9) **extraordinary**　(10) **public**

解説

(1) 不運な　(2) 無罪の
(3) 輸出　(4) 減少する
(5) 少数派　(6) 独身の
(7) 昔の　(8) 異常な
(9) 並はずれた　(10) 公の

33

(1) **Intelligence Quotient**
(2) **Assistant Language Teacher(s)**
(3) **Information and Communication Technology**
(4) **Japan Industrial Standard**
(5) **World Health Organization**
(6) **Artificial Intelligence**
(7) **Association of Southeast Asian Nations**
(8) **International Phonetic Alphabet**
(9) **International Atomic Energy Agency**
(10) **Official Development Assistance**
(11) **International Monetary Fund**
(12) **Sustainable Development Goals**

解説

(1) 知能指数
(3) 情報通信技術
(5) 世界保健機関
(7) 東南アジア諸国連合
(8) 国際音標文字
(9) 国際原子力機関
(11) 国際通貨基金
(12) 持続可能な開発目標

34

(1) **interpretation**　(2) **invention**
(3) **knowledge**　(4) **loss**
(5) **marriage**　(6) **obedience**
(7) **occurrence**　(8) **opposition**
(9) **perception**　(10) **pleasure**

解説

(1) 解釈　(2) 発明　(3) 知識
(4) 損失　(5) 結婚　(6) 従順さ
(7) 発生　(8) 反対　(9) 知覚
(10) 喜び

3 文法

傾向と対策

文法の分野では，空欄補充・書き換え・択一問題といった形式で出題される。問題のレベルは決して難解なものではなく，大学受験程度と考えてよい。ただし，文法事項は非常に多岐にわたるため，復習には十分に時間をかけたい。対策としては，標準的な文法のテキストで取り上げられている項目について基本的な理解をはかった上で，できるだけ数多くの問題に取り組むことが有効である。頻出分野は関係詞・話法・時制の一致・仮定法・分詞構文である。問題に取り組む際には，文法用語の確認も怠らないように心がけたい。

例題　文法

1　次の英文の空欄に当てはまる語句をア～エから選び，記号で答えよ。

(1)　She (　　　) be over thirty; she must still be in her twenties.

ア．may　イ．must　ウ．oughtn't　エ．can't

(2)　You'd better (　　　) money to him. He might not give it back.

ア．not to lend　イ．not lending

ウ．not lend　エ．do not lend

(3)　This is the reason (　　　) prevents him from becoming a member of the committee.

ア．by which　イ．for which　ウ．which　エ．why

(4)　(　　　) is often the case with him, Steve didn't show up on time.

ア．As　イ．That　ウ．What　エ．Whichever

(5)　The room was full of girls, three of (　　　) were her own daughters.

ア．which　イ．who　ウ．whose　エ．whom

(6)　(　　　) will be elected President of the U.S.A.?

ア．Do you think who　イ．Do you think whom

ウ．Who do you think　エ．What do you think

2　次の各組の英文がほぼ同じ意味になるように空欄に当てはまる語句を答えよ。

(1)　Thank you for taking my kids to the swimming pool.

＝I really (　　　　)(　　　　) taking my kids to the swimming pool.

(2)　I raced home from school.

＝I came home from school in (　　　　)(　　　　).

(3)　What does this word mean?

＝What is the (　　　　)(　　　　) this word?

〈三重県〉

解答　1　(1)　エ　(2)　ウ　(3)　ウ　(4)　ア　(5)　エ　(6)　ウ

2　(1)　appreciate, your　(2)　a, hurry　(3)　meaning, of

解説　1　(1)　「彼女が30歳を越えているはずがない。まだ20代に違いない」

後の文の内容より「～はずがない」cannot ～が入る。

(2)　「彼に金を貸さない方がいいよ。返してくれないかもしれないから」

had better＋原形「～する方がいい」の否定形。notの位置にも注意しよう。

(3)　「これが，彼が委員会のメンバーになれない理由です」

関係詞節内で (　　　) がpreventsの主語となっていることに注意。主語になれるのは選択肢ではwhichだけ。先行詞がreasonだから自動的にwhyとしないようにしよう。

Cf. This is the reason why he cannot become a member of the committee.

(4)　「スティーブは，いつものことだが，時間通りには現れなかった」

as is often the case with ～「～にはよくあることだが」　文法の頻出表現。

(5)　「部屋は女の子でいっぱいで，そのうち3人は彼女自身の娘たちだった」

先行詞はgirlsで「人」。関係詞の形は関係詞節内での働きで決まる。ここは前置詞ofの目的語となっているので，目的格whomを用いる。

(6)　「誰がアメリカ大統領に選ばれると思いますか」

Who will be elected ～?「誰が～に選ばれますか」という疑問文にdo you thinkが挿入された形である。疑問詞は文頭にくる。

2　(1)　「うちの子をプールに連れて行ってくれてありがとう」

appreciate「～をありがたく思う，～に感謝する」

(2)　「急いで学校から帰ってきた」

in a hurry「急いで」

(3)　「この語はどういう意味ですか」

演習問題

1 ★★☆

次の英文の空欄に当てはまる語句をア～エから選び，記号で答えよ。

(1) All things (　　　), we cannot say that it is wrong.

ア. asking　イ. considered　ウ. gone　エ. wanted

(2) (　　　) that there is no law against that, it is still immoral.

ア. Thinking　イ. Granting　ウ. Asserting　エ. Forgetting

(3) Some books, if (　　　) carelessly, will do more harm than good.

ア. read　イ. to read　ウ. in reading　エ. reading

2 ★★☆

次の英文の空欄に当てはまる語句をア～エから選び，記号で答えよ。

(1) I was called into the office first, my name (　　　) at the head of the list.

ア. holding　イ. putting　ウ. making　エ. being

(2) Such being (　　　), I hope you will overlook his mistake.

ア. as it is　イ. the case　ウ. as he　エ. of importance

(3) All his money (　　　) on repairs, he applied to the bank for the loan.

ア. been spent　イ. having spent

ウ. been spending　エ. having been spent

3 ★★☆

次の英文の空欄に当てはまる語句をア～エから選び，記号で答えよ。

(1) Your estimation of him is a little high, to say the (　　　).

ア. least　イ. less　ウ. more　エ. much

(2) I am looking forward to (　　　) from you soon.

ア. hear　イ. hearing　ウ. heard　エ. be heard

(3) At this corner there happened an accident that (　　　) for years.

ア. remembered　イ. has remembered

ウ. was to be remembered　エ. was to have been remembered

(4) He is said (　　　) very poor when he was young.

ア. being　イ. to be　ウ. having been　エ. to have been

(5) She left at eleven o'clock, but there's no (　　　) when she'll be back.

ア. believing　イ. telling　ウ. thinking　エ. understanding

(6) Hundreds of specimens of the Tully Monster have been found, (　　　) in size from 2 to 14 inches long.

ア. stretching　　イ. ranging　　ウ. extending　　エ. measured

(7) (　　　) from this point of view, the matter is not as serious as people generally suppose.

ア. Seen　　イ. As seeing　　ウ. As to see　　エ. Having seen

(8) The teacher caught the student (　　　) in class.

ア. sleep　　イ. slept　　ウ. sleeping　　エ. to sleep

4 ★★☆

次の英文の空欄に当てはまる語句をア～エから選び，記号で答えよ。

(1) Many people congratulated William Faulkner (　　　) the Nobel Prize for literature.

ア. , which had just won　　イ. , who had just won

ウ. , whom had just won　　エ. , that had just won

(2) I don't know (　　　) books these are; they certainly aren't (　　　).

ア. whomevers, mines　　イ. who's, mine

ウ. whose, mine　　エ. whose, mine's

(3) The king had a daughter (　　　) was very beautiful.

ア. who　　イ. whose　　ウ. whom　　エ. those who

(4) I have been to the place (　　　) in her talk.

ア. where she spoke of　　イ. which she spoke of

ウ. that she spoke　　エ. of that she spoke

(5) Soon we came to a hill at the foot (　　　) stood a deserted factory.

ア. in which　　イ. of which　　ウ. which　　エ. whose

(6) He is not the coward (　　　) he was ten years ago.

ア. that　　イ. who　　ウ. when　　エ. whom

(7) She thought he was a coward, (　　　) he was not.

ア. that　　イ. which　　ウ. what　　エ. who

(8) There are few places downtown for parking, (　　　) is really a problem.

ア. what　　イ. where　　ウ. which　　エ. who

(9) At last I have found the man (　　　) I think will solve this problem.

ア. which　　イ. who　　ウ. whom　　エ. why

⑽　Without Chinese influences, Japanese culture would not be (　　　) it is today.

ア．that　　イ．which　　ウ．what　　エ．when

⑾　A large proportion of (　　　) English speaking people watch on TV is of American origin.

ア．that　　イ．what　　ウ．where　　エ．which

⑿　Facts are to the scientist (　　　) words are to the poet.

ア．what　　イ．that　　ウ．how　　エ．which

5　★★☆

次の英文の空欄に当てはまる語句をア～エから選び，記号で答えよ。

(1)　It is a beautiful car, but it is not (　　　) the price that I paid for it.

ア．deserve　　イ．reasonable　　ウ．valuable　　エ．worth

(2)　It is worth (　　　) that Madame Curie gave her life for science.

ア．remembered　　イ．remembering

ウ．to be remembered　　エ．to remember

(3)　This symphony is a real masterpiece. I think it's worth (　　　) over and over again.

ア．be listened to　　イ．listening to

ウ．to be listened to　　エ．to listen to

6　★★☆

次の英文の空欄に当てはまる語句をア～オから選び，記号で答えよ。

(1)　This issue is (　　　) the most complicated of all.

ア．very　　イ．no less　　ウ．by far　　エ．farther　　オ．rather

(2)　You should give the report to your boss in (　　　).

ア．use　　イ．person　　ウ．number　　エ．itself　　オ．yourself

(3)　We are happy to (　　　) that you have passed the interview test.

ア．say you　　イ．talk you　　ウ．suggest you

エ．inform you　　オ．let know

(4)　Someone is at the door. Go and (　　　) who it is.

ア．search　　イ．look　　ウ．find　　エ．guess　　オ．get

(5)　Please put me (　　　) to Mr. Cruise.

ア．in　　イ．on　　ウ．back　　エ．through　　オ．beside

(6) The two sisters look more (　　　) than I thought.

ア. identical　イ. same　ウ. resemble　エ. like　オ. alike

〈福岡県・福岡市・北九州市〉

7 ★★☆

次の英文の空欄に当てはまる語句をア～エから選び，記号で答えよ。

(1) America became an industrial country in the (　　　) half of the nineteenth century.

ア. late　イ. later　ウ. latter　エ. last

(2) Hiroko has seen as many foreign movies (　　　) in her class.

ア. as anybody　イ. as nobody

ウ. so anybody　エ. than anybody

(3) Do you know that Japan once produced more silk than (　　　) country?

ア. different　イ. other　ウ. another　エ. any other

(4) The old saying "When in Rome do as the Romans do" is never more true (　　　) at the dinner table.

ア. as where　イ. as when　ウ. than when　エ. than which

(5) Tom is (　　　) a hard-working student than a mathematical genius; he always gets high scores in math without studying very hard.

ア. less　イ. more　ウ. not　エ. rather

(6) Of all the comedians, I thought Mort was (　　　).

ア. funnier　イ. the funnier　ウ. the funniest　エ. more funny

(7) John looks (　　　) when he is cooking.

ア. happiest　イ. like the happiest man

ウ. the happier　エ. the happiest

(8) Masako is a better speaker of Chinese than I.

=Masako is (　　　) to me in speaking Chinese.

ア. best　イ. superior　ウ. good　エ. appropriate

8 ★★☆

次の英文の空欄に当てはまる語句をア～エから選び，記号で答えよ。

(1) Susan, Joan, and Barbara were all invited to the party. However, (　　　) arrived while I was there. I don't know why they didn't come.

ア. none　イ. any　ウ. anyone　エ. each of them

(2)　Lend me a pen or pencil. (　　　) will do.
　ア. Both　　イ. Either　　ウ. Neither　　エ. Any
(3)　If you don't believe me, go and see (　　　).
　ア. it through　　イ. your meaning　　ウ. for yourself　　エ. a friend
(4)　The criminal (　　　) himself up to the police.
　ア. gave　　イ. kept　　ウ. made　　エ. put
(5)　Sit down and (　　　) while I make some tea.
　ア. stay at your house　　イ. make yourself at home
　ウ. wait at your house　　エ. don't worry
(6)　Please (　　　) yourself to some fruit.
　ア. give　　イ. help　　ウ. enjoy　　エ. bring
(7)　He (　　　) the first chance to visit America.
　ア. asserted himself of　　イ. avoided himself of
　ウ. availed himself of　　エ. braced himself of
(8)　These animals are slow to (　　　) themselves to new circumstances.
　ア. meet　　イ. adopt　　ウ. adapt　　エ. obey
(9)　Many people believe that wealth, as (　　　), does not matter much.
　ア. it　　イ. what　　ウ. which　　エ. such

9　★★☆

次の各組の英文がほぼ同じ意味になるように，空欄に当てはまる語句を答えよ。

(1)　If you do not close the window, the rain will come in.
　= (　　　) the window, (　　　) the rain will come in.
(2)　I am sure that he will come on time.
　=I am sure of (　　　) (　　　) on time.
(3)　Never be too nervous when you speak English.
　=Never be too nervous (　　　) (　　　) English.
(4)　The day will soon come when both of us make a trip to Hokkaido.
　=It won't be (　　　) (　　　) both of us can travel to Hokkaido.
(5)　He didn't attend the meeting for this reason.
　= (　　　) is (　　　) he wasn't present at the meeting.

10 ★★☆

次の各組の英文がほぼ同じ意味になるように，空欄に当てはまる語句を答えよ。

(1) I expected to call on him last Monday, but I could not.
=I (　　　) (　　　) to call on him last Monday.

(2) Although it was dark, we could see the sign.
=Dark (　　　) it was, we could see the sign.

(3) John will come soon.
=It will (　　　) be (　　　) (　　　) John will come.

(4) When I saw the clock, I found that I was late.
=(　　　) (　　　) of the clock reminded me that I was late.

11 ★★☆

次の各組の英文がほぼ同じ意味になるように，空欄に当てはまる語句を答えよ。

(1) It was foolish of you to believe him.
=You were foolish (　　　) (　　　) believe him.

(2) I regret that I didn't work very hard at school.
=I regret not (　　　) (　　　) very hard at school.

(3) It was easy for him to find my house.
=He had no (　　　) (　　　) my house.

(4) I hurt my leg playing tennis.
=I hurt my leg (　　　) I (　　　) tennis.

(5) Why didn't you come here?
=What (　　　) you (　　　) coming here?

〈千葉県・千葉市〉

12 ★★☆

次の各組の英文がほぼ同じ意味になるように，空欄に当てはまる語句を答えよ。

(1) The master ordered them that they should not go out of the room.
=The master ordered them (　　　) (　　　) (　　　) out of the room.

(2) There is nobody who has not his faults.
=There is nobody (　　　) has his faults.

(3)　We drove so fast that we could not enjoy the beautiful scenery.
＝We drove (　　　) (　　　) (　　　) enjoy the beautiful scenery.

(4)　It was not ten minutes before we got the happy news.
＝In (　　　) (　　　) ten minutes we got the happy news.

(5)　Frank said, "Shall I open the window?"
＝Frank (　　　) (　　　) he should open the window.

13 ★★☆

次の英文の空欄に当てはまる語句をア〜エから選び，記号で答えよ。

(1)　(　　　) you have to do is to stay here.
ア．Which　　イ．Only　　ウ．All　　エ．Why

(2)　(　　　) that I've completed my assignment, I can go out and have a good time.
ア．Now　　イ．Since　　ウ．With　　エ．After

(3)　I (　　　) to Jane before she left, but I didn't.
ア．may well talk　　イ．should have talked
ウ．can talk　　エ．would talk

(4)　Jim is proud (　　　) late for school.
ア．never to have been　　イ．never of being
ウ．in never being　　エ．of never having been

(5)　The man (　　　).
ア．robbed her bag from her　　イ．robbed her bag of her
ウ．robbed her of her bag　　エ．robbed her from her bag

(6)　(　　　) whether Nancy meant it that way.
ア．No doubt　　イ．There's doubtful
ウ．Without doubt　　エ．It's doubtful

(7)　I (　　　) in Osaka.
ア．not used to shop　　イ．do not used to shop
ウ．don't used to shopping　　エ．am not used to shopping

(8)　There isn't any other amusement that can be obtained (　　　).
ア．at so a small cost　　イ．at so small a cost
ウ．for so little to cost　　エ．for such a little cost

(9)　(　　　) to believe in ghosts.
ア．It's very foolish of Tom　　イ．It's very foolish with Tom
ウ．Tom makes himself foolish　　エ．Tom is so foolish that

⑽　The climate here is (　　　).

ア．unlikely Southern California

イ．like that of Southern California

ウ．likewise Southern California

エ．likely that of Southern California

14 ★★☆

次の英文の空欄に当てはまる語句をア～エから選び，記号で答えよ。

(1)　The teacher suggested that he (　　　) another topic.

ア．select　　イ．selects　　ウ．has selected　　エ．will select

(2)　I am looking forward to (　　　) you.

ア．meet　　イ．having met　　ウ．meeting　　エ．have met

(3)　She was (　　　) good terms with her friends.

ア．for　　イ．on　　ウ．in　　エ．at

(4)　Much (　　　) he liked her, he always found himself shrinking from speaking to her.

ア．because　　イ．for　　ウ．when　　エ．as

(5)　(　　　) a little more diligence, she would not have been so poor.

ア．If only　　イ．As for　　ウ．With　　エ．Without

(6)　Despite the (　　　) traffic, I could arrive at the station in time.

ア．heavy　　イ．light　　ウ．little　　エ．much

(7)　This composition is too good. He cannot (　　　) it himself.

ア．have to write　　イ．have written

ウ．be written　　エ．but write

(8)　I have no intention (　　　) of troubling you.

ア．however　　イ．whatever　　ウ．whenever　　エ．whichever

(9)　There (　　　) no bus, I had to walk all the way.

ア．being　　イ．been　　ウ．having been　　エ．having

⑽　I like both Tom and Bob, but it seems to me that Tom is (　　　) of the two.

ア．nicer　　イ．a nicer　　ウ．the nicer　　エ．nice

〈福井県〉

15 ★★☆

次の各組の英文がほぼ同じ意味になるように，空欄に当てはまる語句を答えよ。

(1) You must choose your marriage partner very carefully.

＝You must be very careful in the (　　　) of your marriage partner.

(2) If you had read the sentence carefully, you could have understood it.

＝You didn't read the sentence carefully; that was (　　　) you couldn't understand it.

(3) Three multiplied by three equals nine.

＝Three (　　　) three is nine.

(4) It has been ten years since he passed away.

＝He has been (　　　) for ten years.

〈愛知県〉

16 ★★☆

次の英文の空欄に当てはまる語句をア～エから選び，記号で答えよ。

(1) The price of books is getting (　　　) these days.

ア. cheaper　　イ. higher

ウ. more affordable　　エ. more expensive

(2) I called at the office first, my name (　　　) at the head of the list.

ア. holding　　イ. putting　　ウ. making　　エ. being

(3) We must avoid violence, and struggle for independence by peaceful (　　　).

ア. ends　　イ. goals　　ウ. means　　エ. aims

(4) The post office is down the street. You cannot (　　　) it.

ア. lose　　イ. fail　　ウ. miss　　エ. avoid

(5) Some Japanese youngsters do not feel that chopsticks are easy (　　　).

ア. to pick up food　　イ. to pick up food with

ウ. to pick up with it　　エ. to pick up food with it

(6) The river carries a great amount of water and is (　　　) in many places.

ア. wide several miles　　イ. wide miles several

ウ. several miles wide　　エ. several wide miles

〈島根県改題〉

17 ★★☆

次の英文の空欄に当てはまる語句をア～エから選び，記号で答えよ。

(1) As Japan is prone to earthquakes, government-appointed panels of seismologists have formulated hazard estimates, (　　　) are aimed at prompting residents in possible danger zones to prepare.

ア. who　　イ. which　　ウ. they　　エ. those

(2) I wondered very much what exactly it was (　　　) Jane wished to talk over. Of all the ladies in the room, I consider her by far the shrewdest.

ア. what　　イ. that　　ウ. who　　エ. how

(3) It would be impossible to give a full account of all my impressions of the camp. I should be writing forever (　　　) that the case. But I shall try to give a brief sketch in hopes that my observations may prove of some use in future dealings with these people.

ア. were　　イ. if　　ウ. when　　エ. is

(4) James took her directly to the mountain lodge, (　　　) a little ceremony of thanks was being held.

ア. which　　イ. that　　ウ. where　　エ. of which

(5) That old house once had its roof (　　　) off in the typhoon.

ア. to blow　　イ. blew　　ウ. blown　　エ. to be blown

(6) (　　　) the prisoner's motivation may be understood, his actions certainly cannot be condoned.

ア. Despite　　イ. At least　　ウ. Only if　　エ. Even though

(7) However hard you try to get (　　　) of the thought, it keeps coming back again and again, without being invited.

ア. the worst　　イ. ahead　　ウ. rid　　エ. hold

(8) I'm (　　　) to having my sleep interrupted.

ア. sorry　　イ. unlucky　　ウ. forced　　エ. used

(9) Too much bureaucracy is commonly held to be the reason why businesses with potential (　　　) to grow.

ア. fail　　イ. opt　　ウ. tend　　エ. unable

(10) According (　　　) the sources, current satellites see not only weather conditions and geographical features but also the water qualities of seas and rivers and the health conditions of plants.

ア. to　　イ. of　　ウ. by　　エ. in

⑾　The report (　　　) for urgent action by richer countries to take the lead and address root causes of poverty.

ア. demands　　イ. does　　ウ. goes　　エ. calls

〈京都府〉

18 ★★☆

次の英文の空欄に当てはまる語句をア～エから選び，記号で答えよ。

(1)　The bones of the elderly are more prone to fractures and splintering (　　　) of young people.

ア. than that　　イ. those than　　ウ. than those　　エ. than the one

(2)　Viruses are so tiny that (　　　) only by means of an electron microscope.

ア. they can see　　イ. they can be seen

ウ. can be seen　　エ. we can see

(3)　A meteor burns brightly (　　　) through the earth's atmosphere.

ア. as it descends　　イ. as descending

ウ. whether it descends　　エ. when it descending

(4)　The roots anchor a tree in the ground and absorb water (　　　) the soil.

ア. via　　イ. from　　ウ. into　　エ. due to

(5)　Tennessee has about 140 newspapers, (　　　) 25 are issued daily.

ア. which of　　イ. which is about

ウ. which are about　　エ. of which about

〈山口県〉

19 ★★☆

次の英文の空欄に当てはまる語句をア～エから選び，記号で答えよ。

(1)　(　　　), bottle-nosed dolphins become talented performers at many aquariums.

ア. When to train　　イ. Are training

ウ. When trained　　エ. To train them

(2)　One of the (　　　) used to measure the maturity of the mass media is their ability to be self-critical.

ア. doorposts　　イ. headlines　　ウ. trademarks　　エ. yardsticks

(3) (　　　) is helping to break new ground in drug research.

ア. Computers are being used more if

イ. The increasing use of the computer

ウ. If an increase in the use of the computer

エ. Computers are being used more

(4) Beneath the streets of a modern city (　　　) of walls, cables, pipes, and tunnels required to satisfy the needs of its inhabitants.

ア. where exists the network　　イ. the existing network

ウ. the network's existence　　エ. exists the network

(5) The gamble I took paid (　　　) and I received a handsome return on my investment.

ア. over　　イ. off　　ウ. in　　エ. through

(6) (　　　) labor and management have come to an agreement, there will no longer be any concern about a possible strike.

ア. However　　イ. Once　　ウ. While　　エ. Though

(7) Professional people appreciate (　　　) when it is necessary to cancel an appointment.

ア. that you called to them　　イ. you to call them

ウ. that you would call them　　エ. your calling them

(8) The company kept its losses secret, so (　　　) no one knew it was close to bankruptcy.

ア. hardly　　イ. virtually　　ウ. narrowly　　エ. rarely

(9) My father took some of the (　　　) off the bad news he was giving us by speaking slowly and softly.

ア. edge　　イ. margin　　ウ. rim　　エ. fringe

〈佐賀県〉

20 ★★☆

次の英文の空欄に当てはまる語句をア～エから選び，記号で答えよ。

(1) The temperature of an object rises when (　　　) into it.

ア. heat flows　　イ. flow heats　　ウ. heat flow　　エ. hot flow

(2) Wild hogs inhabited Europe and other parts of the world (　　　) 6 million years ago.

ア. as long　　イ. before　　ウ. then it was　　エ. as long as

(3) Customs influence (　　　) and how they prepare, serve, and eat foods.
ア. people eat that　　イ. how people eat it
ウ. what people eat　　エ. what do people eat

(4) The blood near the skin allows excess body heat (　　　) from the skin.
ア. to be lost　イ. being lost　ウ. to be losing　エ. was lost

(5) The fewer the number of threads per inch, (　　　) texture.
ア. the loose fabric is　　イ. the looser the fabric
ウ. the fabric has loose　　エ. the fabric is looser

〈山口県〉

21 ★★☆

Choose the best answer from among the four alternatives below so that each of the English sentences have the same meaning as the Japanese. Indicate the answer by writing the preceding letter.

(1) もしその飛行機に乗れていれば，直美は今ごろフランスに着いていただろうに。
Naomi would have arrived in France (　　　) to catch the plane.
ア. if she is able　　イ. if she was able
ウ. if she had been able　　エ. would she be

(2) 奴隷制度は大部分が，19世紀に廃止された。
To a large extent slavery was (　　　) in the 19th century.
ア. diminished　イ. destroyed　ウ. expired　エ. abolished

(3) この食品は，電子レンジでたった1分間温めるだけで，すぐ食べられる。
This food, only (　　　) for one minute in the microwave, is ready to eat.
ア. heated　イ. heating　ウ. hot　エ. being hot

(4) あんな人に金を貸すんだったら捨てるほうがましだ。
You (　　　) throw your money away as lend it to such a person.
ア. may well　　イ. might as well
ウ. will do well to　　エ. will do better to

(5) この会議がどんなに重要なものか彼女にはまったくわかっていない。
Little (　　　) how important this meeting is.
ア. she does realize　　イ. does she realize
ウ. realizes she　　エ. she realizes

〈茨城県〉

22 ★★☆

次の英文の空欄に当てはまるものをア～エから選び，記号で答えよ。

(1) "Pardon me. Haven't we met before?"

"I don't know. (　　　　)"

ア. Do you?　イ. Haven't you?　ウ. Have we?　エ. Have you?

(2) "Excuse me. Do you know where the nearest bus stop is?"

"I'm sorry, I've no (　　　　)."

ア. idea　イ. mind　ウ. knowledge　エ. thought

(3) The Star Supermarket was very successful this year because it was so popular among its (　　　　).

ア. guests　イ. customers　ウ. audience　エ. visitors

(4) As a statesman, Churchill was more successful than (　　　　) I ever knew.

ア. everyone　イ. each one　ウ. anyone　エ. no one

(5) She is a lady and expects to be treated as (　　　　).

ア. it　イ. that　ウ. she　エ. such

(6) I'll let you know how he is as soon as I (　　　　).

ア. will meet him　イ. met him

ウ. meet him　エ. am meeting him

(7) "Why are you shopping for a new bike? Didn't you buy one just last month?"

"Yes, but unfortunately (　　　　) last week."

ア. it was robbed　イ. it was stolen

ウ. I was stolen it　エ. someone was robbed

(8) "It has suddenly gotten cold, hasn't it?"

"Yes, but it's been unusually warm so far. The rest of the winter is expected to be (　　　　)."

ア. as cold as it is now　イ. as it is cold now

ウ. as it was cold then　エ. as cold as it has been

(9) "I didn't know that she was so troubled about money matters."

"I wish you (　　　　) her some a couple of weeks earlier."

ア. send　イ. will send　ウ. sent　エ. had sent

〈山形県〉

23 ★★☆

次の英文の空欄に当てはまる語句をア～エから選び，記号で答えよ。

(1) She moved to a small (　　　) she became active in a local church.

ア. town where　　イ. town, which

ウ. town which　　エ. town, where

(2) He was (　　　) handsomest man she had ever seen.

ア. more than　　イ. much　　ウ. by far the　　エ. still

(3) My best friend always comes to help me at the drop of a (　　　) whenever I'm in trouble.

ア. hat　　イ. shoe　　ウ. gun　　エ. knife

(4) You should always be able to (　　　) the statements you make.

ア. reimburse　　イ. deny　　ウ. tolerate　　エ. substantiate

〈山梨県〉

24 ★★☆

次の英文の空欄に当てはまる語句をア～エから選び，記号で答えよ。

(1) You should do what (　　　).

ア. you think you are right　　イ. you think it is right

ウ. you think is right　　エ. it is you think right

(2) (　　　) raining the day before, the picnic was put off.

ア. It has started　　イ. Having been started

ウ. It having started　　エ. It has been started

(3) There is a linguistic difference (　　　) in English and Japanese.

ア. in how subjects can be expressed

イ. how can be expressed in subjects

ウ. in how can subjects express

エ. how subjects can express

(4) The young man robbed (　　　) on her way home from the office.

ア. her handbag　　イ. her handbag of her

ウ. her from her handbag　　エ. her of her handbag

(5) Three months (　　　) time to carry out the plan.

ア. are too short a　　イ. are too a short

ウ. is too short a　　エ. is too a short

〈三重県〉

25 ★★☆

Choose the best answer from among the four alternatives below so that each of the English sentences have the same meaning as the Japanese. Indicate the answer by writing the preceding letter.

⑴ この法律は全く時代遅れだ。ずっと前に廃止されるべきだったのに。

This law has become quite out of date; it (　　　) a long time ago.

ア. should be abolished　　イ. should have been abolished

ウ. had not been abolished　　エ. must have been abolished

⑵ トムは忘れないように彼女の住所を書き留めた。

Tom wrote down her address (　　　).

ア. for fear that he should not forget it　　イ. in order to not forgetting

ウ. so that he would not forget it　　エ. lest he should not forget it

⑶ 彼は英語を話すあらゆる機会を利用した。

He (　　　) every opportunity to speak English.

ア. took advantage　　イ. advantaged

ウ. made the most with　　エ. availed himself of

⑷ どうしてテレビなんか見て時間を無駄にするの。

Why do you waste (　　　)?

ア. your time to watch television

イ. all that time looking at television

ウ. so much hours to watch television

エ. so much time watching television

〈茨城県〉

26 ★☆☆

Put the suitable word in each blank so that the two sentences should have the same meaning.

⑴ The necklace is not so expensive as it appears.

＝The necklace is (　　　) expensive than it appears.

⑵ It is impossible to account for tastes.

＝There is (　　　) accounting for tastes.

⑶ It's none of your business.

＝(　　　) your own business.

⑷ According to today's paper, taxi fares will be hiked up shortly.

＝Today's paper (　　　) that taxi fares will be hiked up shortly.

(5) I just wanted to cry at my own foolishness.
=I felt (　　　) crying at my own foolishness.

(6) I'm sure he mistook me for my sister.
=He (　　　) have mistaken me for my sister.

(7) Tell me when you will be back.
=Let me (　　　) when you will be back.

(8) I haven't seen you for a long time.
=It's a long time since I saw you (　　　).

(9) We can reach Tokyo in an hour by plane.
=Airplanes (　　　) us to reach Tokyo in an hour.

(10) He had his sister help him paint the wall of his room.
=He (　　　) his sister to help him paint the wall of his room.

〈愛媛県〉

27 ★★☆

次の英文の下線部のうち誤っているものをア～エから選び，記号で答えよ。

(1) When I ア talked to my sister, she イ advised me to ウ pay a visit to her friend when we エ would reach New York.

(2) She told us ア whom she was going to have a date with, イ that surprised us ウ since we all knew エ what a disagreeable person he was.

(3) I heard my ア brothers-in-law イ say that ウ a fifteen-years-old boy was arrested for エ drunken driving.

(4) They spent their free time ア talking about nothing イ during their boss ウ was away getting the エ latest information on tax law.

(5) ア Needless to say, everything you do in your classroom will surely イ affect ウ a great deal of students エ regardless of your intention.

(6) The student ア is supposed to be awarded $100 because he イ wrote the ウ most perfect essay エ in our graduate school.

(7) ア The all school buildings イ including the gym ウ will have been refurbished エ by August next year.

(8) The clerk ア behind the counter wanted イ utterly too much ウ price エ for the ring with a jewel.

(9) ア No sooner had my children イ returned home from their expedition ウ than they エ leave for their friend's house.

⑽ When I ア visited the hotel to イ make ウ an appointment, I was disappointed to learn that no room was エ available.

〈岩手県〉

28 ★★☆

次の英文の下線部のうち誤っているものをア～エから選び，記号で答えよ。

(1) After ア considering many イ alternative strategies, we agreed to try ウ one very similar to エ one we are using now.

(2) A few ア dedicating doctors イ have fought for years ウ to enlighten the エ profession.

(3) Neither Elizabeth ア nor her sisters イ knows to ウ whom this kind of note エ must be sent.

(4) She ア sat by the fire イ drinking a cup of coffee ウ during the children エ watched a program about elephants on television.

(5) There is no sense ア on getting angry with イ those radicals ウ just because they disagree エ with you.

〈富山県〉

29 ★★☆

次の英文の下線部のうち誤っているものをア～エから選び，記号で答えよ。

(1) ア The foot of the mountain is the hotel イ where ウ sightseers and climbers エ like to stay.

(2) Because not ア to be paid イ by week was ウ in breach of contract, the workers finally went エ on strike.

(3) ア The reason イ why Bill ウ provided at the conference did not エ convince his boss.

(4) It was ア a busy week and he attended イ at his work ウ in spite of エ all the surrounding noise.

(5) The manager had the negotiators ア to prepare イ detailed reports ウ to determine why the business deal fell エ through.

〈富山県〉

30 ★★☆

In the sentences below, identify the one underlined word or phrase that is incorrect and write the correct word or phrase.

(1) He told ア me it wasn't far, but it turned イ out ウ to be a エ five hours drive.

(2) If you ア had stopped イ to read the instruction manual before ウ turning on the machine, I'm sure this エ didn't happen.

(3) ア Despite the huge volume of work and イ the unexpect computer breakdown, they had ウ finished the job エ by the end of the day.

(4) ア However you イ decide to deal with this problem, you can ウ count my エ full support.

(5) The personnel department ア subjected イ all of the three candidates to a ウ series of interviews to determine which was エ the better.

〈鳥取県〉

31 ★★☆

次の英文の下線部を，文法上正しくなるよう書きかえよ。

(1) In reality, all biological reproductive begins at the cellular level.

(2) The nests of most bird species are strategic placed to camouflage them against predators.

(3) One important agent of erosion is the glacier, which is an accumulated of snow slowly pressed into ice.

(4) It has long been known as an entire cluster of galaxies may sometimes lie buried within a vast, dense ball of gas.

(5) Many artists receive promote backing from government agencies as well as from private individuals and firms.

〈山口県〉

32 ★★☆

次の英文の下線部のうち誤っているものをア～エから選び，記号で答え，その誤った部分を文法上正しくなるよう書きかえよ。

(1) I ア couldn't go to the stadium イ yesterday evening because the trains ウ weren't running, and there was no taxi, エ too.

(2) The governor expressed ア concern about the large イ amount of animals killed or ウ injured エ in traffic accidents.

(3) The professor is ア tolerable of those who fell イ asleep in his class

ウprovided they エdo not snore.

(4) アBecause of an increase in the cost of raw materials, the shoes company イhas had no choice ウbut to raise its prices エaccording.

(5) アSince it was a very hot day, my dog イlaid under the tree all afternoon and ウdid not bark at strangers as he normally エdid.

(6) We waited アin line for three hours to get the tickets. イMuch ウin our disgust, they エhad all been sold when we reached the window.

〈佐賀県〉

33 ★★☆

次の英文には，それぞれ間違いが1ヵ所ある。間違いを直して，正しい英文に書きかえよ。

(1) I was very exciting when I heard the news from my mother.

(2) Kinkakuji is one of the most beautiful place I have ever visited.

(3) He found it was difficult to win the confident of his superior.

〈京都府〉

34 ★★☆

In the following sentences, (1) to (10), choose the incorrect word from the underlined options.

(1) News アare イinformation ウthat is published in newspaper and エbroadcast on radio and television about recent events in the country or world or in a particular area of activity.

(2) アHowever he イadmired her looks and manners, he had no ウwish to エmarry her.

(3) It is アnone the イless true ウfor it エsounds strange.

(4) Even アthough the artist sometimes claims イwhat he creates only for himself, he cannot ウhelp エwishing to share his creation, his experience and his emotion with others.

(5) Creative thinking may アwell mean simply the realization イwhich there's no particular virtue ウin doing things the エway they have always been done.

(6) Language is not something that is inherited; it is an art that can be passed アon イfrom one generation ウto the next only エfor intensive education.

(7) The quest ア for food is the most イ compelled concern of ウ any society, for no higher forms of labor are possible unless and エ until people are fed.

(8) Most Europeans, especially French people, will ア look it イ as an insult ウ if you ask them エ whether they are Americans.

(9) It is not ア necessary because English is superior イ to other languages ウ that it has エ spread more widely than others.

(10) There is a remarkable difference between men and animals; the ア latter イ is governed by ウ nothing エ but their instinct.

〈茨城県〉

35 ★★☆

Point out the underlined part that contains incorrect usage.

(1) Nancy is ア by far イ the most friendly person I ウ ever met. You should エ get on well with her.

(2) One airplane ア overshot the runway, イ delaying many ウ another flights, but fortunately no one エ was hurt.

(3) I ア was sitting in my car and I saw a イ masked man ウ to enter the bank and then a few minutes later エ rush out again.

(4) The police ア were busy taking the victim back to the place イ which she had her bag ウ stolen エ the previous night.

(5) When my friend ア finally イ arrived at the station, I ウ was waiting there for エ well over two hours.

〈愛知県〉

36 ★★☆

次の英文のうち誤っているものをア～エから選び，記号で答えよ。

(1) Last night our train ア left Tokyo at eight, イ arriving in Osaka at eleven. So I was ウ afraid that I エ won't meet and talk with my friend.

(2) That channel not only gives up-to-date news and a lot of ア information on different subjects イ but keeps you ウ informing of many special TV programmes エ which can be followed visually.

(3) One good way to approach discussions ア about difficult topics with our children イ are to begin by asking them what ウ they already know. That エ way we can start where they are and clear up any major misconceptions.

(4) As I ア stepped up, my left foot caught the underside of the ladder, イ which made a cut in the leather of my new shoe that looked ウ even if エ it were done by a razor blade.

〈名古屋市〉

37 ★★☆

次の英文の下線部のうち誤っているものをア～エから選び，記号で答えよ。

(1) When ア questioning, he イ denied ウ being a member エ of the group.

(2) ア Hardly had the sun イ set than the mosquitoes began to sting ウ so viciously エ that we had to run off from the picnic grounds.

(3) If the election results are ア as Harris predicted, the new senator will be the man イ whom the people ウ believed made the エ better showing in the televised debate.

(4) None of sixty-five students ア majoring economics イ was prepared for the ウ teacher's エ laying a trap for them in the comprehensive exam.

(5) The jury must first decide ア whether or not the defendant イ was in New York on August third, and then, how ウ can he have had the strength エ to carry a 200-pound body.

(6) ア Anyone of the compounds that can be イ produced from the leaves of this plant ウ is dangerous, but the plant エ itself is not poisonous.

(7) ア While I was out of action with a broken arm, the nurses イ tried to teach me to eat, write, and ウ to shave with my left hand, but I was never able エ to write or shave very well.

(8) ア Though in only her first year of research, Dr. Johnson イ has discovered a formula that ウ may affect the study of mathematics エ all over the world.

(9) University libraries across the nation use different methods to control crime, and the electronic system ア that gives out a signal イ if a person leaves the library with a book that has not been checked out ウ was one of エ them.

〈京都市〉

38 ★★☆

次の英文の空欄に当てはまる語句をア～エから選び，記号で答えよ。

(1)　Washington, D.C., (　　　　), is located between Maryland and Virginia.

ア．the capital of the United States

イ．it is the capital of the United States

ウ．the capital of the United States it is

エ．that is the capital of the United States

(2)　There is disagreement between my husband and (　　　　) about our children's education.

ア．I　　イ．me　　ウ．us　　エ．we

(3)　Only after his father died (　　　　).

ア．did Alfred learn to grow up

イ．Alfred learned to grow up

ウ．and Alfred learned to grow up

エ．when Alfred learned to grow up

(4)　Every computer is mainly a collection of switches, (　　　　) is either on or off at a particular time.

ア．each one　　　イ．each of them

ウ．each of which　　エ．which each

(5)　It may be (　　　　) the whole world can be united by the ties of love of peace and goodwill.

ア．long until　　イ．long before　　ウ．before long　　エ．long that

(6)　(　　　　) in your position, I would have hung up the phone in anger.

ア．While I was　　　イ．If I were

ウ．Though I had been　　エ．Had I been

(7)　You should (　　　　) a dictionary when you are not sure of the meaning of a new word.

ア．consult with　　イ．consult　　ウ．look up　　エ．look after

〈香川県〉

39 ★★☆

次の英文の下線部のうち誤っているものをア～オから選び，記号で答えよ。

(1)　If I've got your ア meaning, by イ crossing your arms, you ウ wanted to tell us エ to take off our shoes. Am I オ true?

(2)　ア The greater your predecessor イ has been, ウ the more challenge it エ will be to take over オ his or her position.

(3) E-mail ア falls somewhere イ in between a business letter and a conversation, and ウ as a result, messages エ might interpret as オ disrespectful.

(4) We ア find alternative treatment イ useful, whether it's herbal medicines ウ and green tea エ for lowering the risk of オ skin cancer.

〈福岡県・福岡市・北九州市〉

40 ★★☆

次の英文の下線部のうち誤っているものをア～エから選び，その箇所を記号で答え，その誤った部分を文法上正しくなるよう書きかえよ。

(1) My coach ア forbade me イ not to drink too much ウ at the party エ the night before the National Swimming Championships.

(2) ア Profit is the goal イ that motivates business executives ウ organizing and operate エ efficiently.

(3) She gave me ア so a good イ advice ウ that I was able to solve エ all my problems.

(4) The plane ア was leaving San Francisco イ according to schedule, but couldn't land ウ due to the weather エ conditions at Narita Airport.

(5) ア Tired from having イ put in a full day at the office, he fell asleep on the train and ウ had gone three stops past エ him when he finally woke up.

(6) ア It was only three days after the car accident イ that I called him ウ in the hospital, but he エ looked like all right.

(7) What his study has ア indication is that a イ better water ウ purification system is エ urgently needed in our community.

〈佐賀県〉

41 ★★☆

From the four underlined parts of each sentence, identify the one underlined word or phrase that must be changed in order for the sentences to be correct.

(1) The new model ア costs twice イ more than ウ last エ year's model.

(2) Professor Baker recommended that we ア are present at the reception イ this afternoon in order ウ to meet the representatives エ from the Fulbright Commission.

(3) The Department of Architecture ア has been criticized for イ not having

ウ much required courses scheduled エ for this semester.

(4) The examination ア will test your ability to understand イ spoken English, to read non-technical language, and ウ writing エ correctly.

(5) The bridges at ア Niagara Falls span イ the longer unguarded border in the history of the world, symbolizing the peace and goodwill that ウ exists エ between Canada and the United States.

(6) Because ア not food is イ as nutritious for a baby ウ as its mother's milk, エ many women are returning to the practice of breast feeding.

(7) Jim intended ア to have studied last night, but he イ forgot to ウ on account of preparing a speech エ that he would make.

(8) My father is in such ア a good health that he イ is able to run ウ fast, swim well, and sleep エ soundly.

〈沖縄県〉

42 ★★☆

次の英文の下線部のうち誤っているものをア〜エから選び，記号で答えよ。

(1) ア When I was at the campus bookstore, I イ realized that the prices ウ of many reference books エ had been risen.

(2) The storekeeper ア found it easily to employ those men イ mainly because they were always an available workforce ウ to be used エ when and where needed.

(3) People are now paying ア a lot of attention to the イ usefulness and ウ effectiveness of エ that they eat.

(4) ア Discovering in a small town in Nara, the イ ancient tomb was estimated ウ to be about 1500 エ years old.

(5) If you want to ア lose your イ weigh, you must ウ go on a diet and do a proper エ amount of exercise.

(6) The ア reason why I was late イ for school today was ウ because I エ slept through my alarm.

〈京都府〉

43 ★★☆

In the following sentences, (1) to (10), choose the incorrect word from the underlined options.

(1) I sent three letters ア to my parents イ when I was in Africa but they ウ got

エ neither of them.

(2) If you want to get on ア good with イ others, you ウ must keep tuned エ in to their feelings.

(3) A ア sound education does not mean that someone イ leaves school ウ with his head エ filling with facts and theories.

(4) The concert was very wonderful. ア More than イ a thousand people were there. I wish you ウ were there エ with us then.

(5) These days cars ア are so numerous that in a city イ it sometimes takes ウ more time to walk than エ to drive.

(6) ア Never before イ had people spent ウ so much time away from their jobs エ as they do now.

(7) Character is ア a very different thing イ from reputation, though often ウ two are エ confounded.

(8) The recession ア in the country イ will last at least ウ by the end エ of next year.

(9) A ア large number of イ traffic accidents in this city ウ is due エ to speeding.

(10) ア Other reason イ for women to work might be ウ because they want to エ satisfy interests.

〈茨城県〉

44 ★★☆

次の英文には，それぞれ間違いが1ヵ所ある。間違いを直して，正しい英文に書きかえよ。

(1) The teaching plan is to the teacher when the blue print is to the architect.

(2) We were brought up to be respectable of authority.

(3) The new Life magazine, which began publication in 1936, hired the best photographers, reductions the text to brief explanatory captions, and introduced the concept of the pictorial essay.

(4) Genetics is the study of how the nature and development of living things is affected by its genes.

(5) Last night I saw a fire in my neighborhood, which kept me widely awake all night.

〈千葉県・千葉市〉

45 ★★☆

次の(1)〜(5)は，以下のタイトルで生徒が書いた英文であるが，それぞれ文法的な誤りが1か所ある。その部分を指摘し，正しい英語を書け。ただし，タイトルは訂正しないこと。

(1)　Title：Club Activity

I am a member of the brass band club in my school. Every day after school, I practice the trumpet very hard. I am looking forward to performing in front of many audience in the next concert.

(2)　Title：My dog

I have a dog. She is so lovely and I sleep with her every night. One day, she ran away from my house. I searched her for three hours in my town but I couldn't find her. Next morning, I woke up with the barking of a dog. She came back home. I was relieved to see her.

(3)　Title：Homestay

I had a homestay in Australia for two weeks during the summer vacation. I was worried at first, but everyone in my host family was kind and I had a great time. The next time I will go abroad, I will be a good speaker of English.

(4)　Title：An Email to the ABC Online Store

I regret to say that I am not happy with the coat which I bought online. This is not what I ordered. This is much smaller. I cannot put on this. I would like to exchange this for a larger one. Would you mind if you check my email and send me a new one? I am waiting for your reply.

(5)　Title：A Trouble in a Foreign Country

This is what I experienced when I went abroad for the first time. I was stolen my bag at the station. My camera was in the bag. Soon I went to the police to ask for help. Luckily, my bag returned to me. You should watch all of your belongings wherever you go.

〈秋田県改題〉

46 ★☆☆

次の英文には，それぞれ間違いが1ヵ所ある。間違いを直して，正しい英文に書きかえよ。また，その箇所を生徒に説明するとして，なぜ正しくないのかを日本語で答えよ。

(1)　Not only you but also I are wrong.

(2) After I graduate from college, I want to go to abroad to study English.

(3) The climate here is milder than this of Japan.

(4) Do you know what is he doing now?

(5) He has to avoid to eat fatty food.

〈高知県〉

47 ★★☆

次の英文には，それぞれ間違いが1ヵ所ある。間違いを直して，正しい英文に書きかえよ。

(1) I like all kinds of sports; I am always happy and pleasant when I watch sports games on TV.

(2) We will discuss about our school festival tomorrow.

(3) I have some informations about the new movie.

(4) He has studied English since three years ago.

(5) My mother congratulated on my birthday and wished that I might have many more happy days.

〈千葉県・千葉市〉

48 ★☆☆

次の英文の（　　　）内の動詞を必要に応じて適切な形にせよ。（ただし，1語とは限らない。）

(1) You should try to avoid (catch) cold.

(2) The Portuguese were the first (bring) tobacco into Japan.

(3) Some plants are threatened when they (take) from the wild and sold to plant lovers.

(4) I'm still not very good at math. I often remember failing my math exam. I wish I (pass) it.

(5) He refused (listen) to her excuses.

(6) If it doesn't stop raining, we'll play cards at home. Let's begin when Tom (come).

〈群馬県〉

演習問題　解答・解説

1

(1)　イ　(2)　イ　(3)　ア

解説

(1)　独立分詞構文で慣用表現
All things considered「すべてを考慮に入れると」
(2)　Granting that ～「仮に～だとしても」
(3)　readは過去分詞。

2

(1)　エ　(2)　イ　(3)　エ

解説

(2)　such being the case「こういう事情なので」

3

(1)　ア　(2)　イ　(3)　ウ
(4)　エ　(5)　イ　(6)　イ
(7)　ア　(8)　ウ

解説

(1)　独立不定詞で慣用表現である。「控え目に言っても」
(2)　look forward to ～ing「～するのを楽しみに待つ」
(3)　「長年，記憶されることとなった事故」の意を表すのに，be＋to不定詞を用いる。
(4)　不定詞を用いて時制の差を表現する。(完了不定詞)
(5)　動名詞を用いた慣用表現
there's no telling …「…はよくわからない」
(6)　分詞構文
(7)　分詞構文の受動態表現
(8)　catch＋目的語＋～ing「(人など)が～しているのを見つける」

4

(1)　イ　(2)　ウ　(3)　ア
(4)　イ　(5)　イ　(6)　ア
(7)　イ　(8)　ウ　(9)　イ
(10)　ウ　(11)　イ　(12)　ア

解説

(11)　what English speaking people watch on TVが最初のofの目的語となる。

5

(1)　エ　(2)　イ　(3)　イ

解説

be worth ～ing「～する価値がある，～だけのねうちがある」
deserveは動詞，worthは目的語を要求するが形容詞である。

6

(1)　ウ　(2)　イ　(3)　エ
(4)　イ　(5)　エ　(6)　オ

解説

(5)　put 人 through to ～「(人の電話を)～につなぐ」

7

(1)　ウ　(2)　ア　(3)　エ
(4)　ウ　(5)　ア　(6)　ウ
(7)　ア　(8)　イ

解説

(1)　latter「(時間的に)後のほうの，終わりの，末の，後半の」
(2)　as ～ as any「誰にも劣らず～」で最上級の意味を含む。
(3)　any other＋単数名詞；比較級を用いて，最上級の内容を表現する際によく用いられる表現。

(4)　more と at … table がキーワード。
(5)　文脈に注意する。
(6)　文頭の Of all がキーワード。
(7)　同一人物の比較であることに注意。
(8)　superior ; than の代わりに to を用いる。

8

(1)　ア　(2)　イ　(3)　ウ
(4)　ア　(5)　イ　(6)　イ
(7)　ウ　(8)　ウ　(9)　エ

解説

(1)　対象が2人か3人かで答えが異なるので注意。
(2)　どちらでもよい
(3)　自分自身で
(4)　give oneself up to the police「警察に自首する」
(5)　くつろぐ
(6)　ご自由にお召し上がりください。
(7)　avail oneself of ～「～を利用する」
(8)　adopt と adapt の使い分けに注意する。
(9)　as such「それ自体は，それだけでは」

9

(1)　**Close**（または**Shut**）／**or**
(2)　**his／coming**
(3)　**on／speaking**
(4)　**long／before**
(5)　**This／why**

解説

(1)　命令文＋or「～しなさい，さもないと」
　or の代わりに or else や otherwise が用いられることもある。
(2)　be sure of ～「～することを確信している」
(3)　when＝on ～ing ; while＝in ～ing
(4)　It won't be long before ～「まもなく～だろう」
(5)　This is why ～「こういうわけで～」

10

(1)　**had／expected**
(2)　**as**
(3)　**not／long／before**
(4)　**The／sight**

解説

(1)　expect は過去完了形で過去の希望・期待が実現しなかったことを表す。
(2)　語順に変化を加えることによって譲歩表現を示す as
(4)　the sight of ～「～を見ること」

11

(1)　**enough／to**
(2)　**having／worked**
(3)　**difficulty／finding**
(4)　**while [when]／played**
(5)　**prevented／from**

12

(1)　**not／to／go**
(2)　**but**
(3)　**too／fast／to**
(4)　**less／than**
(5)　**asked／if**

解説

(1)　不定詞を否定するときは不定詞の前に not をつければよい。
(2)　関係代名詞の but
(3)　too ～ to …「あまりに～なので…できない」
(4)　10分以内に
(5)　間接話法で，相手の意向を尋ねるときは ask を用いる。

13

⑴　ウ　⑵　ア　⑶　イ
⑷　エ　⑸　ウ　⑹　エ
⑺　エ　⑻　イ　⑼　ア
⑽　イ

解説

⑴　君がしないといけないことの全ては～＝きみは～するだけでよい
⑵　now that ～「いまや～であるので」
⑶　話しておくべきだったのに，そうしなかった
⑷　be proud of ～「～を自慢する」
⑸　rob ～ of …「～から…を奪う」
⑹　It is doubtful whether (if) ～「～かどうかは疑わしい」
⑻　so＋形容詞＋a＋名詞
⑼　人の性質を表現する形容詞の場合には不定詞の意味上の主語は of で表す。
⑽　反復を避ける指示代名詞の that を用いる。

14

⑴　ア　⑵　ウ　⑶　イ
⑷　エ　⑸　ウ　⑹　ア
⑺　イ　⑻　イ　⑼　ア
⑽　ウ

解説

⑴　提案・主張などを表す動詞(suggest・insist)＋that S＋should 動詞原形。shouldは省略可。
⑻　whatever「(通例否定・疑問文で any または no を伴った名詞の後でそれを強調して)少しの～も」

15

⑴　**choice**　⑵　**why**
⑶　**times**　⑷　**dead**

16

⑴　イ　⑵　エ　⑶　ウ
⑷　ウ　⑸　イ　⑹　ウ

17

⑴　イ　⑵　イ　⑶　ア
⑷　ウ　⑸　ウ　⑹　エ
⑺　ウ　⑻　エ　⑼　ア
⑽　ア　⑾　エ

18

⑴　ウ　⑵　イ　⑶　ア
⑷　イ　⑸　エ

解説

⑴　be prone to ～「～しがちな，～しやすい」
⑶　meteor「流星，隕石」

19

⑴　ウ　⑵　エ　⑶　イ
⑷　エ　⑸　イ　⑹　イ
⑺　エ　⑻　イ　⑼　ア

20

⑴　ア　⑵　エ　⑶　ウ
⑷　ア　⑸　イ

21

⑴　ウ　⑵　エ　⑶　ア
⑷　イ　⑸　イ

解説

⑷　may well ～「～するのももっともだ」
might as well ～ as …「…するくらいなら～するほうがましだ」

22

⑴　ウ　⑵　ア　⑶　イ
⑷　ウ　⑸　エ　⑹　ウ
⑺　イ　⑻　ア　⑼　エ

23

(1) エ　(2) ウ　(3) ア
(4) エ

解説

(3) at the drop of a hat「突然，即座に」

24

(1) ウ　(2) ウ　(3) ア
(4) エ　(5) ウ

25

(1) イ　(2) ウ　(3) エ
(4) エ

26

(1) **less**　(2) **no**
(3) **Mind**　(4) **says**
(5) **like**　(6) **must**
(7) **know**　(8) **last**
(9) **enable**　(10) **got**

解説

(2) There is no accounting for tastes.「たで食う虫も好きずき」(ことわざ)
(3) (It's) none of your business. ＝Mind your own business.「余計なことはするな，君の知ったことか」
(4) 「(本・新聞などに)～と書いてある」はsayで表現する。

27

(1) エ　(2) イ　(3) ウ
(4) イ　(5) ウ　(6) ウ
(7) ア　(8) ウ　(9) エ
(10) ウ

解説

(1) would reach → reached (またはreach)
(2) that → which
(3) fifteen-years-old → fifteen-year-old
(4) during → while
duringは前置詞なので後に節は続かない。
(5) deal → number
a great deal ofは不可算名詞を伴う。
(6) perfectは比較級・最上級にしない。
(7) The all → All the
(8) price → a price
priceは可算名詞
(9) leave → left
(10) an appointment → a reservation
appointmentは人との「約束，(面会の)予約」の意。

28

(1) エ　(2) ア　(3) イ
(4) ウ　(5) ア

解説

(1) one → that [the one]
(2) dedicating → dedicated「熱心な」
(3) knows → know
主語の数は後のもの (her sisters) に一致させる。
(4) during → while
the children watched ～が従属節なので，接続詞whileにしなければならない。duringは前置詞。
(5) on → in
There is no sense in doing「～しても意味がない」

29

(1) ア　(2) イ　(3) イ
(4) イ　(5) ア

解説

(1) The foot of the mountain → At the foot of the mountain
is the hotelは倒置。
(2) by week → by the week
「週単位で」の意。計量単位を表す名

詞の前にはtheが必要。

(3)　why → which

Bill(S) provided(V) the reason(O) at the conference.という関係。

(4)　at → to

attend to ～「～に身を入れる，専念する」

(5)　to prepare → prepare

使役動詞haveの用法で，have＋人＋動詞原形としなければならない。

30

(1)　エ：**five-hour**

(2)　エ：**would not have happened**

(3)　イ：**the unexpected**

(4)　ウ：**count on**

(5)　エ：**the best**

31

(1)　**reproduction**

(2)　**strategically**

(3)　**accumulation**

(4)　**that**

(5)　**promotive**

32

(1)　エ：**too → either**

(2)　イ：**amount → number**

(3)　ア：**tolerable → tolerant**

(4)　エ：**according → accordingly**

(5)　イ：**laid → lay**

(6)　ウ：**in → to**

33

(1)　**I was very excited when I heard the news from my mother.**

(2)　**Kinkakuji is one of the most beautiful places I have ever visited.**

(3)　**He found it was difficult to win the confidence of his superior.**

34

(1)　ア　(2)　ア　(3)　ウ

(4)　イ　(5)　イ　(6)　エ

(7)　イ　(8)　ア　(9)　ア

(10)　イ

解説

(1)　are → is

(2)　However → Though

(3)　for → because

none the less … for / because ～ の構文。「～だがやはり…」の意。～に句がくればfor，節がくればbecauseを使う。

(4)　what → that

(5)　which → that

(6)　for → through

(7)　compelled → compelling

(8)　look → regard

(9)　necessary → necessarily

necessarilyは否定語を伴って「必ずしも～というわけではない」の意の部分否定を表す。

(10)　is → are

the latterはここではanimalsを指しているので複数扱い。

35

(1)　イ　(2)　ウ　(3)　ウ

(4)　イ　(5)　ウ

解説

(1)　the most friendly → the friendliest

(2)　another → other

(3)　to enter → enter

(4)　which → where

(5)　was waiting → had been waiting

36

(1) エ (2) ウ (3) イ
(4) ウ

解説

(1) won't → wouldn't
(2) informing → informed
(3) are → is
(4) even → as

37

(1) ア (2) ア (3) イ
(4) ア (5) ウ (6) ア
(7) ウ (8) ア (9) ウ

解説

(1) questioning → questioned
(2) Hardly → No sooner
(3) whom → who
(4) majoring → majoring in
(5) can he → he could
(6) Anyone → Any
(7) to shave → shave
(8) Though in only her first year of research
→ Though only in her first year of research
副詞onlyはin her first year of research「研究1年目にして」という句を修飾するのでその前に置く。
(9) was → is

38

(1) ア (2) イ (3) ア
(4) ウ (5) イ (6) エ
(7) イ

解説

(7) consult「(辞書を) ひく」
consult with 人「人と相談する」
look after ～「～の世話をする」

39

(1) オ (2) ウ (3) エ
(4) ウ

解説

(1) true → correct
(2) challenge → challenging
(3) interpret → be interpreted
(4) and → or

40

(1) イ **not to drink → to drink**
(2) ウ **organizing → to organize**
(3) ア **so a → such**
(4) ア **was leaving → left**
(5) エ **him → his**
(6) エ **looked like → looked**
(7) ア **indication → indicated**

解説

(2) motivate O to不定詞「Oを刺激して～させる」

41

(1) イ (2) ア (3) ウ
(4) ウ (5) イ (6) ア
(7) ア (8) ア

解説

(1) more than → as much as
(2) are → (should) be
(3) much → many
(4) writing → to write
(5) the longer → the longest
(6) not food → no food
(7) to have studied → to study
(8) aは不要。

42

(1) エ (2) ア (3) エ
(4) ア (5) イ (6) エ

解説

(1) had been risen → had risen
(2) found it easily → found it easy

(3)　that they eat → what they eat
(4)　Discovering → Discovered
(5)　weigh → weight
(6)　slept → had slept
sleep through～「～に気づかず寝続ける」

43

(1)　エ　(2)　ア　(3)　エ
(4)　ウ　(5)　ウ　(6)　イ
(7)　ウ　(8)　ウ　(9)　ウ
(10)　ア

解説

(1)　neither → none
(2)　good → well
(3)　filling → filled
(4)　were → had been
(5)　more → less
(6)　had → have
(7)　two → they [these two]
(8)　by → until
(9)　is → are
(10)　Other → Another

44

(1)　**when → what**
(2)　**respectable → respectful**
(3)　**reductions → reduced**
(4)　**its → their**
(5)　**widely → wide**

解説

(1)　A is to B what C is to D「AのBに対する関係は，CのDに対する関係と同じである」
(5)　wide awake「すっかり目覚めた」

45

(1)　**many → a large**
(2)　**searched → searched for**
(3)　**will go → go**
(4)　**put on this → put this on**
(5)　**I was stolen my bag → My bag was stolen ／ I had［got］my bag stolen**

解説

(1)　audience「聴衆」は集合名詞。集合体として考えるときは単数扱いとなり，「大勢の聴衆」はa large audienceと表す。
(2)　search for～「～を（見つけようとして）探す」
(3)　〈時・条件〉を表す副詞節の中では，未来の事柄も現在形で表す。
(4)　「動詞＋副詞」の句動詞では，目的語が代名詞の場合，動詞と副詞の間に挟む。
(5)　stealは「（物）を盗む」の意の動詞なので，I was stolenという受動態にはできない。

46

(1)　（英文）**Not only you but also I am wrong.**
（説明）**Not only** A **but also** Bが主語の場合，動詞はBの人称・数に一致する。
(2)　（英文）**After I graduate from college, I want to go abroad to study English.**
（説明）**abroad**は「外国へ」の意の副詞。副詞を，前置詞である**to**の目的語にすることはできない。
(3)　（英文）**The climate here is milder than that of Japan.**
（説明）**the**＋名詞＋**of** ～の名詞の反復を避けるため代用語として使われるのは**that [those] of** ～である。**this**にその用法はない。
(4)　（英文）**Do you know what he is**

doing now?

(説明) **what**以下は間接疑問文。間接疑問文では「疑問詞＋S＋V」の語順になる。

(5) (英文) **He has to avoid eating fatty food.**

(説明) 動詞**avoid**は**to**不定詞を目的語にとらない。

47

(1) **I like all kinds of sports; I am always happy and pleased when I watch sports games on TV.**

(2) **We will discuss our school festival tomorrow.**

(3) **I have some information about the new movie.**

(4) **He has studied English for three years.**

(5) **My mother congratulated me on my birthday and wished that I might have many more happy days.**

48

(1) **catching** (2) **to bring**

(3) **are taken** (4) **had passed**

(5) **to listen** (6) **comes**

解説

(1) avoidは目的語に動名詞のみをとる。mind, enjoy, finish, escape, practiceなども同様である。

(5) refuseは目的語にto不定詞のみをとる。hope, wish, want, intend, decideなども同様である（意図，決心，希望などを表す動詞が多い）。

4 会話文

傾向と対策

近年の傾向として，会話の慣用表現や会話文を完成させる問題が頻出している。しかし，慣用表現，会話文の完成問題ともに難易度は比較的低い。慣用表現に関しては，慣用句をまとめた市販の問題集を活用することで十分対応できると思われる。一般に会話文は，話の流れを追うために，主語と指示語を正確に捉えること，相手の話に賛同しているのかどうかを見極めながら読んでいくことが重要である。また，口語特有の省略表現も多く使われるので，前後の内容から判断することも必要である。

例題　**会話文**

次の各文の応答として最も適切なものをア～ウから選び，記号で答えよ。

(1) That comes to 19.55.

ア. Can I put that on a credit card?

イ. We've been waiting here for an hour.

ウ. That was a good year.

(2) What floor do you want?

ア. I work on this floor.

イ. Would you mind pressing second, please?

ウ. Which floor do you live?

(3) Is it all right if I finish this work next week instead of this week?

ア. You don't have to work next week.

イ. I should finish it soon.

ウ. That should fit into our time frame.

(4) And can you make sure to water the lawn?

ア. O.K. I'll get right on it.

イ. No, I'm afraid not.

ウ. I don't think so.

(5) I'm busy now, so do you mind calling me later?

ア. Yes, so do I.

イ. No, not at all.
ウ. Certainly, I'm also busy.

〈北海道・札幌市改題〉

解答 (1) ア　(2) イ　(3) ウ　(4) ア　(5) イ

解説 (1) 「19.55になります」

単位は明記されていないが，19.55は19ドル55セントという意味である。時刻でも年号でもないのでイとウは不適と判断できる。

ア.「クレジットカードで払ってもいいですか」
イ.「私たちはここでもう1時間も待っています」
ウ.「あれは良い年だった」

(2) 「何階ですか？」とエレベータで相手に降りたいフロアを尋ねる表現。

ア.「私はこの階で働いています」
イ.「2階のボタンを押していただけますか」が正解となる。
ウ.「何階に住んでいるんですか？」

(3) 「この仕事を今週ではなく来週仕上げてもかまいませんか」

ア.「来週は働かなくてもいいです」，イ.「私はそれをすぐに仕上げなければなりません」，ウ.「それでも期限には間に合うでしょう」の中で自然な受け答えになるのはウ。

(4) 「芝生にちゃんと水をやっておいてくれるわね？」

依頼を引き受ける表現であるア.「わかった，すぐにやっておくよ」を選ぶのが自然である。get right on～ は「すぐに～に取りかかる」の意の会話表現。

(5) 「今忙しいので，後で電話していただけませんか」

Do〔Would〕you mind ～ing?　「どうか～していただけませんか」(Wouldを用いる方がより丁寧)

mindは「～を気にかける」という意味なので，yesと答えると依頼されたことをする気持ちがないことになってしまう。

ア.「はい，私もそうします」
イ.「ええ，いいですとも」
ウ.「ええ，私も忙しいです」

演習問題

1 ★★☆

次の会話文の空欄に当てはまる語句をア〜エから選び，記号で答えよ。

(1) A：You've got a (　　　) nose. Are you all right?
B：I have a bad cold these days. Thanks, anyway.
ア. water　イ. slobbery　ウ. falling　エ. runny

(2) A：Excuse me. Will you tell me how to get to the nearest post office?
B：Well, turn right at that corner. The post office is five (　　　) from the corner.
ア. walks　イ. streets　ウ. doors　エ. windows

(3) A：Do you like the new color of these computers?
B：Well, that is neither (　　　). The thing is how it works.
ア. here nor there　イ. this nor that
ウ. in nor out　エ. black nor white

(4) A：I got two tickets for the movie. Shall we go and see it together this Saturday or Sunday?
B：I'm sorry, but I have work to do at home on this weekend. Can I take (　　　) on it? I'm all right on the next weekend.
ア. a rain hat　イ. a rain check　ウ. a rain coat　エ. a rain date

(5) A：Look! What a beautiful view!
B：Oh, it takes my (　　　) away.
ア. heart　イ. words　ウ. breath　エ. mind

(6) A：Let's (　　　) up this work and go out.
B：Yes, let's. Today's work is over.
ア. wrap　イ. turn　ウ. put　エ. cover

〈福島県〉

2 ★☆☆

次の会話文の空欄にあてはまるものをア〜エから選び，記号で答えよ。

(1) A：Which would you prefer, wine or whisky?
B：(　　　).
ア. Why not, thank you　イ. Neither, thank you
ウ. Yes, I would　エ. No, I don't

(2) A：Will you be going to Italy this autumn after all?
B：I'm still (　　　) to.
ア．visiting　イ．considering　ウ．supposing　エ．intending

(3) A：Would you like to have a look at this book?
B：Yes, if you're (　　　) it.
ア．through with　イ．away from　ウ．far from　エ．up with

(4) A：I won't take responsibility for what you do.
B：Don't worry. Nobody (　　　).
ア．makes you do　イ．wants for you to do
ウ．wants you to　エ．wants that you do

(5) A：Does your daughter like her new school?
B：(　　　)!
ア．If only she did　イ．If only she ought to
ウ．If only she might have　エ．If only she were

(6) A：The weather these days is pretty wet.
B：Yes, I wonder when the rain will ever (　　　) up.
ア．make　イ．have　ウ．let　エ．end

〈福島県〉

3 ★★☆

次の空欄に2語以上5語以下の適当な英語を補い，自然な会話になるよう英文を完成させよ。

(1) A：Excuse me. I was in line here first.
B：Oh, I'm sorry. I didn't realize that you (　　　).

(2) A：Tom, do you want me to try to fix that broken bicycle of yours?
B：Thanks, but I already had (　　　).

(3) A：How do you do?
B：How do you do?
A：Actually, I (　　　) meeting you for a long time.
B：Have you really?
A：Yes. Carol has told me so much about you that I feel I already know you.

(4) A：What's the weather going to be like for the children's Sports Day on Saturday?
B：I've only seen the weekly forecast in the paper.

A：What (　　　)?

B：It looked all right. Twenty percent chance of rain, I think.

(5)　A：Excuse me. Is this the right way to the station?

B：No, it isn't. The station is (　　　) direction.

A：Oh, dear!

B：Just go back the way you came for about 500 meters. You'll see it just in front of you.

〈福島県〉

4 ★★☆

次の会話文の空欄に当てはまる語を1語で答えよ。

(1)　A：You've got to wake up!

B：Please, let me (　　　) ten minutes more.

(2)　A：Do carp live in salt water?

B：No. They live in (　　　) water.

(3)　A：Why do you look so sad? What's wrong?

B：(　　　) is going away. I overslept this morning, forgot my homework. And someone stole my bike.

(4)　A：You were sleeping in class this morning, weren't you?

B：Yes. The lecture (　　　) me to death.

〈愛媛県〉

5 ★★☆

次の会話文の空欄に当てはまる語をア〜セから選び，記号で答えよ。

Alex：You had better leave quickly before your aunt finds out you broke her expensive imported vase.

Bess：But I need to be honest and tell my aunt (　1　) happened.

Alex：If you do, you will have to (　2　) for it, and your aunt will never forgive you.

Bess：I could tell her it was broken when I (　3　) here.

Alex：That doesn't make (　4　). Didn't your aunt (　5　) you in through the door here?

Bess：You're right. Maybe I could tell her the cat (　6　) it over and I tried to catch it. I would be the hero and the cat would get the (　7　).

Alex：That's a great idea. But there's one problem (　8　) that.

Bess : What is it?
Alex : Her cat is in the animal hospital.
Bess : Well, I guess I'll just have to tell her the (9).
Alex : In this case honesty seems to be the (10) policy!

ア. only　イ. let　ウ. made　エ. pay　オ. what
カ. truth　キ. sense　ク. got　ケ. how　コ. knocked
サ. forgive　シ. with　ス. blame　セ. liar

6 ★★☆

Each question consists of a short written conversation between two speakers, part of which has been omitted. Choose the phrase or sentence that best completes the conversation from the four choices beneath the conversation.

(1) A : It sure is cold these days.
B : ( ) I can't believe it's only October.
ア. That's comforting.　イ. I'll say!
ウ. Our day will come.　エ. Absolutely not!

(2) A : Are you going to reserve a table at a French restaurant?
B : ( ) Ms. Perkins loves French cuisine.
ア. Yes, you deserve it.　イ. Yes, I mean to.
ウ. No, I'm not quite sure.　エ. No, it's no big deal.

(3) A : Can you submit the estimate in a week?
B : ( ) It won't take me so long.
ア. No sweat.　イ. Suit yourself.
ウ. By any chance.　エ. That's something.

(4) A : Would you check my computer? It broke down yesterday. I might have to buy a new one.
B : ( ) I think I can repair it.
ア. Same here.　イ. It's beyond all hope of repair.
ウ. I have seen worse.　エ. You're up and around.

(5) A : I'm sorry, I can't go to the baseball game tonight. I still have a lot of work to do.
B : ( ) I've already got two tickets.
ア. Why are you going to the game?　イ. It works like a charm.
ウ. You looked straight through me.　エ. Why are you telling me now?

〈栃木県〉

7 ★★☆

次の会話文の空欄に当てはまるものをア～エから選び，記号で答えよ。

(1) A：How did the meeting go?

B：It was OK.

A：Just OK?

B：Well, I'm just not happy about the comment Tom made at the meeting. It (　　　).

ア. grated on me　　イ. filled the bill

ウ. pitched on me　　エ. took up with me

(2) A：I haven't finished my homework. And...

B：And you need my help, right?

A：(　　　)! In fact I need your help. Help me!

B：O.K. But it will cost you.

ア. You shook me up　　イ. You're a clotheshorse

ウ. You hit the nail on the head　　エ. You pass for an American

(3) A：That man keeps bothering me.

B：I'm in the same boat. (　　　).

A：You have to draw the line somewhere.

B：Maybe I should tell him to stop.

ア. He won't play hooky　　イ. He won't hang in there

ウ. He won't miss the boat　　エ. He won't get off my back

(4) A：That's all I wanted to tell you.

B：Is that all? I still don't understand.

A：I've been telling you the same story a million times!

B：Sorry, but I don't think your story (　　　).

ア. fixes your wagon　　イ. holds water

ウ. passes over　　エ. takes pains

〈神奈川県・横浜市・川崎市〉

8 ★★☆

次の会話文の空欄に当てはまるものをア～エから選び，記号で答えよ。

(1) A：I don't think he's happy with his new job.
B：(　　　) I hear he's just begun looking for another job.
ア. Say when!　　イ. That's what you say!
ウ. You don't say!　　エ. You can say that again!

(2) A：Please show me where we are on this map.
B：(　　　)
ア. This map is not mine.
イ. Let me see... we are here on this street.
ウ. Yes, you may look at this map.
エ. Map? Sorry I don't have one.

(3) A：Look at the time. What do you say to calling it a day?
B：(　　　)
ア. I'll call you today.
イ. Did anyone call me?
ウ. It's Monday.
エ. Why quit when we're so close to finishing?

(4) A：I thought his paintings were absolutely brilliant. Didn't you?
B：Not really. (　　　)
ア. I don't like to paint.　　イ. They weren't my best.
ウ. I didn't care much for them.　　エ. They weren't disappointing.

(5) [On the train]
A：Would you like to have this magazine?
B：Yes, (　　　)
A：Yes, I am.
ア. if you're through with it.　　イ. when you have done it.
ウ. as far as you are concerned.　　エ. I'm pleased to have it, though.

(6) A：What is the best way to Tokyo?
B：By train, if you want to save time.
A：(　　　)
B：That depends on the traffic.
ア. How much does it cost?　　イ. How long will it take by bus?
ウ. How often do I have to change?　　エ. Is there an express train?

〈富山県〉

9 ★★☆

次の会話文の空欄に当てはまる文をア～コから選び，記号で答えよ。

Clerk：May I help you?

Polly：Yes. I bought this skirt here yesterday. But it didn't fit me well. Mother said it was too tight for me.（ 1 ）

Clerk：Well, do you have the receipt for that skirt?

Polly：（ 2 ）

Clerk：OK.（ 3 ）What size do you need?

Polly：Maybe, size 9.

Clerk：（ 4 ）

Polly：No, any brand is OK, but almost the same price as this one, please.

Clerk：Well, how about this one? You should try it on this time.

Polly：Sure. ...
（ 5 ）How much is it?

Clerk：50 dollars 75 cents. You paid 50 dollars yesterday.（ 6 ）

Polly：OK. Here you are. Thank you.

Clerk：Thank you very much, come again.

ア. Yes, here it is.　　イ. So you owe 75 cents more.
ウ. May I try it on this time?　　エ. You look very pretty in that dress.
オ. I'll take it.　　カ. Would you exchange it for a larger size?
キ. Any particular brand?　　ク. I'll help you find a larger size.
ケ. I can't find a skirt in my size.
コ. Could you tell me where I might find a smaller size?

〈名古屋市〉

10 ★★☆

次の会話文の空欄に当てはまる文をア～クから選び，記号で答えよ。

〔Lance Jones is having a job interview with a TV station.〕

A：OK, Lance, let's talk about your education and experience.

B：Yes, certainly.

A：（ 1 ）

B：That's right, I majored in Broadcasting.

A：Right. How was the course?

B：It was an excellent course. I learned a lot.

A：And what was your first job after graduation?

B：(　2　)
A：Did you enjoy it?
B：Yes, it was a great first job. (　3　)
A：And after a year, you were promoted, and became a news presenter?
B：That's right. (　4　)
A：And now you're with CTV in Springfield?
B：Yes, I'm working for CTV as a freelance reporter. (　5　)
A：I see, and what would you like to do for us?
B：I'd like to work as a presenter and a reporter.

ア. I got a lot of reporting experience.
イ. I do a lot of live reports.
ウ. You have a lot of experiences of reporting.
エ. I worked on the seven o'clock newscast.
オ. I was a reporter for the Journal in Chicago.
カ. What did you major in?
キ. You graduated from East State University in 1996?
ク. What university did you graduated from?

〈徳島県〉

11 ★★☆

意味の通る文章になるように，空欄に適する英文をア〜エから選び，記号で答えよ。

A father and his small son were out walking one afternoon when the youngster asked how the electricity went through the wires stretched between the telephone poles.

(　1　)(　2　)(　3　)

The boy continued to ask questions throughout the walk, none of which the father could explain. Finally, as they were nearing home, the boy asked, "Pop, I hope you don't mind my asking so many questions......"

(　4　)

ア. "To tell the truth," said the father, "I never exactly understood that myself."
イ. "Of course not," replied the father. "How else are you going to learn?"
ウ. "Don't know," said the father. "Never knew much about electricity."
エ. A few blocks farther on the boy asked why the sky is blue.

〈佐賀県〉

12 ★★☆

次の会話文の空欄に当てはまる文をア～クから選び，記号で答えよ。

The average adult in America is twenty pounds overweight. The great national campaign, "(1)" is as often and easily broken by the weak-willed as the other campaign, "Stop smoking."

Linda：Why, Janet! (2)
Janet ：Linda! I haven't seen you for ages!
Linda：How've you been?
Janet ：Just fine! (3)
Linda：What's wrong?
Janet ：(4)
Linda：You took the words right out of my mouth.
Janet ：We can't stand out on the street forever. (5)
Linda：That's a good idea. (6)
Janet ：What will you have?
Linda：The question is: What can I have?
Janet ：(7)
Linda：Same here really. Two black coffees, please.
Janet ：(8)
Linda：Now, Janet. Remember?
Janet ：Oh, just this time. Meeting you is such a special occasion!

ア. All I can drink is black coffee.
イ. Let's go in here and sit down.
ウ. That piece of cake looks awfully inviting, doesn't it?
エ. Look at me, though.
オ. We have so much to talk about.
カ. Fancy meeting you here!
キ. I can't keep my weight down.
ク. Going on a diet.

〈香川県〉

13 ★★☆

次の会話文の空欄に当てはまる文をア～セから選び，記号で答えよ。

Passenger : Hey, Taxi! (The taxi stops.) Ah, (1)

Driver : Where to?

Passenger : Well, I'm going to the National Museum of Art, and ...

Driver : Sure. Hop in. No problem. Hang on!

Passenger : Uh, excuse me. How long does it take to get there?

Driver : Well, (2) It shouldn't take more than twenty minutes for the average driver. And I'm not average. I have driving down to an art, so we should be able to cruise through traffic and get there in less than twelve minutes.

Passenger : Okay. Uh, sorry for asking, but (3)

Driver : Oh, it shouldn't be more than 18 dollars, not including a tip, of course.

Passenger : Oh, and by the way, do you know what time the museum closes?

Driver : Well, I would guess around 6:00.

Passenger : Uh, (4)

Driver : Yeah. It's half past four. Uh, (5)

Passenger : Yes. How did you know?

Driver : Well, you can tell tourists from a mile away in this city because they walk down the street looking straight up at the skyscrapers.

Passenger : Oh, (6)

Driver : Well ...

Passenger : Oh, before I forget, can you recommend any good restaurants downtown that offer meals at a reasonable price?

Driver : Umm... Well, the Mexican restaurant, La Fajita, is fantastic. It's not as inexpensive as other places I know, but the decor is very authentic, and the portions are larger than most places I've been to.

Passenger : Ooh, (7) How do I get there from the museum?

Driver : Well, you can catch the subway right outside the museum. There are buses that run that way, but (8) And there are taxis too, but they don't run by the museum that often.

Passenger : Okay. Thanks.

ア．don't mention it.　　イ．sounds great!
ウ．what a coincidence!　　エ．that reminds me.
オ．that depends.　　カ．thanks for pulling over.
キ．you would have to transfer a couple of times.
ク．was it that obvious?　　ケ．will you make the arrangements?
コ．do you have the time?　　サ．this is your first time to the city, right?
シ．anything else that you want to know?
ス．how come it will take such a long time?
セ．do you have any idea how much the fare will be?

〈福島県〉

14 ★★☆

次の電話での会話文の空欄に当てはまる文をア～クから選び，記号で答えよ。

A：Good morning, ABC Customer Service.
B：Good morning, this is Larry Larsen from Alpha Engineering.
A：(　　1　　)
B：(　　2　　)
A：(　　3　　)
B：The paper jams.
A：The paper jams?
B：(　　4　　)
A：(　　5　　) I'll send someone round right away.
B：I'd appreciate that. Thank you. Goodbye.
A：Goodbye.

ア．Can I have your telephone number, please?
イ．I'm sorry to hear that. What's the problem?
ウ．How did you like it, Mr. Larsen?
エ．I'm afraid I have a complaint about the new photocopier you installed yesterday.
オ．I see. I'm very sorry about the inconvenience.
カ．How can I help you, Mr. Larsen?
キ．Yes. When we make double-sided copies, it jams every time.
ク．I'm afraid that's not quite correct.

〈徳島県〉

15 ★★☆

次の会話文の日本語部分を英訳せよ。

Bill：(1) もう我慢できない。

Derek：What's the matter now?

Bill：Well, you know, Jones told me to write that report on the Manchester branch. I gave it to him this morning and he put it straight into the waste-paper basket.

Derek：That's a bit much.

Bill：Well, it's the last report I do for him.

Peter：Oh, he's not so bad really.

Bill：You just wait till he throws one of your reports in the waste-paper basket.

Peter：(2) ぼくとはうまくいっているよ。

Bill：Well, I'm glad he likes some one.

Peter：Actually, I wrote a report on Manchester last week. (3) たぶんそれで君のは必要なかったんだな。

Bill：What? (4) 初めからぼくは書く必要はなかったということかい。 That's the last straw. I'm going to find somewhere to work where the boss is a human being.

Derek：Take it easy.

16 ★★☆

次の会話文の空欄に当てはまる語句をア～エから選び，記号で答えよ。

Ben：You seem really angry. What's the matter?

Joe：Just leave me alone, all right?

Ben：Relax! What's the matter with you, anyway?

Joe：I'll tell you what's the matter. We're finished. I don't ever want to talk to you again.

Ben：What did I do?

Joe：You (1) me, that's what. I told you I was going to apply for that computer programming job, and you applied before me.

Ben：I didn't think you were sure about applying. You always say things you don't mean. I didn't (2) this time.

Joe：I just can't (3) you. How can I make you understand that I wanted that job?

Ben : Debbie told me that you didn't really want it.

Joe : (4). She would never say that. She knows that's not true. You're just trying to cause trouble. You're trying to (5) between Debbie and me.

Ben : You're the one who's crazy. You've never been able to control your anger.

Joe : Now you're (6) me. I can't believe you're (7) like this. It's so insulting.

Ben : Look. It doesn't matter. We might as well (8) because neither of us got the job. So we can just stop arguing.

Joe : What?

Ben : The new assistant got it.

Joe : But he has no experience. That's not fair.

Ben : I know that. We've been (9). That job (10) to him. The company cheated us again.

Joe : Well, we have to fight this.

Ben : How?

Joe : Let's sit down and make a plan to...

(1) ア. double-crossed イ. double-booked
ウ. double-talked エ. double-timed

(2) ア. put in a word for you イ. have your word in your ear
ウ. take you at your word エ. say your word to you

(3) ア. make up to イ. keep up with
ウ. go through with エ. get through to

(4) ア. I know イ. That's crazy ウ. It's true エ. By all means

(5) ア. go イ. stay ウ. have エ. come

(6) ア. lying イ. attacking ウ. fooling エ. kidding

(7) ア. taking me up イ. bringing me up
ウ. putting me down エ. looking me down

(8) ア. make up イ. get away ウ. take on エ. had

(9) ア. made イ. gone ウ. done エ. had

(10) ア. should go イ. must go
ウ. shouldn't go エ. mustn't have gone

17 ★★☆

次のA～Eの英文を，２人の会話として意味がつながるように並べかえるとき，２番目と４番目にくる最も適切な組み合わせをア～オから選び，記号で答えよ。

(1) A：You don't believe in that nonsense, do you?
B：If they do, I'm sure it's just a coincidence.
C：I had my fortune told yesterday. It was quite interesting.
D：Hi, Tim. What's up?
E：I'm not sure. Sometimes fortunes come true, you know.
ア．D－A　イ．B－C　ウ．C－E　エ．E－D　オ．A－B

(2) A：You can't. You've got to come home early.
B：John, could you come home early tonight?
C：Don't tell me you forgot what day today was.
D：What's so special about tonight?
E：Why, dear? I was planning to play golf after work tonight.
ア．D－A　イ．B－C　ウ．C－E　エ．E－D　オ．A－B

(3) A：I'd love to. But I'm really not good at skating at all.
B：Well, maybe I'll come along just to be sociable.
C：Don't worry about that. There'll be plenty of people there to teach you.
D：Good for you. I'm sure you'll get along great.
E：We're going to have an ice-skating party next Sunday. Would you care to come?
ア．D－A　イ．B－C　ウ．C－E　エ．E－D　オ．A－B

(4) A：On the contrary. Good jazz has a lot of beauty and depth.
B：I've never paid much attention to jazz. I've always thought it was inferior to classical music.
C：Does it? Maybe I should give jazz another chance.
D：I'm a jazz fan, so naturally jazz makes up the bulk of my collection.
E：What kind of CDs do you collect?
ア．D－A　イ．B－C　ウ．C－E　エ．E－D　オ．A－B

〈福岡県・福岡市・北九州市〉

18 ★★☆

次のA～Eの英文を，２人の会話として意味がつながるように並べかえるとき，２番目と４番目にくる最も適切な組み合わせをア～オから選び，記号で答えよ。

(1) A：Who?
B：That's good for you.
C：I forgot his name, but he won.
D：Yeah, I read about them in the paper this morning. My guy won.
E：Have you seen the latest election results? They were announced on the news late last night.

ア．D－C　　イ．A－E　　ウ．C－B　　エ．A－D　　オ．E－B

(2) A：That's right. I'd forgotten that your family runs a grocery store.
B：It's been pretty much decided for me. I'll be taking over my father's grocery business.
C：Well, Ken, one more year of school and then out we go into the real world.
D：Have you decided what you're going to do yet, Kohei?
E：I know! Don't remind me of it.

ア．D－C　　イ．A－E　　ウ．C－B　　エ．A－D　　オ．E－B

(3) A：OK, Allen. What's so special about it?
B：Welcome to the future, Emi! It's called voice recognizing software.
C：Say something.
D：OK. Let's see... Hello, Mr. Computer. Wow! Words are popping up on the screen.
E：Hey, Emi, I want to show you something. You should check this computer out.

ア．D－C　　イ．A－E　　ウ．C－B　　エ．A－D　　オ．E－B

(4) A：Bob, I think I've found a job for you at the summer camp where I work.
B：That's great! When do I start? I don't get out of school until next week.
C：Oh, really? Thanks, Dad, but do they know I'm only fourteen?
D：You don't even have the job yet. First off, you'll need to be interviewed.

E：Sure. You'll be a junior counselor. The pay's not bad, and the tips are really good.

ア．D－C　イ．A－E　ウ．C－B　エ．A－D　オ．E－B

〈福岡県・福岡市・北九州市〉

19 ★★☆

最初の対話に続く1～6を並べかえて，意味の通る対話にせよ。

— Hi, Mr. Yamada!

— Hi! How are you doing these days?

1．— You know, the environmental problems are a global issue. I feel the necessity to study about it.

2．— Oh, really? How come?

3．— Oh, really? It's time we should start thinking not only about ourselves but also about our interaction with others and our surroundings.

4．— It's been a long time since we met. Well, I'm quite well. How about you?

5．— I see what you mean. It is a great coincidence! I'm also planning to go to university to study international development.

6．— I must say pretty good, because I re-entered a college to study ecology.

〈長野県〉

20 ★☆☆

次の会話文の空欄に場面に合った英文を答えよ。ただし，〔　〕の単語は必ず使うこと。

(1)　A：Excuse me, is this seat taken?

B：No, I don't think so.

A：(　　〔mind〕　　)

B：Not at all.

(2)　A：Will you take me to the station?

B：Which station, ma'am?

A：Uwajima Station. I have a train to catch in twenty minutes.

B：(　　〔no〕　　) Traffic isn't heavy.

(3)　A：(　　〔favor〕　　)

B：Sure. What can I do for you?

A：Give me a ride downtown.

B：OK, hop in the car.

〈愛媛県〉

21 ★★☆

次の会話文の空欄に場面に合った英文を答えよ。ただし，使用する語数は5～10語とする。

(1)　Yoko and her mother at home

Mother : What's the matter with you?
Yoko : I'm not feeling well.
Mother : Do you have a headache?
Yoko : Yes, a little.
Mother : (　　　　　　　　　)
Yoko : How is it?
Mother : I think it's a little high. Maybe you have caught a cold.

(2)　Koji and the modulator of the discussion about mobile phones

Modulator : It seems we all recognize that there is social concern about the widespread use of mobile phones in Japan. What would be the biggest problem?
Koji : One of the concerns seems to be related to manners.
Modulator : What do you mean, Koji? Would you make it precise?
Koji : Oh, you know, (　　　　　　　　　)
Modulator : That would be a good example. Let's talk about the act and argue how we can improve the situation.

22 ★★☆

次の会話文の空欄に当てはまる文をア～カから選び，記号で答えよ。

Woman : I haven't seen you here for a couple of weeks. Have you stopped eating or something?
Man : No. Does it look like I've stopped eating? I've been spending a lot of time in the library.
Woman : Working on a paper?
Man : (　1　) I'm working on three different papers: sociology, English literature, and politics.
Woman : Wow, that is a lot of work.
Man : Yeah, and what's frustrating is that I'm studying the nineteenth century British Empire in all three classes, but I can't just write a single paper for all three.
Woman : Why not?

Man : The professors won't let me. (2)

Woman : That's too bad. Could you write your papers on three aspects of one topic?

Man : Hmmm. (3)

Woman : Well, let's see. Hmm..... Maybe you could do something with Romanticism, for example, write your sociology paper on the cultural basis of Romanticism. And you could write your politics paper about the influence of the Romantic poets on British foreign policy, and of course, English paper on an analysis of some Romantic poems.

Man : Hey, that's a nice idea! I've already started the research for one of the papers, so I can use that. (4)

Woman : Do you want to write up my biology assignment?

Man : I'd love to. But I've never taken biology. (5)

Woman : Oh well, no thanks then. Have a good weekend, and try to get out of the library and get some sleep. You have big circles under your eyes.

Man : OK, I'll try. See you later.

ア. So I'm not sure you'd like the results.
イ. I wish I was working on a paper!
ウ. What can I do to repay you?
エ. Even if I make it three times as long as the suggested length.
オ. You could finish in time on another subject.
カ. What do you mean?

〈佐賀県〉

23 ★★☆

次の会話文の空欄に場面に合った英文を答えよ。

(1) Mr. Brown : Excuse me. I lost my bag yesterday.

Police Officer : (ア) and (イ)

Mr. Brown : It is dark brown, and about the size of a small computer.

Police Officer : All right. Just a moment, please. Is this yours?

Mr. Brown : No. (ウ)

Police Officer : How about this one?

Mr. Brown : No.

Police Officer：This one ?

Mr. Brown：That’s it. Thank you.

(2) Mr. Brown：My name is Brown. I have a reservation for seven o’clock.

R. Manager：Good evening, sir. (ア)

Mr. Brown：Thank you.

R. Manager：(イ)

Mr. Brown：I’ll have a sirloin steak.

R. Manager：Yes, sir. (ウ)

Mr. Brown：Medium, please. And I’d like to have a salad.

R. Manager：What sort of dressing would you like on your salad?

Mr. Brown：Italian, please.

R. Manager：Certainly, sir.

〈鳥取県〉

24 ★★☆

次の下線部を英訳せよ。

My son, a first-grader in school, came and spoke to me.

(1)「お母さん，ぼくのはさみをどこへやっちゃったの」

“No I don’t.” (2)自分のものを自分で片づける習慣ぐらい早く身に付けてもらわないと困るわね」

“But you yourself don’t always keep your own where it belongs.”

〈大分県〉

25 ★★☆

次の各問いに答えよ。

(1) 次の会話文の空欄に当てはまる語を1語で答えよ。

HELEN：Well, it was nice meeting you again, Joe, after all this time, but you’ll have to excuse me now. I’ve got a date in town at nine o’clock, so I’d (A) be going.

JOE：You’re going to be late. It’s ten to nine already.

HELEN：Well, it’s only fifteen minutes’ drive from here.

JOE：Oh, do you drive a car now?

HELEN：Yes, didn’t you know? I got it about three months ago.

JOE：Well, can you (B) me a lift then? I have to go into the town center, too.

HELEN：Come on, then.

(Later, in Helen's car.)

JOE : This is a very nice little car, Helen.

HELEN : It's not new by any means, you know. It's a 1969 model.

JOE : Still, it looks very smart and it runs beautifully. (C) did you manage to buy a car, anyway? Did you win the football pools, or (D) like that?

HELEN : No such luck! In the first place, my Uncle Tom left me £250 when he died last year.

JOE : I didn't know you had an Uncle Tom.

HELEN : Neither did I! He was an older brother of my father's, and it seems he was the black sheep of the family, which was (E) I never heard of him. He was never mentioned at home!

(2) 次の空欄にそれぞれの状況に応じた適切な英文を書け。

A. You are in a restaurant. You have finished your meal and would like to eat a dessert. Unfortunately you cannot remember what the restaurant has to offer. After the waiter comes to your table, you say, "( )"

B. You went on two holidays last year, one to Kyoto which you enjoyed very much and one to Korea which you did not. John wants your opinion about whether to go to Korea or Kyoto for his holiday. You say, "( )"

C. Joe wants you to go to the movie with him on Saturday but you already have plans to go to the beach with some other friends. You say, "( )"

D. Your friend has toothache. You advise, "( )"

〈大分県〉

26 ★★☆

次の各問いに答えよ。

(1) 次の英文はMrs. RothとAdrianの会話である。Adrianの発話の空欄に自然な会話になるような英語を書け。

Mrs. Roth : Adrian! Adrian!
Adrian : What?
Mrs. Roth : Adrian! Come on, it's almost seven o'clock. Your breakfast is getting cold.
Adrian : All right. (ア)
Mrs. Roth : Adrian, you haven't shaved.
Adrian : I know. I'll do it before I go to school.
Mrs. Roth : Well, don't forget. And you need a haircut.
Adrian : All right. I'll make an appointment after I finish school.
Mrs. Roth : And don't forget...write and thank your grandmother for your birthday present...
Adrian : Yeah. I'll do that when I get time.
Mrs. Roth : You'll do it when you get home from school!
Adrian : What about my homework? (イ)
Mrs. Roth : You'll do your homework and write the letter before you go out. Where are you going anyway?
Adrian : Just out.
Mrs. Roth : Who with?
Adrian : A friend.
Mrs. Roth : Which friend?
Adrian : Just a friend from school.
Mrs. Roth : What's her name?
Adrian : Suzy. She's in my math class.
Mrs. Roth : Well, I'll be out when you get home. You won't go out until your father gets home, will you? He forgot his keys. He left them on the table.
Adrian : Not again! What time will he be home?
Mrs. Roth : About 7:15. Why?
Adrian : Oh, no! (ウ)
Mrs. Roth : Well, you'll have to go as soon as he gets home. She'll wait.
Adrian : Will she? You don't know Suzy....

⑵　次の絵を見て，②，④に適当な英文を入れ，2人の会話を完成せよ。なお，会話は①→②→③→④の順番で行われるものとする。

〈島根県〉

演習問題　解答・解説

1

(1)　エ　(2)　ウ　(3)　ア
(4)　イ　(5)　ウ　(6)　ア

解説

(3)　neither here nor there「問題外で，要点を外れて」
(6)　wrap up ～「～を終わらせる」

2

(1)　イ　(2)　エ　(3)　ア
(4)　ウ　(5)　ア　(6)　ウ

解説

(5)　if only ～「～でありさえすれば」
(6)　let up「雨やあらしなどが静まる，やむ」

3

(1)　**were in (a) line [queue]**
(2)　**it fixed [repaired]**
(3)　**have been looking forward to**
(4)　**does it say**
(5)　**in the opposite**

4

(1)　**sleep**　(2)　**fresh**
(3)　**Nothing**　(4)　**bored**

解説

(2)　fresh water「淡水」
(3)　Nothing is going away.「何ひとつ解決されやしない。」

5

(1)　オ　(2)　エ　(3)　ク
(4)　キ　(5)　イ　(6)　コ
(7)　ス　(8)　シ　(9)　カ
(10)　ア

6

(1)　イ　(2)　イ　(3)　ア
(4)　ウ　(5)　エ

解説

(3)　No sweat.「簡単だ。」

7

(1)　ア　(2)　ウ　(3)　エ
(4)　イ

解説

(1)　grate on [upon] ～「～に不快感を与える」
(2)　hit the nail on the head「正確に要点をつく，図星をさす」
(3)　get off one's back「(人の) 邪魔をしない，(人を) 悩まさない」
(4)　hold water「筋道が通っている」

8

(1)　エ　(2)　イ　(3)　エ
(4)　ウ　(5)　ア　(6)　イ

解説

(1)　You can say that again!「(なるほどと思うことを相手に言われて) いかにもその通りだ。」
(3)　call it a day「その日の仕事を終える」
(5)　be through with ～「～を終える，仕上げる」

9

(1)　カ　(2)　ア　(3)　ク
(4)　キ　(5)　オ　(6)　イ

10

(1)　キ　(2)　オ　(3)　ア
(4)　エ　(5)　イ

11

(1) ウ　(2) エ　(3) ア
(4) イ

12

(1) ク　(2) カ　(3) エ
(4) キ　(5) イ　(6) オ
(7) ア　(8) ウ

13

(1) カ　(2) オ　(3) セ
(4) コ　(5) サ　(6) ク
(7) イ　(8) キ

解説

hop in「(タクシーなどに) とび乗る」
skyscraper「摩天楼」
pull over「(車を道の脇に) 寄せる」

14

(1) カ　(2) エ　(3) イ
(4) キ　(5) オ

15

(1) **I can't put up with him [Jones] anymore.**
(2) **I'm getting along with him.／He is very easy for me to get along with.**
(3) **Probably, that's why he didn't need your report.**
(4) **You mean I needn't have written that report in the first place.／Does this mean from the very beginning I didn't have to write the report ?**

解説

(1) 「我慢する」という表現には，この他にbear, standなどがあるので，いろいろな表現を確認しておく必要がある。また，本文の内容から，「Jones」を入れて書くことができればなおよい。
(2) 後者の解答でもよいが，英文では前置詞が文の末尾にくるような表現は避けたい。

16

(1) ア　(2) ウ　(3) エ
(4) イ　(5) エ　(6) イ
(7) ウ　(8) ア　(9) ウ
(10) ウ

解説

この問題は，文脈を追いながら，熟語に注意して解答していく必要がある。
(1) double-crossed「だます，裏切る」
(2) take one at one's word「言葉通り受け取る」
(3) get through to「話を通じさせる」
後に，make you understand thatとあることからもわかる。
(5) come between ～「～の中に入る，仲を裂く」
(7) put ～ down「～をけなす，こき下ろす」
(8) make up「仲直りをする」
(9) We've been done「だまされた」
(10) go to ～「～のものになる」

17

(1) ウ　(2) エ　(3) オ
(4) ア

解説

(1) D→C→A→E→B
(2) B→E→A→D→C
(3) E→A→C→B→D
(4) E→D→B→A→C

18

(1) ア　(2) オ　(3) エ
(4) ウ

解説

(1) E→D→A→C→B

(2) C→E→D→B→A

(3) E→A→C→D→B

(4) A→C→E→B→D

19

4→6→2→1→5→3

20 〔解答例〕

(1) **Do you mind if I sit here?／Mind if I sit here?**

(2) **No hurry［rush］.／There is no hurry［rush］.**

(3) **Would［Could］you do me a favor?**

21 〔解答例〕

(1) **Let me check your temperature.** （5語）

(2) **some use mobile phones on the crowded train.** （8語）

22

(1) イ (2) エ (3) カ
(4) ウ (5) ア

23 〔解答例〕

(1) ア. **What color**
イ. **what size?**
ウ. **It's not mine.**

(2) ア. **We have already prepared your table.**
イ. **What would you like to have?**
ウ. **How would you like your steak (done)?**

24

(1) **"Mom, don't you know where my scissors are?"**

(2) **"It is high time you got in the habit of keeping your belongings where they belong."**

解説

(1) これに続く母親のせりふが"No, I don't."なので，それにつながる疑問文にする。

25

(1) A. **better** B. **give**
C. **How** D. **something**
E. **why**

(2) A. **Can I have a dessert menu?／What desserts do you have?**
B. **I would go to Kyoto if I were you.**
C. **I'd love to, but I've got some plans.**
D. **You had better go to the dentist.**

26 〔解答例〕

(1) (ア) **I'm coming.**
(イ) **I haven't finished my homework. But I have a plan to go out today.**
(ウ) **I have to pick her up at 6:30.**

(2) ② **Sure,･･･but could you drive me home?**
④ **All right. I'll push your car with all my strength.**

5 表現

傾向と対策

表現力を問う問題は，英作文・整序問題という形で出題される。まず，英作文に関しては，一から英文を書くのではなく，もとになる英文の応用として英作文を書くようにするのが理想だ。そのためには，応用できそうな表現を含む例文を普段からたくさんストックしておくことである。整序問題では，鍵となるイディオムや構文が含まれていることが多いので，それを中心にして文を組み立てていこう。鍵となるイディオム・構文を見つけ出すためには，やはり普段からのストックが重要となる。構文集などを活用するとよい。

例題　表現

1　次の日本文を英文に直せ。

(1)　駅まで歩いて10分以上はかかるまい。

(2)　このドライヤーはどこか具合が悪いらしい。

(3)　あなたは，彼のところへ行って，私のこの手紙を手渡すだけでいいのです。

(4)　彼女は試験に合格したのを誇りに思っている。

(5)　パリで彼女のフランス語は通じましたか。

(6)　君は彼女にそんなことをしないように言ったほうがよかった。

(7)　彼は飛行機の墜落で死を免れたが，結局は砂漠で死んだ。

2　次の日本文とほぼ同じ意味になるように，(　　　)内の語を並べかえ，英文を完成せよ。

(1)　若いころに受けた印象ほどありありと心に残るものはない。
(vividly, so, nothing, your, in, remains) mind as the impressions you received in your youth.

(2)　人はせっぱつまらなければベストを尽くすことはめったにない。
People (their, forced, seldom, best, to, do, are, until, they).

(3)　何をなすべきかについて，私の意見は彼の意見と異なる。
My view is (should, different, as, his, from, done, to, what, be).

〈山梨県〉

解答　1　(1)　It won't take more than ten minutes to walk to the station.

(2)　It seems that something is wrong with this drier.
（またはThere seems to be something wrong with this drier.）

(3)　All you have to do is (to) go to him and hand this letter of mine.

(4)　She is proud of having passed the examination (またはtest).

(5)　Could she make herself understood in French in Paris?

(6)　You should have told her to stop doing things like that.

(7)　He survived the plane crash, only to die in the desert.

2　(1)　Nothing remains so vividly in your (mind as the impressions you received in your youth.)

(2)　(People) seldom do their best until they are forced to.

(3)　(My view is) different from his as to what should be done.

解説　1　(1)　「10分以上」はmore than ten minutes
「時間がかかる」には動詞takeを用いる。「お金がかかる」costと区別しよう。

(2)　「～らしい，～ようだ」の訳し方に注意。「具合が悪い」も覚えておきたい。

(3)　「～しさえすればよい(～するだけでよい)」all you have to do is (to) ～
「私のこの手紙」をmy this letterとしてはいけない。

(4)　「合格した」(過去)と「誇りに思っている」(現在)の時制差をhaving passedという完了形の動名詞で表現する。

(5)　「フランス語で(自分の言葉を相手に)理解させる」make oneself understood in French

(6)　「言うべきだったのに(言わなかった)」should have told
「助動詞＋have＋p.p.」は微妙なニュアンスを表現できるので，英作文ではぜひ使いこなせるようにしておきたい形である。
例) The game was very exciting; you ought to have been there.
「試合はとても興奮したよ。君も来ればよかったのに(来なかった)」

(7)　「結局～するだけだった」only to ～　結果を表す不定詞

2　(1)　「～ほど…ではない」not — so〔as〕… as ～

(2)　forcedに着目して「せっぱつまる」→「ベストを尽くさざるを得なくなる」と考えて訳す。
→ they are forced to (do their best)

(3)　「何をなすべきかについて」as to what should be done

演習問題

1 ★☆☆

次の日本文と同じ意味になるように，(　　　)内の語句を並べかえ，その中で2番目と6番目にくるものを記号で答えよ。

⑴ その会議には500人以上の出席者を見込んでいます。

We (ア．to　イ．five hundred　ウ．are expecting　エ．more　オ．people　カ．than　キ．attend) the meeting.

⑵ 外傷の状態から判断して彼は足の手術が必要だということになった。

His injury (ア．should　イ．that　ウ．have　エ．his　オ．required　カ．he　キ．leg) operated on.

⑶ 彼女の手紙でどんなに興奮したか想像もつかないだろう。

You can't (ア．her letter　イ．the excitement　ウ．imagine　エ．put　オ．which　カ．me) into.

⑷ 戦争をいかにして防止するかという問題はいまだ解決されていない。

The problem of how to (ア．solved　イ．prevent　ウ．be　エ．remains　オ．to　カ．war).

⑸ 先日思いがけない所で昔の友人に会いました。

The other day I (ア．I　イ．into　ウ．where　エ．of　オ．mine　カ．least　キ．an old friend　ク．ran) expected to see him.

⑹ 純子があなたに渡したのは何だったのですか。

(ア．that　イ．to　ウ．Junko　エ．was　オ．handed　カ．it　キ．what) you?

〈富山県〉

2 ★★☆

次の(　　　)内の語を意味が通るように並べかえ，その中で3番目と5番目にくるものを記号で答えよ。ただし，文頭にくる語も小文字で示してある。

⑴ Now (ア．such／イ．when／ウ．we／エ．time／オ．the／カ．need／キ．is) a great statesman as he.

⑵ A large number of people think that nuclear war between (ア．must／イ．by／ウ．the／エ．be／オ．all／カ．avoided／キ．superpowers) means.

⑶ (ア．map／イ．glance／ウ．the／エ．tell／オ．will／カ．a／キ．at) you where you are.

⑷　Fortunately we had a guidebook, (ア．got／イ．have／ウ．without／エ．could／オ．which／カ．we／キ．not) here.

⑸　There are many (ア．as／イ．belonging／ウ．Japanese／エ．regard／オ．themselves／カ．to／キ．who) the middle class.

〈佐賀県〉

3 ★★☆

次の日本文とほぼ同じ意味になるように，(　　　) 内の語を並べかえ，英文を完成せよ。なお，文頭にくる語も小文字で示してある。

⑴　どの選手が国を代表してオリンピックに出場するかについては，まだ何も決定されていない。

There has not yet been (any, as, athletes, country, decision, made, represent, the, to, which, will) at the Olympics.

⑵　最近，科学者たちは，原子レベルでの情報処理が可能なテクノロジーを開発した。

Scientists have recently developed a (at, atomic, capable, computation, level, of, technology, the).

⑶　一種類の食品に依存するダイエットは，全く何もしないのと同じである。

Diets (as, as, based, be, can, food, ineffective, of, on, one, type) no diet at all.

⑷　もとの建物のうち原形をとどめているのは，壁の一部ぐらいなものだ。

(a, all, building, chunk, is, of, of, original, remains, that, the) wall.

⑸　人間は考えたり話したりできるという点で，動物とは異なる。

(brutes, can, differ, from, in, men, that, they, think) and speak.

〈千葉県・千葉市〉

4 ★★☆

次の日本文とほぼ同じ意味になるように，〔　　　〕内の語句を正しい順序に並べかえ，(　A　)，(　B　) に入るものを答えよ。ただし，文頭にくる語も小文字で示してある。

⑴　シートベルトをしてなかったら，彼はその事故で死んでいただろう。

〔his seatbelt／been／would／he／killed／for／it／been／had／have／not〕in the accident.

(　)(　A　)(　)(　)(　)(　)(　)，(　)(　B　)(　)(　)(　) in the accident.

⑵　すべての英語教師は評価基準を示さなければならない。

All English teachers〔assessed／should explain／will／the criteria／by／which／be／the students' work〕.

All English teachers (　)(　)(　A　)(　)(　)(　B　)(　)(　).

⑶　日本人は人間関係を円滑にするために，社会的な潤滑油としてお互いに「すみません」と言う。

Japanese use〔as／to keep／the wheels／smoothly／of／mutual／running／apology／a social lubricant／human relations〕.

Japanese use (　)(　A　)(　)(　)(　)(　)(　)(　B　)(　)(　).

〈長崎県〉

5 ★★☆

次の日本文と同じ意味になるように，(　　　)内の語句を並べかえ，英文を完成せよ。なお，文頭に来る語も小文字で示してある。

⑴　ほとんど毎晩のように，環境破壊のニュース番組に続いて贅沢品を宣伝する調子のよいCMを見る。

Almost every evening we see (followed, on, destruction, by, news, items, cheery, goods, commercials, for, luxury, environmental).

⑵　600人の警官が万一の動きに備えて待機している。

(movement, hundred, the, are, on, six, call, police, for, possible).

⑶　この話の筋はいろんな映画に利用されているので，もううんざりするほどだ。

(many, done, movies, had, to, this, so, that, it, been, has, death, have, plot).

⑷　現在ほど科学技術が大きな進歩をとげた時代は他になかった。

At no other time has (present, an, made, great, advance, so, as, at, technology).

⑸　彼としてはこの辺が私たちの要求に応じる精一杯のところだろう。

I suppose (could, our, is, far, meeting, as, he, come, about, in, as, request, this).

〈千葉県・千葉市〉

6 ★★☆

次の英文において，与えられた語句を正しい語順に並べかえよ。

(1) A friend of yours asks you about your plans and you answer, “I have a part-time job, but I haven’t found a good full-time one yet. If (　　) (　　) (　　), maybe (　　) just (　　) (　　) (　　) to improve my French.”
[another year ／ I don’t find ／ I’ll ／ one ／ soon ／ spend ／ trying]

(2) There was a very white-haired old man at the party, (　　) (　　) (　　) later (　　) (　　) (　　) (　　) scientist.
[a ／ be ／ out ／ to ／ turned ／ who ／ world-famous]

(3) Most people (　　) television (　　) and would find (　　) (　　) (　　) (　　) (　　) it.
[difficult ／ do ／ for granted ／ it ／ take ／ to ／ without]

(4) You are taking your final examination at two o’clock. Your teacher says, “You have exactly three hours to finish this paper. You can go on writing (　　) five, (　　) you (　　) (　　) (　　) (　　) (　　).”
[by ／ but ／ that time ／ it ／ complete ／ until ／ must]

(5) I’ve started playing tennis lately. I’m surprised to find (　　) (　　) (　　) (　　) (　　) (　　) it (　　).
[as ／ as ／ easy ／ isn’t ／ looks ／ that ／ it]

7 ★★☆

次の英文において，与えられた語句を正しい語順に並べかえよ。

(1) Your friend is going on a trip, so you check the weather report in the paper: “The weather report (　　) (　　) (　　) (　　) this afternoon, so (　　) (　　) (　　) (　　) with you.”
[better ／ you’d ／ says ／ start ／ take ／ raining ／ an umbrella ／ it’ll]

(2) Your friend has spent two hours trying to choose a present for his girl friend. As a result, you are both in danger of missing your bus home. “Look! I (　　) (　　) (　　) (　　) quickly. If you don’t, (　　) (　　) (　　).”
[catch ／ hope ／ you’ll ／ we won’t ／ the bus ／ your mind ／ make up]

(3) I think our government (　　) (　　) in the world economy (　　) (　　) (　　) do.

[a stronger role ／ of many other countries ／ plays ／ than ／ the governments]

⑷ Pat had a fever yesterday. Her mother has just asked her about her condition. “I’m (　　) (　　) (　　) today, Mother. I (　　) (　　) (　　) (　　) (　　) temperature.”
[to ／ much ／ don’t ／ have ／ better ／ a ／ seem ／ feeling]

⑸ The following sentences are about common mistakes Japanese people make when speaking English. Some of the mistakes are (　　) (　　) (　　) (　　). For example, Japanese people (　　) (　　) (　　) (　　) respond properly to negative questions, such as “Don’t you ever wear a Kimono?”
[it ／ on ／ to ／ find ／ based ／ difficult ／ of thinking ／ the Japanese way]

⑹ The following sentences tell you what you have to be careful about when looking after plants. When you water a plant, (　　) (　　) that (　　) (　　) the roots of the plant. Without water, (　　) (　　) (　　).
[die ／ make ／ reaches ／ will ／ the plant ／ sure ／ enough water]

8 ★★☆

次の英文において，与えられた語句を正しい語順に並べかえよ。

⑴ イギリスの学校ではラテン語の重要性がますます失われてきていると言ってもよいでしょう。それでもまだ多くの学校で教えられています。(3語不要)

It would be true to say that less and less (　　) (　　) (　　) (　　) (　　) Latin in British schools,but it is still taught in many schools.
[been ／ on ／ has ／ important ／ with ／ importance ／ lost ／ put]

⑵ 最初の植民者たちがアメリカで原住民を見たとき，ヨーロッパ人とは異なっている身体的特徴に気づきました。(3語不要)

When the first settlers saw the natives in America, they found physical features that (　　) (　　) (　　) (　　) (　　) Europeans.
[from ／ difference ／ were ／ that ／ of ／ between ／ those ／ different]

⑶ スミス夫人は，最近仕立ててもらった白いスーツを着ています。(3語不要)

Mrs. Smith (　　) (　　) (　　) she (　　) (　　) recently.
[made ／ had ／ puts on ／ is wearing ／ to tailor ／ it ／ that ／ the white suit]

(4)　無作法とはすなわち，ひとの面目を失わせることにほかならない。
The (　　　) of (　　　) (　　　) is to (　　　) someone else (　　　) (　　　) (　　　).
[bad／cause／essence／face／lose／manners／to]

(5)　大雪で出発が延びたので，われわれはもう3日間休養することができた。
The postponement (　　　) (　　　) (　　　) because of the heavy snow (　　　) (　　　) (　　　) (　　　) (　　　) (　　　) (　　　) (　　　).
[allowed／another／days'／departure／have／of／our／rest／three／to／us]

9 ★★☆

次の日本文の内容を表すように，下の英文の下線部に適当な英語を補って全文を完成せよ。

(1)　彼が今日あるのは努力のたまものです。
He owes ______________.

(2)　彼はヨーロッパにいたので，外国語を習得するのに都合がよかった。
His life in Europe was ______________.

(3)　百万人以上の人々が放射能の危険にさらされている。
______________ dangerous radiation.

(4)　わたしはぜひ会に出席したいのですが，やむを得ない事情で参れません。
Much as I wish to attend the meeting, ______________ .

(5)　ある職種の適，不適を性別で決めてかかろうとする考えは，やはり「区別」というよりは，「差別」の方に近い。
______________ "discrimination" rather than "distinction."

〈秋田県〉

10 ★★☆

次の空欄に2語以上6語以下の適当な英語を補い，自然な会話になるよう英文を完成せよ。

(1)　A：Your phone's ringing.
B：Would you take it for me? It's probably Bill, but I'd (　　　　　) him now.
A：Are you sure?

(2) A：I lost my e-mail address list because of the virus.

B：Too bad. You (　　　　　) on another disk. Viruses can hit anytime.

A：Thank you for the advice.

(3) A：I wonder what's taking so long. We (　　　　　) half an hour.

B：The headwaiter said it would take a little longer if we wanted to sit in the nonsmoking section.

A：I hope it's worth the wait.

(4) A：What time is it now?

B：It's 11:30.

A：(　　　　　) flies! I must be leaving now.

(5) A：The more we talk, (　　　　　).

B：That's right. Words seem to get in the way of understanding.

(6) A：Did you go to the movie last night?

B：Yes, I did. But I wish (　　　　　). It was a waste of time and money.

〈福島県〉

11 ★★☆

次の日本文の下線部(1)〜(4)を書出しに続けて，それぞれ下の語(句)を並べかえて英訳するとき，不要な語(句)が1つある。その不要な語(句)をア〜ケから選び，記号で答えよ。

(例) ターナーのもっとも初期の完成作は，水彩という素材に限られていた。

Turner's (　　　) watercolour.

ア．were	イ．works	ウ．earliest	エ．on	オ．finished
カ．of	キ．confined	ク．to	ケ．the medium	

Turner's (earliest finished works were confined to the medium of) watercolour.

解答　エ

(1)ターナーの初期の油彩画は，水彩による風景画の素養と，1790年代終わりから次第に柔軟さの度合いを増してくる彼の技法の双方をうまく消化している。1802年のターナーの初めてのヨーロッパ大陸旅行は，2つの点において彼の視野を大きく切り開いた。まずアルプスの景観は，スコットランドのもっとも険しい風景でさえ霞んでしまうほどの山々を見せてくれた。(2)英国に帰る途中に寄ったパリでは，ルーブル美術館の絵画を集中的に研究した。(3)この時のルーブルは，ナポレオンが征服したヨーロッパ諸国からの略奪美術品で豊かになっていたのである。(4)彼がボンヌビルを描いた作品は，プッサンの作品例から構想を与えられてアルプスでの経験を反映させたものである。

(1)　Turner's early oil paintings benefited both from (　　　) up of Turner's technique in the later 1790's.

ア．and　イ．gradual　ウ．the discipline　エ．from
オ．flexible　カ．the　キ．the topographical watercolour
ク．loosening　ケ．of

(2)　On his way back to England he (　　　) in the Louvre.

ア．studies　イ．in Paris　ウ．made　エ．of
オ．stopped　カ．the paintings　キ．concentrate　ク．and
ケ．intensive

(3)　The Louvre was (　　　) countries of Europe.

ア．looted　イ．from　ウ．artificial　エ．the treasures
オ．enriched　カ．by Napoleon　キ．conquered　ク．by
ケ．the

(4)　His paintings of Bonneville reflect Turner's (　　　) of Poussin.

ア．as　イ．be　ウ．structure　エ．the Alps　オ．the example
カ．of　キ．given　ク．by　ケ．experience

〈神奈川県･横浜市･川崎市〉

12 ★★☆

次の文の下線部を英語に直せ。

背景音楽，つまり，いわゆるバックグラウンドミュージック(BGM)が氾濫しているが，各地の図書館にまで，ついに，背景音楽は登場している。いや，侵入したと言うべきか。「幅広く市民に気軽に立ち寄ってもらいたいから」と，始めた側は言う。

(1)だが終日流れる音楽に「気が散る」と苦情が出て，中止した図書館もある。どんなに軽い音楽だといっても，音楽には意味がある。(2)静かな環境で本の世界にひたりたいと思う人には，音楽の働きかけが邪魔になる。美術館での音楽にも，流す側の無神経さに腹が立つことがある。

(3)人によって，音楽の好みはさまざまである。背景音楽の妙なところは，聞きたくない人にも，1つの音楽を聞かせることだ。

〈佐賀県〉

13 ★★☆

次の文の下線部を英語に直せ。

(1)8月になると，真夏日が多くなり，日々続けて平均温度が30度以上に及ぶときがあります。北海道のような日本の北国では真夏日といっても短く，普通せいぜい10日ぐらいしか続きません。反対に九州のような南国では60日にも及ぶことがあります。(2)気温も高く湿度も高いため不快な状態が続きます。8月は暑いですが，暦の上ではもう秋が始まってます。

〈佐賀県〉

14 ★★☆

次の文の下線部を英語に直せ。

(1)外国人が日本で生活する上で困ることには，まず「日本語が十分にできないために困ること」があります。例としてよく挙げられるのは，病院での医師とのやりとり，役所でのやりとり，子どもが通う学校とのやりとりなどです。(2)ゴミ収集のように，地域ごとに約束事が細かく決められているようなことがらを，近所の人とうまくコミュニケーションをとりながらおこなうこともなかなか難しいものです。

〈山口県〉

15 ★★☆

次の文を英語に直せ。

(1) 経験によれば，いずれ役立つと思ってとっておいて，後で実際に役立つ確率は大変低い。

(2) そもそも整理するのは後で再利用するためである。

(3) 思い切りよく捨てると，さばさばした気持ちになることであろう。

〈大分県〉

16 ★★☆

次の日本語を英語に直せ。

人に好かれる能力とは，おそらくあなたが持つことのできる最も価値ある才能の一つです。それがなければ，あなたの才能はどんなに素晴らしいものであろうと大きく損なわれてしまうかもしれません。

〈佐賀県〉

17 ★★☆

次の文の下線部を英語に直せ。

21世紀を迎えて，日本に対する国際的期待は一層強まり，我が国が国際的に果たすべき役割も，ますます重要度が増してきている。特に，我が国としては，各分野における国際交流や広報活動を通じて諸外国との間の相互理解を増進し,相互信頼に基づいた友好関係を築いていくことが極めて重要である。

〈徳島県〉

18 ★★☆

次の文の下線部を英語に直せ。

⑴　A：なんか最近，コピー用紙の質が変わった気がしない？
B：ああ，たぶん再生紙に替えたからでしょ。そんなに違うかしら？
A：うん，何となくね。
B：$_{a}$うちの会社も，ようやく環境に気を遣い始めたのよ。
A：うん，そういうことは企業が率先してやるべきだからな。
B：でも，個人もしっかり問題意識を持たなくちゃだめだわ。
A：おれは持ってるよ。
B：うそばっかり。ほら。$_{b}$あなた，ここに空き缶捨てているじゃない。燃えないごみは，専用ごみ入れに捨てることになってるでしょ。

⑵　人間の創造力は，恐らく多少の個人差はあっても，誰にでもあるものだと思う。$_{c}$問題はその能力を絶えず刺激して訓練しているか，放置して退化させているか，の差にあるのではなかろうか。やはり先天的な要素より，後天的な条件に左右されると思う。

⑶　シェークスピアの戯曲に，ヴェネツィアを舞台にしたものが二作ある。誰でも知っているにちがいないが,『オセロ』と『ヴェニスの商人』である。$_{d}$名人シェークスピアの手になるこの二作は，ヴェネツィアを世界的に有名にするのにおおいに貢献したことは確かだが，それだけにかえって，実際はどうであったのかを知りたいと思う者にとっては，少なからぬ障害になったことも否定できない。芸術家は，史実に忠実でなければいけないと言っているのではない。出来栄えさえ見事であれば，それで十分なのである。

(注) シェークスピア　Shakespeare　　ヴェネツィア　Venice

〈新潟県〉

19 ★★☆

次の文を英語に直せ。

英語の学習に関して気がかりなのは，最近「実用性」を強調する人が増え，外国語を勉強するのは人間にとって何を意味するのかという根本的な問題が，置き去りにされていることである。

20 ★★☆

次の文を英語に直せ。

自分のこころは自分の思うとおりになる。そう信じ込んでいる人が意外に多い。しかしひとたび病気になると，自分の肉体も自分の思うとおりにならない法則によって支配されていることに気づくのである。

21 ★★☆

次の文を英語に直せ。

この30年間を振り返ると，東京の郊外の変わり様の激しいのに驚くばかりである。都心からかなり遠くまで離れないと，昔の田園の面影を見ることはできない。

22 ★★☆

次の文を英語に直せ。

青少年の健全な成長のためには，家庭の果たす役割が非常に大きな比重を占めています。親を中心に家族全員が協力しあう家庭は，子どものこころに家族を思いやる優しさを育てます。

23 ★★☆

次の文を英語に直せ。

⑴ 徐々に，ではあるが，教育の形を模索する様々な試みが各地の学校で始まっている。教える側の工夫と子どもや親たちの期待とが一致すれば，よい効果を生むに違いない。

⑵ 私たちの言語生活を顧みると，母語と外国語の関連は密接だ。まず，何を，どう考え，どう表現するか，ということを子どもたちに学ばせることが大切なのではないか。

〈大分県〉

24 ★★☆

次の文の下線部を英語に直せ。

「わかる授業」を展開していくためには，教師の教授技能が磨かれる必要がある。(1)しかし，いくら高度な技法を身につけていたとしても教師と子どもの間に心が通い合っていなければ，せっかくの教授技能も生かされないことが多い。この心の通い合いというのは，子どもの教師に対する信頼感といってもよい。(2)教師の巧みな発問やフィードバックが子どもに本当に受け入れられるためには信頼感が前提となるのである。

〈山口県〉

25 ★★☆

次の問いに答えよ。

⑴　次の(i)，(ii)の英文から一つを選び，それに対するあなたの意見を肯定あるいは否定の立場から，60語程度の英語で書け。

(i)　The earlier English learning is introduced in school programs, the greater the likelihood of success is in learning.

(ii)　English learners'errors should be corrected as soon as they are made in order to prevent the formation of bad habits.

⑵　次の文を英語に直せ。

社会がどのように変化しようとも時代を超えて変わらない大切なものに，規範意識や倫理観，公共心や他人を思いやる心，人権を尊重する心，人間の力を超えたものに対する畏敬の念やふるさとの自然や文化を愛する心などがあります。教育にはこのような社会性や豊かな人間性を子どもたちの発達段階に応じて培っていくことが求められています。

〈兵庫県〉

26 ★★☆

次の文を英語に直せ。

⑴　民主主義は，歴史的にいえば，きわめて最近のものである。それは，まず第一に，個々の人間が最も大切であるという信念である。

⑵　ものを所有することの喜びは，ふつう，子供が2歳になると現れる。そのころになると，子供が言う最初の言葉の中に「私の」とか，「私のもの」という単語が出てくる。

〈山梨県〉

27 ★★☆

次の文を英語に直せ。

労働はかつてものを作ったり，動かしたりすることと言われていた。しかし，今日はキーボードを相手に画面に現れる記号を変えたりして働かされている。記号のやりとりだけで社会が動かされるようになったとき，人間は生き物であることをやめてしまうのかもしれない。

28 ★★☆

次の文を英語に直せ。

明治維新以来，日本の社会は異文化を吸収する能力はあったが，異文化と共存する能力を持っていなかった。私たちの日常生活は大いに西洋化されており，もちろんこれは決して悪いことではないが，同時に私たちは自分自身の文化に対する関心をなくしつつある。真の国際理解のためには外国の事情や異文化について理解を深めるとともに，自国の文化を他の国々に積極的に紹介することも必要である。

〈長野県〉

29 ★★☆

Translate the Japanese statements into English.

これからの外国語教育は，積極的な発信型へと重点を移す必要があります。借り物でない自分の意見や考えを，外に向かって外国語で立派に言える人，日本に固有な事情を外国人に説明して，しかも相手を説得できる人を養成することが求められています。

〈鳥取県改題〉

30 ★★☆

Supposing you are asked about these following words by foreigners, how do you explain them each? Please write down your explanations briefly in English.

(1) furo-shiki (風呂敷)　(2) onigiri (おにぎり)

〈茨城県〉

31 ★★☆

Complete the two short skits below. Please include the identity of the characters (eg. A (Mother) ／ B (daughter)), and use the given sentence for each.

(1)　A (　　　　)：＿＿＿＿＿＿＿＿＿＿＿＿＿＿＿＿
　　B (　　　　)：＿＿＿＿＿＿＿＿＿＿＿＿＿＿＿＿
　　A (　　　　)：＿＿＿＿＿＿＿＿＿＿＿＿＿＿＿＿
　　B (　　　　)：Nothing ventured, nothing gained.

(2)　A (　　　　)：＿＿＿＿＿＿＿＿＿＿＿＿＿＿＿＿
　　B (　　　　)：＿＿＿＿＿＿＿＿＿＿＿＿＿＿＿＿
　　A (　　　　)：There's no smoke without fire.
　　B (　　　　)：＿＿＿＿＿＿＿＿＿＿＿＿＿＿＿＿

〈茨城県〉

32 ★★☆

John and Julie are visiting Japan this summer. In no more than 150 words, write a letter to them describing what they can see and do in an interesting place you have visited.

〈沖縄県〉

33 ★★☆

次のような場合，英語でどのように声かけをするか，英語で書け。

(1)　欠席者を確かめたいとき
(2)　CDをしっかり聴くように指示するとき
(3)　単語の綴り (difficult) をたずねるとき
(4)　生徒の発表の声が小さくて，聞き取れなかったとき
(5)　必要なら辞書を使ってもよいことを伝えるとき
(6)　みんなの前でスピーチした生徒をほめるとき

〈鳥取県〉

34 ★★☆

次のことわざについて，授業の中で英語を用いて説明したい。(1)〜(5)の中から2つ選んで，25語程度で書け。なお，対象は，中学校第3学年または高等学校第1学年とするが，未習の単語を用いても構わないものとする。

(1) Rome was not built in a day.

(2) Easier said than done.

(3) Time flies.

(4) There is no royal road to learning.

(5) It is no use crying over spilt milk.

〈青森県〉

35 ★★☆

What is the most important quality to be a good English teacher? Write in English (within 100 words).

36 ★★☆

「生涯教育」(lifelong education／lifetime education) という観点はなぜ重要だと考えられるようになってきたのか。あなたの考えを100語程度の英文で書け。

37 ★★☆

ティーム・ティーチングとはどういう教授方式のことか。また，そのメリットは何か。100語以内の英文で書け。

38 ★★★

次の英文で述べられている内容を踏まえて実際の授業をするとき，どのような工夫が必要か，あなたの考えを英語で100語以上〜200語以内で論述せよ。

The class should not be kept for too long at one type of activity, even when the students appear to be enjoying it. The teacher should not wait until his students cease to enjoy what they are doing before calling a new tune. Too much drilling, even of difficult and essential structures, can lead to emotional fatigue, absent-mindedness, and boredom; it can also cause the student to become so fixed in the use of certain patterns that he is incapable of using them flexibly in communication. Too much reading and writing means the neglecting of classroom opportunities for practicing the communication skills; too much unsystematic oral work often means that the student has little opportunity for studying new material about which he may talk.

〈京都市〉

39 ★★☆

次の英文に対するあなた自身の答えを30語以内の英語で書け。

(1) As an English teacher what skills do you need to develop, and why?

(2) You are supposed to teach with an ALT in the next lesson. When you talk with the ALT about the lesson, what are you going to do first?

〈群馬県〉

40 ★★☆

次の英文を読み，質問に対する自分の考えを英語で書け。

The goal of English education is to develop students' communicative competence. If you have some very shy students in your class, who feel uncomfortable when they make mistakes, how will you try to develop their communicative competence?

〈群馬県改題〉

41 ★★★

英語の授業においては教師自らが積極的に英語を使うことが重要である。このことについてあなた自身が生徒として経験した英語の授業に触れながら，あなたの考えを250語程度の英語で論ぜよ。

〈山梨県〉

42 ★★★

次の英文は，動物から人間への臓器移植をテーマとし，“Should transplanting animal organs into human bodies be banned?”という論題で行われたディベートの否定側の立論スピーチである。このスピーチに対する肯定側の立論スピーチを150語程度の英語で記せ。記述に当たっては，理由や具体的な例を挙げること。なお，ピリオド，コンマ等の記号は語数に入れないこととする。

Great efforts have been made to increase human organ donors, but still the supply does not meet the demand. Thousands of patients are on transplant waiting lists, but most will die before an organ is donated. Many patients can find no other ways but animal organs for survival. Medical advancements have enabled recipients of human organs to survive for years and years. The reasonable next step is to do more experiments with animal organs as an alternative. If we use genetically-engineered pigs with human genes, there will be far less possibility of rejection. Moreover the risk of diseases from pigs is less than that from monkeys. And since pigs have been cloned successfully, it may be possible to supply enough organs for all the patients waiting for transplants. Animal organs can save lives and should be used until better artificial organs are created. (144語)

〈島根県〉

43 ★★☆

次の文章の下線部の意味する内容を，40語程度の英語で説明せよ。

「山路を登りながら，こう考えた。智に働けば角が立つ。情に棹させば流される。意地を通せば窮屈だ。とかくに人の世は住みにくい。」(夏目漱石『草枕』より)

〈静岡県・静岡市〉

44 ★★☆

次の問いに答えよ。

⑴　下の3つの国の比較をしたグラフから読みとれる特徴を英語で2点指摘せよ。また，それに対してのあなたの意見を50語程度の英語で書け。

The relation between frequency of reading and the average scores of reading comprehension (age:15)

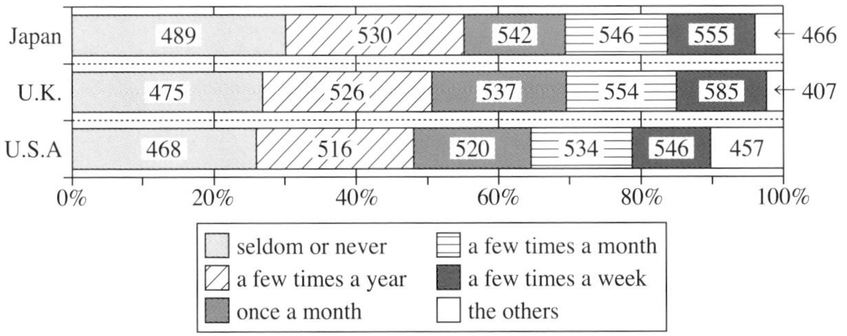

(注) 表中のスコアは上の3つの国も含めて，調査に参加したすべての参加国の平均が500点になるよう換算した数値である。

⑵　次の文を英語に直せ。

子供を育てる親の心は尊く，深い。温かく見守りながら，子供たちが立派で幸福な人になるようにと切に願う。教師にとっても同様である。親の気持ちを忘れずに，教師は真剣に教育に取り組みたい。

〈宮城県・仙台市〉

45 ★★☆

次の日本語の英訳文について正しいものを○，誤っているものを×とした場合，正しい組み合わせはどれか。1～5から選び，記号で答えよ。

ア．火災避難訓練が事前の予告なしに9月第1週に行われることになっている。

Unexpected fire drills shall be held during the first week of school in September.

イ．職員も生徒も，1つの出口が使えなくなる場合を想定して，少なくとも2つの出口を確認しておかなければならない。

Teachers and students are to be familiar with at least two exits in the event one exit becomes inaccessible.

ウ．職員は，校内で消火器が設置されている場所とその使い方を知っていなくてはいけない。

Teachers must know the locations of fire extinguishers in the school and provide training for their use.

エ．火災報知器が鳴ったら，職員は生徒に校内放送によく耳を傾けるように指導する。

Upon hearing a fire alarm, teachers shall instruct students to listen closely for an announcement over the public address system.

オ．職員は，走ったり，押したり，話したりせずに生徒全員が校舎からできるだけ迅速かつ完全に避難できるように誘導する。

Teachers shall guide every student out of the school building as promptly and safely as possible with running, pushing or talking.

	ア	イ	ウ	エ	オ
1．	○	○	×	○	×
2．	×	○	○	○	×
3．	○	×	○	×	○
4．	×	×	○	○	×
5．	○	×	×	×	○

〈大阪府・大阪市〉

演習問題　解答・解説

1

⑴　2番目：エ　　6番目：ア
⑵　2番目：イ　　6番目：エ
⑶　2番目：イ　　6番目：カ
⑷　2番目：カ　　6番目：ア
⑸　2番目：イ　　6番目：ウ
⑹　2番目：エ　　6番目：オ

解説

⑴　are expecting more than five hundred people to attend
⑵　required that he should have his leg
⑶　imagine the excitement which her letter put me
⑷　prevent war remains to be solved
⑸　ran into an old friend of mine where I least
⑹　What was it that Junko handed to

2

⑴　3番目：エ　　5番目：ウ
⑵　3番目：ア　　5番目：カ
⑶　3番目：キ　　5番目：ア
⑷　3番目：カ　　5番目：キ
⑸　3番目：エ　　5番目：ア

解説

⑴　is the time when we need such
⑵　the superpowers must be avoided by all
⑶　A glance at the map will tell
⑷　without which we could not have got
⑸　Japanese who regard themselves as belonging to

3

⑴　**There has not yet been (any decision made as to which athletes will represent the country) at the Olympics.**
⑵　**Scientists have recently developed a (technology capable of computation at the atomic level).**
⑶　**Diets (based on one type of food can be as ineffective as) no diet at all.**
⑷　**(All that remains of the original building is a chunk of) wall.**
⑸　**(Men differ from brutes in that they can think) and speak.**

4

⑴　**(A)　it　　(B)　would**
⑵　**(A)　by　　(B)　will**
⑶　**(A)　apology**
　　(B)　human relations

解説

⑴　Had it not been for his seatbelt, he would have been killed (in the accident.)
⑵　(All English teachers) should explain the criteria by which the students' work will be assessed.
⑶　(Japanese use) mutual apology as a social lubricant to keep the wheels of human relations running smoothly.

5

⑴　**(Almost every evening we see) cheery commercials for luxury goods followed by news items on**

environmental destruction.

(2) **Six hundred police are on call for the possible movement.**

(3) **So many movies have had this plot that it has been done to death.**

(4) **(At no other time has) technology made so great an advance as at present.**

(5) **(I suppose) this is about as far as he could come in meeting our request.**

解説

(3) do ～ to death「(話など)を使い古して精彩をなくす」

(4) 副詞句 (At no other time) が文頭にきているため, has technology madeと倒置になっている。

6

(1) **I don't find one soon ／ I'll ／ spend another year trying**

(2) **who turned out ／ to be a world-famous**

(3) **take ／ for granted ／ it difficult to do without**

(4) **until ／ but ／ must complete it by that time**

(5) **that it isn't as easy as ／ looks**

解説

(1) spend A ～ing「～するのにA〔時間〕を使う」

(2) turn out to be ～「～であることがわかる」

(3) take ～ for granted「～を当然のことであると思う」

7

(1) **says it'll start raining ／ you'd better take an umbrella**

(2) **hope you'll make up your mind ／ we won't catch the bus**

(3) **plays a stronger role ／ than the governments of many other countries**

(4) **feeling much better ／ don't seem to have a**

(5) **based on the Japanese way of thinking ／ find it difficult to**

(6) **make sure ／ enough water reaches ／ the plant will die**

8

(1) **importance has been put on**

(2) **were different from those of**

(3) **is wearing the white suit that/ had made**

(4) **essence ／ bad manners ／ cause ／ to lose face**

(5) **of our departure ／ allowed us to have another three days' rest**

解説

(1) 「～を重視する」put importance on ～

(2) thoseは名詞の反復を避けるために用いられている。

(3) 使役動詞のhave

(4) 「不作法とはすなわち」＝「不作法の本質」と読みかえる。

(5) allow A to ～「Aが～するのを許す［可能にする］」

9 〔解答例〕

(1) **He owes (what he is to hard work).**

(2) **His life in Europe was (a great help to him mastering foreign languages).**

(3) **(More than one million people are exposed to) dangerous radiation.**

(4) **Much as I wish to attend the meeting, (unavoidable circumstances prevent me from doing so).**

(5) **(Deciding whether a person is suited or not suited for a job on the basis of gender is close to) "discrimination" rather than "distinction."**

10

(1) **rather [better] not talk with [to]**

(2) **should have saved it**

(3) **have been waiting for (more than)**

(4) **Oh, time**

(5) **the less we understand each other**

(6) **I hadn't**

11

(1) オ　(2) キ　(3) ウ

(4) イ

解説

(1) the discipline of the topographical watercolour and from the gradual loosening

(2) stopped in Paris and made intensive studies of the paintings

(3) enriched by the treasures looted by Napoleon from the conquered

(4) experience of the Alps as given structure by the example

12

(1) **However, some libraries have stopped playing BGM because users complain that endless music is "disturbing".**

(2) **The appeal which music holds can disturb those who wish to be engrossed in the world of books in a quiet environment.**

(3) **The liking for music differs with the individual.**

13

(1) **There are many "Manatsu-bi" or scorching days in August, and sometimes the average temperature remains above 30℃ for days on end.**

(2) **Unpleasant conditions prevail, with the high temperature and humidity. It is so hot in August, but we are already in autumn according to the calendar.**

14

(1) **Some of the troubles foreigners encounter in their lives in Japan are "the troubles arising from their poor ability at Japanese", in the first place.**

(2) **Foreigners have great difficulty in managing such matters as garbage collection, the rules of which are established in detail in every community, while communicating tactfully with the neighborhood.**

15

(1) **From my experience, there's a little probability that something I kept, because I thought it would be useful some time, will be exactly useful later.**

(2) The real reason why we put our things in order is that we want to reuse them from now on.

(3) If you were very quick to throw things away, you would feel refreshed.

16

The ability to make other people fond of you is probably one of the most valuable talents that you can possess. Without that, your talents may be severely undermined, however splendid they may be.

17

It is extremely important for Japan to promote mutual understanding through international exchange in various fields and public relations activities, and to establish friendly relationships with foreign countries based on mutual trust.

18

(1) a. Our company has finally started to pay attention to the environment.

b. You've thrown away an empty can here. You're supposed to put nonburnable garbage into the special trash box, you know.

(2) c. Probably, the difference lies in whether we continuously stimulate and train our abilities, or whether we neglect to use them, allowing them to decline.

(3) d. It is certain that the two plays by Master Shakespeare have contributed a great deal to make Venice famous worldwide. However, because of that, there is no denying that they may also work as big obstacles to those who want to know what Venice was really like at that time.

19

What worries me about the study of English is nowadays the an increasing number of people who emphasize usefulness, and forget (about) the fundamental question of what it means to a person to study a foreign language.

20

An unexpectedly large number of people mistakenly believe they can control their own minds. When taken ill, however, they discover how even their bodies are governed by principles beyond their control.

21

Looking back on the past 30 years, I am just astonished at the incredible changes in the suburbs of Tokyo. Unless I go quite far from the center of the city, I cannot find any signs of the former countryside.

22

For children to develop in a sound way, it is very important for their family to carry out its role. Children will be considerate of their family when they are brought up to cooperate with their parents.

23

(1) **Gradually, various attempts to grope for a better form of education have been started in schools all over Japan. When teachers' contrivance goes with pupils' and parents' expectation, it will surely bear good results.**

(2) **When we reflect on language life, foreign languages are found to be closely related with our native language. I believe it is essential to make children learn, first of all, what to think, how to think, and how to express.**

24

(1) **However, no matter what advanced technique teachers may have, they often make little use of their teaching technique if they haven't established intimate relationships with their pupils.**

(2) **It depends on the extent of pupils' trust in their teachers whether they genuinely accept their teachers' ingenious questioning and feedback or not.**

25

(1) 〔解答例〕

(i) **There are some people who have the opinion that the introduction of English education should be done at a later stage, because younger children should learn their native language first, but I think English and the native language can both be learned effectively at an early stage. Learning English at the earlier stage is effective for learners, because getting accustomed to English early is one of the best ways to learn it.**
（72語）

(ii) **I don't think we should correct learners' errors every time they make a mistake, because this may discourage them from studying English. It is therefore important to accept what they want to convey, even if there are some errors in their expressions without correcting their mistakes. Their mistakes should then be corrected in the next stage.** （56語）

(2) **Several important ideals exist that remain unchanged throughout generations regardless of changes in society, such as an awareness of social norms and a sense of ethics, civic-mindedness and consideration for others, respect for human rights, reverence for things that are beyond human power, and a love for the nature and culture of one's home. In the education of a child, it is important to cultivate these different social values and human qualities according to each child's individual**

stage of development.

26

(1) **Democracy is, historically speaking, something very recent. It is first of all the belief that individual human beings are what matter most.**

(2) **Delight in owning things usually shows itself as early as the second year of life, when the words "my" and "mine" are among the first that the child learns to utter.**

27

Labor used to be considered as making or moving things. But today people are made to work at a keyboard by changing the signs that appear on the screen. When society is made to function just by the exchange of signs, human beings may cease to exist as living creatures.

28

Although the Japanese society has had the capability to absorb different cultures, it hasn't had the ability to coexist with them since the Meiji Restoration. Our daily life has become very westernized, of course this is not bad at all, but at the same time we are taking less interest in our own culture. For the purpose of true international understanding, we need to deepen understanding of foreign circumstances and different cultures, and also to introduce our own culture to other countries positively.

29

From now on, the education of foreign languages needs to be centered on a role as a positive sender. There is a growing need for training such people as can excellently express their opinions and ideas — not others' but their own — outward in foreign languages, explain situations peculiar to Japan to foreigners and also make them convinced.

30 〔解答例〕

(1) **Furo-shiki is a square piece of cloth for wrapping and carrying things. When not in use, it can be folded up and carried wherever you go. Also, it can be used time after time, so it is kind to the environment.**

(2) **Onigiri is very popular as take-out lunch in Japan. It is made of lightly salted rice and salted fillings like salted salmon or plums, and shaped like a ball. It is usually wrapped in a sheet of dried seaweed.**

31 〔解答例〕

(1) A (Student A)：

I'll go to America on a homestay visit during this summer vacation.

B (Student B)：

That sounds great! You'll be a good English speaker.

A（Student A）：

But actually, I'm anxious about the stay because I've never been abroad.

B（Student B）：

（Nothing ventured, nothing gained.）

⑵ A（Husband）：

I hear Mike divorced his wife.

B（Wife）：

Really? I saw them enjoying shopping together yesterday.

A（Husband）：

（There's no smoke without fire.）

B（Wife）：

I don't believe it. Such a rumor cannot be true!

32 〔解答例〕

Dear John and Julie,

I'm very glad to hear you are visiting Japan this summer! I'd like to make some recommendation on what to see and do in Japan. If you plan to visit the Kanto District, you should visit Akihabara in Tokyo. As you know, Japanese animations are booming all over the world, and the newest and hottest information on "Japanimations" can be found in Akihabara, along with the most fervent animation fans. There are so many animation-related shops! I'm sure you'll be overwhelmed by the fervency of the Japanese animation culture. If you plan to visit the Kansai District, you will be able to enjoy a variety of delicious food at a lower price in Osaka than in any other part of Japan. Do try "Okonomi-yaki"! I'm sure you'll like it. You can even cook your own "Okonomi-yaki" in some places. I'm really looking forward to your visit.

（150 words）

33

⑴ Is anyone absent today? ／ Who is absent today?

⑵ Listen to the CD carefully.

⑶ How do you spell the word "difficult"?

⑷ Please speak a little louder.

⑸ You may use a dictionary, if necessary.

⑹ You've made a great speech! Thank you.

34 〔解答例〕

⑴ Important tasks call for a lot of work and take a long time to complete.（15語）

⑵ It is more difficult to put a thing into practice than it is to talk about it.（17語）

⑶ It means that time goes so quickly that it is difficult to keep pace with it. We should think time very important and should not waste our time.（28語）

⑷ We don't have any shorter ways to learn anything. It takes much time to learn things. It is important for us to proceed step by step.（26語）

⑸ **It was a great pity that it happened, but there is nothing that we can do about it now. We must not bewail the past.** (25語)

から2つ

35 〔解答例〕

To be a good English teacher, the most important quality is "to learn". Can we stop studying our own mother language? No, we can't stop studying it, because it constantly changes all the time, and it has no limit. We study and learn it as long as we live. Thus, anyone who uses a language must continue to study it. Of course, those who use English, including English teachers, must continue to study English. If an English teacher does so, his/her students will look up to him/her and study hard. (90語)

36 〔解答例〕

I think there are a few reasons why lifelong education is thought to be important.

First, the number of old people has been increasing. When people retire, especially in Japan, they often lose the meaning of life. But if they study for the rest of their lives, they may find other pleasures. By doing so, they can enjoy themselves and feel satisfied.

Second, our society has become complex and provides much information, as science technology has been developing. In order to live in such a society, we all need to continue to learn a lot of things after graduation. (99語)

解説

一般論ではなく，個人的な意見を求めているので，I think ～やin my opinionなどといったフレーズを使ったほうがよいだろう（ただし，使いすぎると幼稚な感じがするので注意して使用すること）。

最初に話題の提示を行うトピックセンテンスを置き，ポイントごとに段落替えを行い，最後の段落に結論文を書き加えるという構成で，文全体をまとめるとよい。

37 〔解答例〕

Team teaching is a new method of teaching, with some teachers cooperating in class. To put it concretely, the teachers control part of teaching in class, and they form syllabus planning, then they make students form groups, and they instruct each group.

If we adopt this method, it has some merits. First, each teacher can make the most of his/her specialty in teaching. Second, though there are many students in the class, teachers can easily understand what each student thinks. Finally, students can get a lot of knowledge and education, because they come in contact with different teachers. (98語)

38 〔解答例〕

In order for students not to be bored, we teachers would presume a few items that should be learned or

several types of practical activities. In this way, we would let students keep enjoying the activities and would give them the opportunity to drill the structures. The items are expected to relate with certain communications. This enables students to drill each item, which gives different activities. If they are related to use flexibly, these items would encourage students to maintain communications. The activities should include the four skills of communication and be planned to conduct at variety of levels, according to the students' proficiency. The consideration enables the class activities to be more systematic and practical, and the students feel those activities that way, too. In this line of discussion, it is important for us to assume a few related items to be learnt and prepare as much types of activities as possible in order to avoid student' emotional fatigue, absent-mindedness, and boredom of the class activities. （167語）

39 〔解答例〕

(1) I need to develop my own communication skills concerning listening, speaking, reading and writing because the aim of English teaching is to develop students' communication quality and ability. （28語）

(2) I would reconfirm the aim of the next lesson, the class procedure which the ALT and I have already discussed, and whether there is anything we should revise in detail. （30語）

解説

語数がかなり少なく制限されているので，問題文を正確に読み内容の厳選を行うこと。

40 〔解答例〕

Above all, I should aim to arouse the students' motivation to learn and communicate in English. To accomplish this aim, I would tell the students that even native speakers make mistakes, and it is most significant for language learning not to use a target language correctly but to try to communicate in the language. I would rid the students of their anxiety for making mistakes and lead them to communicate in English. Next, it is important for me to be tolerant of their mistakes. The attitude would encourage learners' communication activities in the class and would decrease their anxiety for making mistakes. Then I would try, presuming the content or message, to understand what they speak even however hard it is to comprehend, and show them that their English is communicative enough to understand. I would also use communication skills available so that the students can understand. Through these interactions, the students' practical communicative competence would be developed.

41 〔解答例〕

I think that English teachers should use English as much as possible in their classes. When I was a senior high school student, I had two impressive teachers. Mr. A taught us English in Japanese. He usually asked us to translate English sentences into Japanese, explained grammatical items in Japanese and gave us directions in Japanese. He gave us questions about the content of the English sentences in Japanese and we answered in Japanese.

Another teacher, Ms. B, had quite a different way of teaching English. She always tried to speak in English with some exceptional uses of Japanese. She usually gave us questions and directions in English and asked us to answer in English. During her class, because of her enthusiasm for speaking in English, we always tried our best to speak and answer in English. Which teacher is better in developing the students' communicative ability? The answer is Ms. B. Of course, Mr. A could have asked us to answer in English. The important difference is that Mr. A did not use English himself but Ms. B did. When English teachers use English in their classes as much as possible, this creates a good atmosphere which encourages the students to use English and the students can easily follow their teachers. The teacher's attitude toward speaking in English will spread among the students. To speak in English as much as possible is the best way to improve one's communicative ability. That is why English teachers should use English as much as possible in their classroom. （256語）

42 〔解答例〕

The transplantation of animal organs into human bodies should not be permitted. One reason is that such transplantation can be dangerous.

Even if we use genetically-engineered pigs, there will still exist some possibility of rejection, and recipients may catch diseases from pigs. Moreover, it will take us a few more decades to fully understand the extent of the danger brought about by organs of different species transplanted into human bodies. If we discover unfavorable side effects in the future, it will be too late. Another reason is that it is not ethical to turn animals into "plants" which just produce desirable organs for humans. Animals have life, too. Cloning animals made only to get a constant supply of organs would be regarded as lifeless tools. They should not be treated as such convenient tools for producing organs. We should rather make more efforts to develop good artificial organs. （148語）

43 〔解答例〕

The sentence means that if you are being rational in any case and try to act upon wisdom rather than upon emotion, you will come into conflict with other people. Rationalism is incompatible with good human relationship. （37語）

44

⑴ 〔解答例〕

特徴1：**The percentage of students in Japan who read a few times a year or less is rather high, compared with that in U.K. or U.S.A.**

特徴2：**Regardless of the country, the more books students read, the higher scores they get on reading comprehension.**

意　見：**The percentage of Japanese students who show a negative attitude toward reading is the highest of these three countries, and we cannot make light of this. According to the survey, it is clear that frequency of reading is closely related to comprehension ability. So, we should get our students into the habit of reading.**

（54語）

⑵ **Parents bring up their children with venerable and deep mind. Watching the children warmly, parents sincerely hope that each of them will become a respectable and happy person. This is the same to teachers. Teachers should work at educating children earnestly without forgetting parents' mind.**

45

1

解説

ウ. Teachers must know the location of fire extinguishers in the school and their use.

オ. Teachers shall guide every student out of the school building as promptly and safely as possible without running, pushing, or talking.

6 長文読解

傾向と対策

読解の問題に関しては，大意要約・内容一致・和訳といった形式でかなりの分量の英文が出題される。そのため，まず第一には長文を読むことに慣れることである。日頃からできるだけ数多くの英文に接することが求められる。英字新聞などを積極的に活用するとよい。大意要約では，内容の正確な把握，キーセンテンスの発見に留意し，キーセンテンスを中心に要約をすればよい。また内容一致では，選択肢も時には理解の助けになる。和訳の問題では，「きれいな訳」よりもまずは「正確な訳」を心がけるべきであろう。

例題　長文読解

次の英文を読んで，あとの各問いに答えよ。

①A child is most intelligent when the reality before him arouses in him a high degree of attention, interest, concentration, involvement — in short — when he cares most about what he is doing. This is why we should make schoolrooms and schoolwork as interesting and exciting as possible, not just so that school will be a pleasant place, but so that children in school will act intelligently and get into the habit of acting intelligently. The case against boredom in school is the same as the case against fear, it makes children behave stupidly, some of them on purpose, most of them because they cannot help it. ②If this goes on long enough, as it does in school, they forget what it is like to grasp at something, as they once grasped at everything, with all their minds and senses; they forget how to deal positively and aggressively with life and experience, to think and say, "I see it! I get it! I can do it!"

⑴　下線部①を訳せ。

⑵　下線部②を訳せ。ただし，thisの内容を具体的に記すこと。

⑶　次のア〜ウの意味で用いられている語（句）を文中から選んで記せ。

ア．to try to hold on to something

イ．the feeling you have when you are tired and impatient

ウ．deliberately, intentionally

解答 ⑴　子どもの知力が一番発揮されるのは，目前の現実が子どもの内部に高度の注意力・興味・集中力・愛着感の意識を喚起する場合，簡単に言えば，子どもが今していることに最大の関心を払う場合である。

⑵　現在の学校で見られるように，子どもが学校に退屈して愚かな行動をするようなことが相当期間続くと，子どもは知力と感覚のすべてをあげて何かをつかもうとすること ― それはかつて子どもがすべてのことに対してとっていた態度なのだが ― がどんなことかを忘れてしまうのである。

⑶　ア．grasp at　　イ．boredom　　ウ．on purpose

全文訳 子どもの知力が一番発揮されるのは，目前の現実が子どもの内部に高度の注意力・興味・集中力・愛着感の意識を喚起する場合，簡単に言えば，子どもが今していることに最大の関心を払う場合である。教室と学校の勉強をできるだけ興味と刺激に富んだものにしなければならないのはこのためであるが，それは学校を楽しい場所とするためだけではなく，子どもが学校で知的に行動し，知的な行動をする習慣を身につけるためである。学校を退屈なものとしてはいけない理由は，それを恐ろしい場所にしてはいけない理由と等しい。学校が退屈だと子どもは愚かな行動をするようになる。中にはわざとそうする者もいるが，たいていはそうせずにはいられないからである。現在の学校で見られるようにこういうことが相当期間続くと，子どもは知力と感覚のすべてをあげて何かをつかもうとすることがどんなことか忘れてしまうが，それはかつて子どもがすべてのことに対してとっていた態度だったのである。つまり，子どもは生活と経験に積極果敢に対応し，「そうか，わかった，ぼくにもできるぞ」と考えて口に出す方法を忘れてしまうのである。

解説 ⑴　arouse A in B「BにAをうながす，喚起する」

involvement ＝ the feeling of excitement and satisfaction that you get from an activity「熱中，愛着」

in short「簡単に言えば，要するに」

⑵　thisは前文の内容を簡潔にまとめればよい。中心はit（＝boredom）makes children behave stupidlyである。

as it does in schoolは，if以下が条件（仮定）であるのに対し，「今，実際にそうなっているのだが」の意。

what it is likeはforgetの目的語。itはto grasp at something with all their minds and sensesを受ける。

as they … at everythingは挿入文。この部分をかっこに入れて考えると全体の文構造がわかりやすくなる。

⑶　grasp at「つかもうとする，飛びつく」

boredom「退屈，倦怠」

on purpose「意図的に，わざと」

演習問題

1 ★★☆

次の英文を読んで，あとの各問いに答えよ。

Japanese don't use many acronyms. What they do instead is to condense long words and phrases into 3-or-4 letter words. "Sexual harassment" becomes "Sekuhara". "(①)" becomes "Combini". "(②)" becomes "Pasocom". Even a short name like Brad Pitt becomes BraPi. Many shortened words have become very much a part of the language.

(1) 本文の (①), (②) に入るのに最も適する語をそれぞれ英語2語で書け。

(2) 例にならって，次のア，イの略語を英語で説明せよ。

(例) NATO is an acronym for the North Atlantic Treaty Organization.

ア. JIS　　イ. WWW

〈愛媛県〉

2 ★★★

次の〔A〕～〔C〕の英文を読んで，あとの各問いに対する答え，または続く語句・文をア～エから1つずつ選び，記号で答えよ。

〔A〕Many factors influence calorie needs, including your weight and activity level.

Rule of thumb: to lose a pound of fat each week, you must eat 3500 calories fewer than needed to maintain current weight. Pennsylvania State University Professor Barbara Rolls, co-author of Volumetrics (Harper-Collins), suggests an easy way to calculate all this.

Multiply your current weight by the appropriate number below. (Don't overestimate. "Moderately active" means the equivalent of walking about two miles daily.)

Sedentary woman: 12
Sedentary man: 14
Moderately active woman: 15
Moderately active man: 17

If you're a moderately active 160-pound woman, 2400 calories a day would maintain your current weight. To lose a pound a week by cutting 500 calories a day, you'd still be able to eat a comfortable 1900 calories a day. To lose two pounds a week, drop to 1400. But don't go too low. Eating too few calories — fewer than 1000 a day — can be counterproductive, because drastic cuts slow metabolism.

(1) How many calories should a sedentary 150-pound woman eat a day to lose one pound a week?

ア. 1300

イ. 1800

ウ. 1900

エ. 2400

(2) What is NOT mentioned in this passage as something to consider when planning calorie intake?

ア. the level of your physical activity

イ. your gender and age

ウ. eating 500 calories fewer each day to lose a pound each week

エ. how much you weigh

〔B〕 We need to make decisions about teachers in most educational programs. The decision to hire a given individual as a teacher, for example, will depend on a wide range of information, some of which may be obtained from tests. If teachers are not native speakers of the target language, we may wish to obtain information about their language proficiency by means of a proficiency test. It is particularly important, in this regard, to recognize that the proficiency required of a language teacher may be both quantitatively and qualitatively different from that of the students. A language teacher must be proficient in not only the complete range of language abilities (grammatical, textual, illocutionary, and sociolinguistic competence), but must also command a wide variety of pedagogically oriented communication strategies and metalinguistic competencies (for example, knowledge of syntactic forms or categories of speech acts) that will enable her to talk with her students about language in a way that will be instructionally useful. Thus, the language tests that are used for students may not be sufficient for evaluating a teachers' communicative language ability.

(3) The language tests that are used for students...

ア. test pedagogical strategies.

イ. should be the same as the teacher's test.

ウ. help us make decisions about teachers.

エ. does not adequately evaluate a teacher's ability.

(4) Which of the following is NOT TRUE, according to the passage?

ア. In educational programs it is common to have to make decisions about teachers.

イ. Only tests can provide the information required when deciding to hire a person as a teacher.

ウ. Tests are useful in determining the language proficiency of a teacher.

エ. A teacher's language proficiency should be qualitatively and quantitatively different from that of the students.

(5) What will learning "pedagogically oriented communication strategies" do?

ア. make a teacher more proficient in the complete range of language abilities.

イ. help make more efficient proficiency tests for teachers.

ウ. help teachers communicate better with their students about language.

エ. give the teacher a good grasp on grammar, text, locution, and sociolinguistics.

〔C〕 In 1907, while enjoying a bowl of soup made with dashi broth and kombu seaweed, the Japanese chemist Kikunae Ikeda had an insight that would change the food world. He noticed a taste that wasn't sweet, salty, sour or bitter. Ikeda gave this hard-to-describe flavorful taste a name — umami — and went on to identify the specific amino acid that caused it. It has become known around the world. However, interest is now growing in another taste first detected in Japan.

The newer taste, kokumi, is even harder to describe than umami, but it is potentially just as important for understanding how and why we enjoy food. In Japanese, the term koku describes foods that have the kind of mouthful "thickness" often produced by fats — what English speakers might describe as rich. "It feels like a physical sensation," says the culinary scientist Joshua Evans. It works "by covering the mouth and becoming more intense and being extended in time." When asked what foods have koku, Japanese food experts list wild boar, adult wasps, duck eggs and aged sake, as well as long-simmered and fermented dishes.

The exact nature of kokumi remains the subject of great debate among sensory scientists and chefs, in part because it can't be detected by our tongues on its own; rather, it modifies other tastes and flavors. A Japanese lab claims to have identified the taste receptor on our tongues that is activated by glutathione, which is made up of amino acids. Scientists elsewhere have discovered that glutathione and other compounds appear to activate kokumi in yeasts and in other foods. These include long-cooked meats such as chicken in chicken broth as well as some cheeses and fermented foods like beer, soy sauce and fish paste.

Some scientists remain skeptical. Paul Breslin, a nutritional sciences professor at Rutgers University, contends that the term kokumi will be difficult to understand and use "until the scientific and nonscientific community can agree both on its definition and on the prototypical eliciting stimuli" — that is to say, until we know more.

For all the uncertainty, kokumi has two potentially important implications. The first relates to our understanding of human evolution; the second, human health — especially efforts to create foods with fewer calories but more flavor. In both cases, kokumi may provide a kind of missing link.

Our own research suggests that one key to the adoption of fire by humans, and the invention and adoption of fermentation, was the flavor of cooked and fermented foods. It is known that humans prefer cooked foods over raw foods as well as fermented foods. But it has long been unclear why.

One possibility is that humans evolved a preference for complex aromas and the experience they contribute to flavor, which is much stronger in cooked meats than uncooked meats. It is also notable that cooked meats and fermented foods tend to have kokumi.

We might picture an ancient human ancestor holding up a piece of meat that has been cooked on the fire, pleased by its aromas but also by the rich taste of its kokumi. Our ancestors didn't have to be able to give kokumi a name or know its chemical sources to enjoy it.

Chef-researchers employed by top restaurants, such as Nabila Rodríguez Valerón at Copenhagen's award-winning Alchemist, are now eagerly experimenting with the ways in which kokumi could be featured in modern meals to make foods that taste rich but are low in fat. A recent study by Ciarán Forde at the Clinical Nutrition Research Center in Singapore discovered that if the amino acid associated with kokumi is added to beef broth, particularly in combination with umami flavors, consumers perceive the broth to be richer and to have more calories.

Many traditional recipes from cultures around the world appear to already take advantage of this kokumi effect. For example, people add onion and garlic to soup stock to give it a fuller, deeper flavor. Often recipes start with a step in which chopped onions are soaked in fat or oil, which amplifies the flavors of those fats and oils. Kokumi is a taste that asks us to think of food holistically.

If the history of umami is any indication, the market will decide on kokumi's importance before scientists and chefs come to full agreement. After Ikeda discovered umami, he later figured out how to produce a substance that causes the taste: monosodium glutamate, or MSG. He patented the production, and started a company Ajinomoto Co., and long before scientists accepted his discovery, MSG was sold around the world to add the umami taste to foods.

A similar pattern may already be under way with kokumi. To this point, three companies, Ajinomoto itself and the food and flavor companies Kerry and Biospringer, have released kokumi powders that they say add the pleasing kokumi effect without adding calories. You can try them and judge for yourself.

Kokumi is (A). Around the world, scientists have leads on many others. Our mouths remain full of mysteries, allowing us to experience surprises and delights each time we eat.

(6) Which of the following would make the most suitable title for this passage?

ア. How the Human Mouth Evolved

イ. Is Kokumi the Next Taste Sensation?

ウ. The Great Discoveries of Kikunae Ikeda

エ. Umami or Kokumi: Which is more important for taste?

(7) Which of the following does the passage imply is a possible benefit of studying kokumi?

ア. We can decrease the time it takes to ferment foods and therefore eat more of them.

イ. We can develop more foods that contain MSG which will bring health benefits.

ウ. We will be able to better understand our evolution and develop tastier and heathier foods.

エ. We will be able to enjoy foods such as wild boar, wasps and duck eggs more easily.

(8) Which of the following is NOT something talked about in the passage?

ア. An amino acid associated with kokumi can make a beef broth's taste richer.

イ. A scientist indicates it is still difficult to understand what kokumi really is.

ウ. Kokumi is caused by foods such as long-cooked meats and fermented foods.

エ. Umami creates a fuller deeper flavor by soaking vegetables in fat or oil.

(9) According to the article, based on umami's history, which of the following is likely to occur before scientists and chefs come to agree on kokumi's importance?

ア. Companies such as Ajinomoto will stop producing foods with umami taste.

イ. Companies will develop and sell food products that cause the kokumi taste.

ウ. New companies will be started in order to create kokumi powders.

エ. Umami will become more widely known around the world.

(10) Which are the most suitable words to put into (A)?

ア. a highly unique taste that scientists are working hard to reproduce

イ. proving to be a very popular taste in countries where it is sold

ウ. said to be the most important factor that determines taste

エ. unlikely to be the last new taste that we discover

〈岩手県〉

3 ★★☆

次の英文の大意を150字以内の日本語で書け。ただし，句読点も1字に数えることとする。

It seems absurd to fear that workers will be debased by automation. The system will, by its very nature, free human beings from repetitive manual tasks and domination by the machine. It will increase productivity, the primary source of higher living standards. It will prove a boon to the working man and his family. In the words of the late Philip Murray, "do not know of a single instance where a great technological gain has taken place in the United States of America that has actually thrown people out of work." Automation will lead to the human use of human beings, that is, to our using man's specifically human qualities, his ability to think, to analyze, to balance and synthesize, to decide and to act purposefully. All this means taking a step forward from the Machine Age, which in itself produced a higher standard of living for more people than was dreamed of by the utopians of the hand labor centuries.

4 ★★☆

次の英文の大意を150字以内の日本語で書け。ただし，句読点も1字に数えることとする。

The contrasting styles of communication represented by the managers from Toledo and their colleague from Japan are often referred to as low-context and high-context, respectively.

In order to understand some of the implications, suppose you are having a discussion with Sally, a business colleague, and you both come from a culture that prefers low-context communication. People from such cultures are conditioned from childhood to assume a low level of shared context — that is, few shared reference points and comparatively little implicit knowledge linking speaker and listener.

Under these circumstances, it's highly likely that, while speaking with Sally, you will explicitly spell out your ideas, providing all the background knowledge and details necessary to understand your message. In low-context cultures, effective communication must be simple, clear, and explicit in order to effectively pass the message, and most communicators will obey this requirement, usually without being fully conscious of it. The United States is the lowest-context culture in the world, followed by Canada and Australia, the Netherlands and Germany, and the United Kingdom.

Though cultural norms are transmitted from one generation to the next through means that are generally indirect and subliminal, you may remember receiving some deliberate lessons concerning appropriate ways to communicate. I certainly received such lessons as a child growing up in the United States. My third-grade teacher, Mary Jane, a tall, thin woman with tightly curled hair, used to coach us during our Monday morning circle meetings using the motto, "Say what you mean and mean what you say." When I was sixteen, I took an elective class at Minneapolis South High School on giving effective presentations. This is where I learned the traditional American rule for successfully transferring a powerful message to an audience: "Tell them what you are going to tell them, then tell them, then tell them what you've told them." This is the philosophy of low-context communication in a nutshell.

(Erin Meyer : THE CULTURE MAPから。一部表記を改めたところがある。)

〈神奈川県・横浜市・川崎市改題〉

5 ★★☆

次の英文の大意を150字以内の日本語で書け。ただし，句読点も1字に数えることとする。

Students in the American university increasingly tend to lack command of common core of basic knowledge, in part because they are encouraged to specialize too soon, in part also because faculty interest and competence in the teaching of basic knowledge has been diminishing. Students in the university are also being prepared up to the most advanced state of their specialized field of instructions, but the further refinement of knowledge continues to develop so rapidly that what students learn so thoroughly in the final and most intensive phases of university preparations is superseded by new advances within a decade or less. At the same time, the number of openings for employment or further study for which intensely specialized preparation is required has been declining, and those students who as a result are not placed in such desired openings tend to be doubly frustrated, finally, the joy of learning and the intellectual stimulus for students has been undercut by the growing tendency to regard university education purely as vocational or professional preparation, with the result that it has been described more and more exclusively as an economic investments, to be judged solely on the basis of ultimate economic return, it has also attained increasingly the aspect of an economic competition among students.

6★★☆

次のクラス運営に関する英文を読んで，その要旨を150字以内の日本語でまとめよ。ただし，句読点やその他の記号も字数に含むものとする。

Inexperienced teachers sometimes think that by beginning their lesson, the class will settle down. The children will see that things are underway now and it is time to go to work. Sometimes this works, but the children are also going to think that you are willing to compete with them, that you don't mind talking while they talk, or that you are willing to speak louder so that they can finish their conversation even after you have started the lesson. They get the idea that you accept their inattention and that it is permissible to talk while you are presenting a lesson. The focusing technique means that you will demand their attention before you begin. It means that you will wait and not start until everyone has settled down. Experienced teachers know that silence on their part is very effective. They will punctuate their waiting by extending it 3 to 5 seconds after the classroom is completely quiet. Then they begin their lesson using a quieter voice than normal. A soft spoken teacher often has a calmer, quieter classroom than one with a stronger voice. Her students sit still in order to hear what she says.

〈高知県〉

7 ★★☆

次の英文を読んで，これを要約した[X]の文を完成させるために，空欄に適切な語を1つずつ補え。

Why should stones and scrap metal sink to the bottom of a pond, while sticks and lumps of ice rise to the top? Why is it that some substances float on water, and others do not? It might be tempting to think that it is a question of weight, but a log of wood and an iceberg are both much heavier than an iron nail; and yet it is the nail which will fall to the bottom of a pond while the other two float. Ability to float does not depend on the weight of an object, but on the density. Density is defined as the mass per unit volume. So if we compare the densities of two substances, we are actually comparing their weights — volume for volume — assuming that the two substances are the same distance from the center of the earth. An iron nail sinks to the bottom of a pond because iron is denser than water; the nail weighs more than the same volume of water, so the pull of the earth is stronger on the nail than on the water that the nail displaces.

[X] It is the (1) rather than the (2) of an object that is related to the ability to float. The (3) of the densities of two substances is actually the (3) of their weights if the other conditions are the (4).

〈群馬県〉

8 ★★☆

次の英文の空欄に当てはまる文をア～クから選び，記号で答えよ。

If you have been reading these pages for the last few months then you know we have been looking at some of the planets that move around the Sun. There are nine of them in all, including the Earth. Four of these planets have been easy to see in the sky over the past few months and so far we have looked at Mars, Venus and Saturn, now we are going to look at the last of them, Jupiter. Jupiter is so big that you can fit 14 Earths inside it. If you have been outside over the last few weeks you may already have seen it without even noticing.

Jupiter is the really bright star shining in the western part of the sky. (1) Then with a responsible adult, go outside and look in the opposite direction and look up in the sky. If you are looking in the evening, then look about halfway between the horizon and the point over your head. You will see a really bright white star like object, this is not really a star, but is Jupiter.

(2) If you landed on Jupiter, you would sink right into it. The planet is made up of a number of different gasses. When we look at Jupiter, we can see lots of different colours, which are caused by these different gasses. We can also see a huge tornado whirling around the giant planet. This tornado is so big that you can fit 3 Earths inside it and is called the Great Red Spot.

If you were to look at Jupiter through a telescope you would see all these things but would also see some of its Moons. We only have one moon which we call the Moon!

Jupiter has at least 30 moons but we are always finding more. (3) In order of distance from Jupiter, they are: Io, Europa, Ganymedei and Callisto. If you watch them over a few hours you will even be able to see which direction they are moving in. The moon Europa is very interesting to astronomers and other scientists because we think that underneath the icy surface there is a really deep ocean of liquid water.

(4) A future space mission is planned to go to this moon of Jupiter and take a look. If conditions are right, then we hope that we might find some form of really simple life; perhaps like the bacteria we find on Earth.

ア. To find Jupiter you need to know where the sun sets.

イ. The Moon was one of the first things I ever saw through a telescope.

ウ. We are fairly certain about that but we don't know quite what the conditions are like there.

エ. But the rain on Jupiter is not made of water, it's made of sulphuric acid.

オ. An astronomer called Galileo found the first four of them and we can easily see them in small telescopes.

カ. Just like Saturn, Jupiter is made up of gas so there is no solid surface to stand on.

キ. So a sundial was made which helped to tell the time from the shadow made by the Sun.

ク. Saturn, like Jupiter, Uranus and Neptune, is made up of gas instead of being solid like the Earth.

〈青森県〉

9 ★★☆

次の英文の文意がつながるように，空欄に当てはまる英文をア～カから選び，記号で答えよ。

The classroom is often called an artificial environment for learning and using a foreign language. If we take as our yardstick for what is 'real' the situations outside the classroom for which learners are being prepared, this is undoubtedly the case. However, (1)

It is true that language teaching aims to equip learners for different contexts and that they will later have no cause to, say, 'ask where the chalk is' or 'explain why their homework is late'. However, they will still have cause to 'ask about locations' or 'offer explanations', based on similar forms of language and perhaps differing only in individual vocabulary items.

In other words, (2) Still more, it depends on whether he masters the more general principles which underlie them. Language structures and communicative functions are not bound to specific situations:

(　　　3　　　) That is why, in our mother tongue, we can acquire the basic communication skills in the close family context, and transfer them in later life to a much wider range of social situations. In the same way, the structures and skills that a foreign language learner acquires during classroom interaction can later be transferred to other kinds of situation.
(　　　4　　　)

In the pages that follow, I will look briefly at four approaches to exploiting the classroom environment as a social context for foreign language use, namely:

1. Using the foreign language for classroom management.
2. Using the foreign language as a teaching medium.
3. Conversation or discussion sessions.
4. Basing dialogues and role-plays on school experience.

(　　　5　　　)

ア. The second and fourth of these approaches are applicable to school-age learners rather than to adults.

イ. we should not forget that the classroom is also a real social context in its own right, where learners and teacher enter into equally real social relationship with each other.

ウ. the usefulness of language learning does not depend only on what specific pieces of language the learner encounters.

エ. This is particularly important for young school learners, who do not yet have a clear perception of the situations in which they will eventually need the foreign language.

オ. As the learner progresses, it will come increasingly to mean producing speech which is appropriate to the specific situation in which communication is taking place.

カ. once they have been mastered so that they can be used creatively, they can be transferred to contexts other than the one where they were initially acquired.

〈京都市〉

10 ★★☆

There are three paragraphs in each □ in the passages below. Choose the most appropriate paragraph order.

(1) The particular language we use predisposes us to think in particular ways and not in others.

A. In Japanese, formality is not simply noted by you; it is part of the entire language system. Nouns take the honorific "o" before them, and verbs take more formal and polite forms. Thus, "Doitsu-go ga dekimasen [I — or you, he, she, we, they — don't speak German]" is more polite and formal than "Doitsu-go ga dekinai."

B. For example, the fact that English speakers do not distinguish between a formal and an informal you (as in German, with du and Sie, or in Spanish, with tu and usted) may mean that English speakers think about formality and informality differently than do German or Spanish speakers.

C. In other languages, the deliberate use of nonformal ways of speaking in more formal contexts can be insulting to another person. For example, French speakers may use the "tu" form when speaking to their dog or cat, but it can be insulting to use the "tu" form in a more formal setting when speaking to relative strangers. Yet it may be permissible to use the "tu" form in more social settings with relative strangers, such as at parties or in bars.

Here, pragmatics becomes important. That is, we need to think about what else might be communicated by others and whether they shift to more informal ways of speaking.

ア. A−B−C　　イ. B−A−C　　ウ. B−C−A　　エ. C−B−A

(2) Many people believe that informal everyday conversation is random and unstructured. This is, in fact, far from true.

A. There are also rituals and set formulas for starting or closing a conversation and for changing the subject; there are conventions prescribing how to interrupt and how to hold the floor, and even determining what style is most appropriate in a given situation. These conventions are fairly strong and consistent within a given culture: when someone breaks them, people can tell immediately that something has gone wrong.

B. The analysis of the rules that govern conversation has been of major interest to linguists over the last two decades. Now we know that conversation is a highly organised activity which requires definite skills on the part of the speakers. Learners may be familiar with the grammar of a language, may know a vast amount of vocabulary, and can still 'fail', that is, let themselves down in real conversation. Speaking skills are not enough: spontaneous, on-line interaction in a social setting, with partners to listen and react to, requires additional competence.

C. Although conversation may take many forms and the speakers and situations vary widely, all conversation follows certain patterns. There are, for example, subtle rules determining who speaks and when and for how long. Thanks to these rules, the participants in a conversation take turns with astonishing precision: there is hardly any overlap or simultaneous talk.

ア. A−B−C　　イ. B−C−A　　ウ. C−A−B　　エ. C−B−A

〈東京都〉

11 ★★☆

次の書き出しの文に続いて1～4を並べかえると一貫した内容の文章になる。その最も正しい配列をア～エから選び，記号で答えよ。

(1) The theory of plate tectonics took shape in the 1960s after more precise seafloor maps and seismic activity monitoring revealed signs of our planet's shifting shell.

1. Although first to describe the idea scientifically, Wegener was not the first to think it. Late 16th-century mapmaker Abraham Ortelius theorized that the Americas, Africa and Europe had been torn asunder by catastrophic geological events.

2. While the very definition of a supercontinent remains under debate, researchers agree that many of these monster landmasses were large enough to affect global climate by shifting ocean and air currents.

3. But the ideas built upon those of early 20th-century German scientist Alfred Lothar Wegener, who proposed the theory of continental drift: The large landmasses we know today were once joined together in a supercontinent.

4. Researchers now believe continental plates have come together more than once in the deep past.

These climatic changes, along with the raising of mountains and other geological events driven by plate tectonics, created new ecological systems that encouraged species to spread and diversify.

ア. 1－4－2－3　　イ. 4－2－3－1
ウ. 2－3－1－4　　エ. 3－1－4－2

(2) Perhaps you read about our school in the newspapers? We were one of the first to have a showdown on the topic of long hair for boys.

1. At first it seemed like a simple case.
2. Two honor students, Ron Harris and Len Chester, were sent to the principal by their French teacher, an implacable foe of nonconformists, who went into a paroxysm of anger when she spied the boys in the hall.
3. But the boys' parents decided that the school had overstepped its jurisdiction; they took their case to the newspapers.
4. The school would reprimand the boys for their reprehensible appearance and order them to cut their hair or be suspended.

What had started as a local skirmish now began to take on the appearance of a full-scale war.

ア. 1－4－2－3　　イ. 2－1－4－3
ウ. 3－4－2－1　　エ. 4－2－1－3

〈神奈川県・横浜市・川崎市〉

12 ★★☆

Read the following Einglish writing, and arrange ① to ④ so that it will make sense in Einglish.

(1) The long jump is a well-established Olympic sport with a simple premise — athletes must try to cover the longest distance possible in one jump. It is one of the four jumping events in the track and field category — the others are the high jump, the pole vault and the triple jump. The long jump has been around for many centuries.

① Back then, athletes would carry weights made of stones or lead in their hands while jumping.
② It was first included in the original Olympic Games in Ancient Greece

around 708 BC.

③ The purpose of this was to give them forward momentum to increase the distance of their jump.

④ They would swing the weights and then finally release them mid-jump, helping them to fly forward.

〈三重県改題〉

(2) Many Presidents had unusual careers before entering the White House. Jimmy Carter, the 39th President, was a peanut farmer. Ronald Reagan, the 40th President, was a movie actor. And Abraham Lincoln, the 16th President, once worked chopping rails for fences.

① Once in the White House, each President made his mark in different ways. In fact, before Theodore Roosevelt, the 26th President, came to office, the White House wasn't even called the White House! People called the building the President's Palace, President's House, and the Executive Mansion. Roosevelt officially named it the White House in 1901.

② There have been many other interesting presidential firsts. James Polk, the 11th President, was the first President to have his photograph taken. Theodore Roosevelt was the first President to ride in a car while in office. His fifth cousin and the 32nd President, Franklin Delano Roosevelt, was the first to ride in an airplane.

③ Theodore Roosevelt wasn't the only President to invent a new expression. Martin Van Buren, the eighth President, is sometimes credited with creating the word "OK." Van Buren was from Kinderhook, New York. During his campaign, Old Kinderhook (O.K.) clubs formed to support the President. Later, "OK" or "okay" came to mean "all right."

④ According to John Riley of the White House Historical Association, Harry Truman was a haberdasher. A haberdasher (HAB-er-dash-er) is someone who deals in men's clothing and accessories, particularly hats.

What will be the next big presidential first? First to ride in a spaceship?

〈茨城県〉

13 ★★★

次の英文の空欄に当てはまる語をア〜オから選び，記号で答えよ。

It is widely believed that there is a natural connection between the language spoken by members of a social group and that group's identity. By their accent, their vocabulary, their discourse patterns, speakers identify themselves and are identified as members of this or that speech and discourse community. From this membership, they draw personal strength and pride, as well as a sense of social importance and historical continuity from using the same language as the group they belong to. But how to define which group one belongs to? In isolated, (1) communities like the Trobrianders studied by Malinowski, one may still define group membership according to common cultural practices and daily face-to-face interactions, but in modern, historically complex, open societies it is much more difficult to define the (2) of any particular social group and the linguistic and cultural identities of its members.

Take ethnicity for example. In their 1982 survey conducted among the highly mixed population of Belize (formerly British Honduras), Le Page and Tabouret-Keller found out that different people ascribed themselves to different ethnicities as either 'Spanish', 'Creole', 'Maya' or 'Belizean', according to which ethnic criterion they focused on — physical features (hair and skin), general appearance, genetic descent, (3), or nationality. Rarely was language used as an ethnically defining criterion. Interestingly, it was only under the threat of a Guatemalan takeover as soon as British rule would cease, that the sense of a Belizean national identity slowly started emerging from among the multiple ethnic (4) that people still give themselves to this day.

Group identity based on race would seem easier to define, and yet there are almost as many genetic differences, say, between members of the same White, or Black race as there are between the classically described human races, not to speak of the difficulty in some cases of ascertaining with 100 percent exactitude a person's racial (5). For example, in 1983 the South African Government changed the racial classification of 690 people: two-thirds of these, who had been Coloreds, became Whites, 71 who had been Blacks became Coloreds, and 11 Whites were redistributed among other racial groups! And, of course, there is no necessary (6) between a given racial characteristic and the use of a given language or variety of language.

Regional identity is equally contestable. As reported in the London Times of February 1984, when a Soviet book, Populations of the World, claimed that the population of France consisted of 'French, Alsatians, Flemings, Bretons, Basques, Catalans, Corsicans, Jews, Armenians, Gypsies and "others"', Georges Marchais, the French Communist leader, violently disagreed :'For us', he said, 'every man and woman of French nationality is French. France is not a multinational state: it is one nation, the product of a long history...'

One would think that national identity is a clear-cut either/or affair (either you are or you are not a citizen), but it is one thing, for example, to have a Turkish passport, another thing to ascribe to yourself a Turkish national identity if you were born, raised and educated, say, in Germany, are a native speaker of German, and happen to have Turkish parents.

Despite the (7) belief in the one language = one culture equation, individuals assume several (8) identities that are likely not only to change over time in dialogue with others, but are liable to be in conflict with one another. For example, an immigrant's sense of self, that was linked in his country of origin perhaps to his social class, his political views, or his economic status, becomes, in the new country, overwhelmingly linked to his national citizenship or his religion, for this is the identity that is imposed on him by others, who see in him now, for example, only a Turk or a Muslim. His own sense of self, or cultural identity, changes accordingly.

Out of (9) for the 'old country', he may tend to become more Turkish than the Turks and entertain what Benedict Anderson has called 'long distance nationalism'.

The Turkish he speaks may become with the passing of years somewhat different from the Turkish spoken today in the streets of Ankara; the community he used to belong to is now more an 'imagined community' than the actual present-day Turkey.

(1) ア. collateral　イ. homogeneous　ウ. identical
　エ. equivalent　オ. implacable

(2) ア. meanings　イ. deviations　ウ. Provinces
　エ. boundaries　オ. harbingers

(3) ア. annihilation　イ. maneuver　ウ. Gerontology

エ．provenance　オ．taxonomy

(4) ア．plebiscites　イ．hassles　ウ．enigmas
エ．demolitions　オ．ascriptions

(5) ア．immunity　イ．ailment　ウ．lineage
エ．depravity　オ．ransom

(6) ア．correlation　イ．paucity　ウ．obtrusion
エ．obedience　オ．velocity

(7) ア．entrenched　イ．amicable　ウ．bellicose
エ．benign　オ．chronic

(8) ア．redundant　イ．tentative　ウ．veritable
エ．implausible　オ．collective

(9) ア．enmity　イ．nostalgia　ウ．hatred
エ．indifference　オ．dislike

〈神奈川県・横浜市・川崎市〉

14 ★★☆

次の英文の空欄に当てはまる語をア～ソから選び，記号で答えよ。

A few years ago, when the University of Connecticut women's basketball team first captured the NCAA title, a popular bumper sticker declared the Storrs campus a place where the men are men and the women are champions. And with the Lady Huskies still stars, UConn students aren't afraid to break stereotypes. So last week senior Christphere, 22, was confident about heading to South Carolina after graduation because his girlfriend has a good job at the Medical University of South Carolina. "We're (1) on her money," he says. He hopes to enter grad school and become a teacher, partly because it's a family-friendly career. In the future, he says, "I'd be 100 percent satisfied if my wife made enough money so I could be a stay-at-home dad."

Openness to flexible roles in marriage and family (2) this generation of college students from their parents, say researchers who've studied their progress. The battle over whether mothers should work is moot now; families need the money. Young women are more ready to pick up the slack and the men feel less of a stigma if they stay home. Everyone is (3) to avoid his parents' mistakes. In the early 1980s, these kids' baby-boomer mothers swarmed into the work force (4) any of the supports common today — maternity leave, part-time career paths, flexible schedules. The children saw marriages crumble under the strain. They also watched the economy ricochet. In the current downturn, many of their fathers are out of work with little chance of getting rehired. In his context, rigid roles seem (5), says Kathleen Gerson, a sociologist at New York University who is writing a book called "The Children of the Gender Revolution." "If the economic opportunities are there for the woman, fine. As long as they are there for *somebody*."

They're hopeful but pragmatic, and understand that the real world can crush ideals. Many of these young women hope for a close family life, but with nearly half of all marriages eventually (6) in divorce, they're prepared to be breadwinners. "That's a big thing for our age group," says Lucy, a 21-year-old junior who watched friends' mothers struggle. Even though her parents are married, she's learned that "you can't depend on someone else to carry you through." Women still want to have it all — although maybe not all at the same time. Jennifer, a 21-year-old senior, is going to law school so she can earn a six-figure income. But at some point, she also wants to be home with her children — as her own mother was.

How comfortably the men adapt (7) largely on the examples their fathers set, says University of Chicago sociologist Barbara Schneider, coauthor of "The Ambitious Generation." UConn junior Alfred, 21, whose parents are divorced, was the main male figure in his household for much of his childhood — and (8) responsible for his family is important to him: "I think it's a man's role to get a job." But unlike many men in earlier generations, he would have no objections to his wife's working as well. Drama student Jeremy Andrews was inspired by his father, an engineer who trained as a nurse. It was a backup when his company left town so he could avoid dislocating his family. His father found another engineering job, but rarely missed his four sons' games, while his mother, a nurse, worked long hours. That gives Andrews the confidence to try acting — (9) it doesn't bring in a steady paycheck.

Rather than bemoan a legacy of social upheaval, this generation seems determined to embrace possibilities. "You're not (10) in what you do," says UConn sophomore Caitlin. "People have four or five careers. There are so many opportunities." Maybe this time, the balancing act will work.

ア. as though	イ. into	ウ. endowing	エ. desperate
オ. ending	カ. distinguishes	キ. without	ク. engaged
ケ. even if	コ. quaint	サ. stuck	シ. depends
ス. going	セ. being	ソ. independent	

〈青森県〉

15 ★★☆

次の英文の空欄に当てはまる語をア～ソから選び，記号で答えよ。

For almost 140 million years, dinosaurs and other large reptiles ruled the land, sky, and sea. Dinosaurs came in sizes and shapes suited to every corner of the world. Then, approximately 65 million years ago, these (1) reptiles died out and mammals took over the Earth. Few mysteries have ever excited the imaginations of scientists as much as this great extinction that killed off all the dinosaurs. Over the years, scientists have developed many (2) to explain the disappearance of the dinosaurs and the other great reptiles. Three of the most common explanations are a gradual change in the Earth's climate, a lack of food, and the Earth's collision with a large asteroid.

Traditionally, scientists believed that the number of dinosaurs declined slowly for millions of years before they eventually disappeared. Many studies of fossils point to a slow change in the environmental (3) on Earth. This led to a generally cooler climate. Toward the end of the Cretaceous Period, the climate may have become too cold for the dinosaurs. Many dinosaurs were too big to hibernate in dens.

In addition, they lacked fur or feathers for protection against the cold. Smaller animals had the advantage of being able to hibernate during cold periods. Mammals and birds were better (4) to withstand the cold because they had fur or feathers for protection. It may have been easier for these animals to migrate to warmer places to avoid the cold weather. In these ways, such (5) could have survived the colder climate that may have slowly killed off the dinosaurs.

Another explanation of dinosaur extinction has to do with food. Some experts think that plant-eating dinosaurs could not digest the new kinds of plants that developed during the Cretaceous Period. Eventually, they starved to death. As the plant-eating dinosaurs died off, so did the meat-eaters who fed on them. Other experts believe that since the dinosaurs could not compete (6) with mammals for food, they eventually lost the struggle for existence.

Today, some scientists believe that the cause of the extinction was much more sudden and catastrophic. In the late 1970's, scientists discovered evidence for the (7) end to the Age of Dinosaurs. Dr. Louis Alvarez and his colleagues arrived at a revolutionary hypothesis to explain the extinction of dinosaurs. They suggest that about 65 million years ago, the Earth was (8) by a huge asteroid. The asteroid was destroyed in the explosion and billions of tons of dust were thrown up into the air. A thick cloud of dust blocked out sunlight for a long time. Without the sun's energy, plants were not able to make food and they died. The lack of plants killed off many of the plant-eating dinosaurs, which then caused the death of the meat-eating dinosaurs that preyed on them. The darkness caused (9) to fall below freezing for many months. This sudden change in climate further decreased the dinosaur populations.

It seems that no one theory adequately explains why dinosaurs died out. Perhaps dinosaurs simply could not adjust to the changes that were taking place on the Earth toward the end of the Cretaceous Period. Most likely, it was a combination of causes that (10) to the end of the Age of Dinosaurs.

ア. tiny	イ. struck	ウ. suited	エ. abrupt
オ. dead	カ. broken	キ. huge	ク. theories
ケ. animals	コ. poorly	サ. dinosaurs	シ. conditions
ス. contributed	セ. successfully	ソ. temperatures	

〈島根県〉

16 ★★☆

次の英文を読んで，あとの各問いの答えとして最も適切なものをア～エから選び，記号で答えよ。

Ever since our ancestors flung a pelt over themselves to shelter against the cold, textiles have protected us from the slings and arrows of war, weather and disease. At first, textiles were made from natural materials like silk and wool. With the invention of rayon at the end of the 19th century, fibers have become increasingly sophisticated and versatile.

Now the field is poised on the edge of a new era. High-tech textiles can create a fabric strong enough to float a building from one place to another or a camouflage suit that can allow a soldier to disappear into changing terrain. The first true synthetic fiber was created in 1935 when an American company invented nylon. Synthetic fibers are polymers, molecules based on carbon and linked in long chains, typically with hydrogen, nitrogen and oxygen added on. Polymers can be melted or dissolved and drawn into a thread. Kevlar is stronger than steel and used in high-strength applications such as antiballistic vests and astronaut tethers. Other high-tech fibers like Nomex and Zylon have high-temperature resistance, perfect for firefighters and race-car drivers.

In the past, clothing protected us from the elements. Then it became something about fashion. In the future, it can do something for us. It's no longer passive. It's active. Spider silk is the ultimate fiber dream. It is five times as strong as steel, yet has tenacity, or stretch, making it ideal for many applications. Instead of making a fiber, spinning it into yarn, weaving it into fabric, cutting and sewing it into clothes, spiders go directly from polymer fiber (spider silk) to application (web). Civilizations define themselves by the materials they use. The industrial revolution came about because of iron. Computers heralded the information age by using silicon. We are now about to enter the age of bio-mimicry with high-tech materials based on nature's ingenuity.

(1) What is this passage about?

ア. The propensity of modern technology to inundate our society.

イ. The ability to manufacture high-tech weaponry with minimal human intervention.

ウ. The impact technology has had in terms of textiles and similarly related products.

エ. The increasing network of subliminal factors unintentionally intertwined in clothes.

(2) How has technology impacted the textile industry?

ア. High-tech textiles have the ability to levitate as well as inebriate human beings.

イ. Synthetic fibers were invented nearly 70 years ago.

ウ. Technology has had no impact whatsoever in the textile industry.

エ. Bio-mimicry has relegated all previous textiles obsolete.

(3) According to the passage, how do polymers differ from natural materials?

ア. Polymers are unable to be spun into thread like wool and cotton.

イ. Polymers can be melted.

ウ. Polymers are unable to adhere to the natural laws of physics.

エ. Polymers are exclusively derived from spiders.

(4) Which of the following is NOT characteristic of high-tech materials?

ア. They are bulky, unwieldy, prohibitively inexpensive and unnecessary.

イ. They are stronger than equivalent natural materials.

ウ. They are based on nature's ingenuity.

エ. They are becoming increasingly sophisticated and versatile.

(5) Which of the following conclusions can be made from this passage?

ア. The textile industry would be better off steering away from high-tech polymers.

イ. Kevlar and Zylon are uniquely adroit at instilling satisfaction to their manufacturers.

ウ. Spider silk has unprecedented statistical anomalies which allow it to increase fallibility.

エ. Technology has helped to modernize an ancient human need for clothing.

〈神奈川県・横浜市・川崎市〉

17 ★★★

次の英文の内容に合うように，後の(1)〜(4)の英文の書き出しに続くものとして最も適当なものをア〜エから一つ選び，記号で答えよ。

The human eye can perceive millions of different colors, but the number of categories human languages use to group those colors is much smaller. Some languages use as few as three color categories, while the languages of industrialized cultures use up to 10 or 12 categories.

In a new study, MIT *cognitive scientists have found that languages tend to divide the "warm" part of *the color spectrum into more color words, such as orange, yellow, and red, compared to the "cooler" regions, which include blue and green. This pattern, which they found across more than 100 languages, may reflect the fact that most objects that stand out in a scene are warm-colored, while cooler colors such as green and blue tend to be found in backgrounds, the researchers say.

Edward Gibson, an MIT professor of brain and cognitive sciences, began this investigation of color after accidentally discovering during another study that there is a great deal of variation in the way colors are described by members of the *Tsimane', a tribe that lives in remote Amazonian regions of Bolivia. He found that most Tsimane' consistently use words for white, black, and red, but there is less agreement among them when naming colors such as blue, green, and yellow.

Working with Conway, who was an associate professor at Wellesley College, Gibson decided to look into this *variability further. The researchers asked about 40 Tsimane' speakers to name 80 color chips, which were evenly distributed across the visible spectrum of color.

Once they had these data, the researchers applied an *information theory technique that allowed them to calculate a feature they called "surprisal," which is a measure of how consistently different people describe. When a particular word (such as "blue" or "green") is used to describe many color chips, then one of these chips has higher surprisal. Furthermore, chips that people tend to label consistently with just one word have a low surprisal rate, while chips that different people tend to label with different words have a higher surprisal rate. The researchers found that the color chips labeled in Tsimane', English, and Spanish were all ordered such that cool-colored chips had higher average surprisals than warm-colored chips.

The researchers then compared their results to data from the World Color Survey, which performed essentially the same task for 110 languages around the world, all spoken by nonindustrialized societies. Across all of these languages, the researchers found the same pattern. This reflects the fact that while the warm colors and cool colors occupy a similar amount of space in a chart of the 80 colors used in the test, most languages divide the warmer regions into more color words than the cooler regions. Therefore, there are many more color chips that most people would call "blue" than there are chips that people would define as "yellow" or "red."

To explore possible explanations for this trend, the researchers analyzed a database of 20,000 images collected and labeled by Microsoft, and they found that objects in the foreground of a scene are more likely to be a warm color, while cooler colors are more likely to be found in backgrounds.

“Warm colors are in the foreground, they’re all the stuff that we interact with and want to talk about,” Gibson says.

*cognitive scientists：認知科学者

*the color spectrum：カラースペクトル。光がプリズムで分散されると生じる，色の分布

*Tsimane’：チマネ族　　*variability：変異性

*information theory：情報理論。情報・通信を数学的に論じる学問

(1) According to the 3rd paragraph,

ア．Gibson’s reason to visit a tribe in Bolivia was to investigate colors.

イ．“Green” in Tsimane’ indicates different colors from person to person.

ウ．the Tsimane’ have many expressions to describe colors.

エ．the Tsimane’ don’t have words to express colors.

(2) According to the research by Gibson and Conway, the “surprisal” rate

ア．is high in case that various people use different words to name a color chip.

イ．is high if many people use a word to indicate the same color chip.

ウ．is low when a color chip is described in various words.

エ．of warm colors is higher than that of cool colors in Tsimane’.

(3) According to the 6th paragraph,

ア．Gibson and Conway reported the data to the World Color Survey.

イ．Gibson and Conway visited 110 countries and did the same task as in Tsimane’.

ウ．in the color chart, the cooler-colored area is not as large as the warmer-colored area.

エ．there are more chips described as “blue” than the ones described as “red” in most languages.

(4) According to the 7th and 8th paragraphs,

ア．people bring warm colors into the background to make the object in the foreground stand out.

イ．people like warm colors such as “red” or “orange” more than cool colors such as “blue” or “green.”

ウ．Gibson thinks the main objects appealing to people tend to be warm colors.

エ．Gibson thinks the pictures with more warm colors are likely to come up high in the search results by Microsoft.

〈愛知県改題〉

18 ★★★

次の英文を読んで，あとの各問いの答えとして最も適切なものをア～エから選び，記号で答えよ。

Throughout history, both in Japan and in the West, women have experienced discrimination. In the home of Western culture, ancient Greece, both women and slaves had few rights, and it is only in the 20th century that women have had the right to vote in most Western countries. As for the East, two thousand five hundred years ago in China, Confucius said that daughters should obey their fathers, wives should obey their husbands, and mothers should obey their sons. In some ways this thinking still remains.

In the working world, it is more difficult for women in Japan to find a job than it is for men. Once they get a job, it is difficult to get a promotion or a responsible position. Often they are even pressured to quit if they get married or have a baby.

Women also experience sexual harassment and lower pay (on average 57% of men's pay). In North America, the situation is much better, but women are still not equal. Women make only about 75% of the salary that men do on average, and there are still very few women in high positions. Since the women's liberation movement of the 1960s, the situation of women in North America has improved considerably and Japan is slowly understanding these ideas. For instance, sexual harassment is now being talked about in Japan. This never happened in the past.

Within a family, traditional roles in both societies have had women doing housework while men went out to work. In North America, since women's liberation, more women are working, so they expect their husbands or children to do more housework. However, the average woman still does over 80% of the housework. In Japan, most women do an even greater share than this. In both societies, then, women continue to play traditional roles within the family. However, this is even more pronounced in Japan.

In North America, over half of all university students are women. In Japan too, more women than men continue studying after high school. However, according to the Ministry of Education, over half of the Japanese women who continue studying after high school go to junior colleges, while almost all male students who continue their studies go to universities. As more Japanese women choose university over junior college, this will change.

In North America, women tend to study languages and arts while subjects like engineering, science and accounting attract more men. In Japan, this difference is even more noticeable. However, this may be a natural thing. According to studies, women tend to be better at languages than men while men tend to be better than women with numbers. Although most people may think that North American women have more power than Japanese women, there are some areas where Japanese women have an advantage. For example, it is the woman in Japan who controls the family money. In North America, the woman has less power here. In fact, for any decision about the house, Japanese women have a lot of power. Also, while men are working, housewives experience a lot of freedom in their day-to-day life that men do not. In both societies, women are freer than men to express their emotions and their style. Men are very limited in the clothes they can wear compared to women; Japanese men, in their blue and gray suits, are even more limited than North American men. In a recent survey of Japanese men, "to be a woman" was the second most popular choice when they were asked what they would like to be if they were born again. A bird was their first choice.

Recently, women have begun to work at jobs that were traditionally done only by men. Likewise, men have begun to do jobs traditionally thought to be only for women. In North America, it is now common to see male flight attendants, nurses, and kindergarten teachers. It is also common to see women driving trucks, or working as lawyers. In Japan, female taxi drivers, lawyers, and carpenters are also becoming common, but certain occupations, such as company president, remain almost off-limits.

(1) Throughout history, how have women been treated in Japan?

ア. They have been treated without any discrimination.

イ. They have been considered inferior to men by birth and discriminated against.

ウ. They have still been worked as slaves.

エ. They have been supposed to obey the male members in their family.

(2) Which one of the next four is correct in describing women's working condition?

ア. It is difficult for women to find a job, to be sure, but once they find one, they easily get promoted.

イ. In Japan, every woman is forced to quit if she gets married or has a baby.

ウ. In North America, women's salary is only 75% of men's average salary.

エ. Nowadays women's situation in the office has considerably improved in North America while in Japan everything still remains unchanged.

(3) Within a family, how do women do housework in Japan and North America?

ア. In both societies, women do much more housework than men, and in Japan women are even busier than in North America.

イ. Women and their husbands share housework equally and women are freer than they used to be.

ウ. In both societies, they do less than half of the housework now.

エ. Most women work outside, leaving much of the housework to their parents.

(4) Why do women tend to study languages after high school?

ア. Because studying languages pay them more when they begin to work.

イ. Because they have more aptitude for languages than men.

ウ. Because most jobs other than those related to languages are not open to them.

エ. Because men usually don't like to study languages and leave it to women.

(5) Who has more power, Japanese women or North American women?

ア. It depends, of course.

イ. Japanese women do.

ウ. North American women do.

エ. Both have the same power.

(6) Which one of the next four is correct in describing jobs which men and women do?

ア. Women have begun to do more jobs than they used to do while men tend to stick to the tradition.

イ. In Japan, it is now common for men to work as flight attendants, nurses and kindergarten teachers.

ウ. Men and women do the same jobs, which are equally balanced.

エ. Even today, we see very few female company presidents in Japan.

〈富山県〉

19 ★★☆

次の英文を読んで，あとの各問いに対する答え，または続く語句として最も適切なものをア〜エから選び，記号で答えよ。

The first Dutch outpost in New Netherlands was made at Fort Orange (now Albany) in 1624; it became a depot of the fur trade. But the most important settlement was at the southern tip of Manhattan, commanding the great harbor at the mouth of the Hudson River. Peter Minuit, first governor-general of New Netherlands, "purchased" title to the island from the Canarsie Indians for the equivalent of twenty-four dollars worth of trinkets. However, the Canarsie Indians might be described as tourists from Brooklyn; Minuit had to make a later payment to the group that was actually resident there.

In 1626 engineers from Holland arrived in Manhattan to construct Fort Amsterdam. Within its rectangular walls, permanent houses were built, replacing the thatched dwellings of the original Manhattanites. The fort became the nucleus of the town of New Amsterdam. Soon Manhattan had its first skyline: the solid outline of the fort, the flagstaff, the silhouette of a giant windmill, and the masts of trading ships.

The Dutch West India company established dairy farms in the vicinity of New Amsterdam. Each morning, the cattle were driven to the "Bouwerie" (now the Bowery), a large open common in the city. Just southwest of the Bouwerie was the Bowling Green, a level area where the burghers played ninepins, the ancestor of modern bowling. The Bowling Green became the site of a cattle fair where livestock were marketed; beer and sausage was available from booths; cheese, lace, and linen were sold by farmers' wives; and Indian women sold baskets and other handicrafts. These colorful gatherings and other aspects of everyday life in New Amsterdam are described in Washington Irving's rollicking book, Diedrich Knickerbocker's History of New York.

The last and most powerful governor-general of New Netherlands was Peter Stuyvesant, famous for his temper and his wooden leg. He annexed the Swedish colony of Delaware and ordered the streets of New Amsterdam laid out in an orderly manner and numbered. He did his best to obtain military and financial aid from Holland against the British. When the British sent emissaries demanding the surrender of the colony, he wanted to fight. Four

British warships, commanded by Colonel Richard Nicolls, sailed into the harbor in 1664. The fort was long out of repair, and there was a shortage of ammunition. Stuyvesant had no choice but to surrender. New Netherlands became the British colony of New York, and New Amsterdam became New York City.

(1) What is the main topic of the first paragraph?

ア. The first Dutch settlement in New Netherlands.

イ. Peter Minuit's acquisition of Manhattan.

ウ. Tourism in Manhattan.

エ. The fur trade in Fort Orange.

(2) The second paragraph deals primarily with

ア. the permanent houses in Manhattan.

イ. the skyline of Manhattan.

ウ. the establishment of Fort Amsterdam.

エ. the thatched houses of the Indians.

(3) The third paragraph mainly describes

ア. aspects of everyday life in New Amsterdam.

イ. the origin of the game of modern bowling.

ウ. Washington Irving's book about New Amsterdam.

エ. a cattle fair where livestock were marketed.

(4) What does the fourth paragraph mainly discuss?

ア. The annexation of the Swedish colony of Delaware.

イ. The ordering of the streets in New Amsterdam.

ウ. A description of Peter Stuyesant and his accomplishments.

エ. Military and financial aid from Holland.

(5) Which of the following best describes the main point of the entire passage?

ア. A history of the British colony of New York.

イ. The origin and importance of the Cattle Fair.

ウ. European colonization in the New World.

エ. Forty years of Dutch rule in New Amsterdam.

〈和歌山県〉

20 ★★☆

次の英文を読んで，あとの各問いの答えとして最も適切なものをア～エから選び，記号で答えよ。

Research has indicated that dyslexia has biological origins, and most investigators now suspect that dyslexic children read poorly as a result of a highly specific language problem, sometimes called "phonological unawareness." Dyslexic children cannot easily learn to read because they have trouble associating printed letters with the sounds of speech. A similar problem occurs in congenitally deaf people who have mastered the linguistic complexities and subtleties of sign language but have trouble learning to read. Evidence also exists suggesting that the root cause for much dyslexia is a problem with processing very rapidly changing sensory stimuli. For example, studies have shown that dyslexic children have trouble making accurate distinctions between similar auditory signals. They often cannot hear the difference between speech sounds such as "pah," "dah," and "bah." Recently, differences have been noted between the visual pathways of dyslexics and those of non-dyslexics that suggest a comparable problem with fast-changing visual stimuli. Researchers have also found several other neuro-anatomical abnormalities in the temporal lobe and in other areas of the brain. All of these studies are extremely valuable in helping researchers understand the mechanisms underlying reading problems so that dyslexic children can be accurately identified and more efficiently helped.

(1) What is the main purpose of the passage?

ア. To explain the causes of dyslexia.
イ. To change current ideas about dyslexia.
ウ. To distinguish between dyslexia and congenital deafness.
エ. To distinguish between dyslexia and phonological unawareness.

(2) According to the passage, what does "phonological unawareness" mean?

ア. Abnormalitics in thc tcmporal lobc.
イ. Trouble with hearing and perception.
ウ. Problems associating printed letters and sounds.
エ. Inability to distinguish between auditory signals.

(3) According to the passage, what is the cause of dyslexia?

ア. A problem with fast-changing visual stimuli.

イ. A problem with rapid-changing auditory stimuli.

ウ. Other neuro-anatomical abnormalities in the temporal lobe and in other areas of the brain.

エ. All of the above.

(4) What does the author compare the problems of dyslexic children with?

ア. Dyslexic adults.

イ. The subtleties of sign language.

ウ. The visual pathways of other dyslexics.

エ. The problems of congenitally deaf people.

(5) Who would be most interested in this passage?

ア. Mathematicians.

イ. Educators.

ウ. Children.

エ. Astronauts.

〈神奈川県・横浜市・川崎市〉

21 ★★☆

Read the following passage and choose the best answer to each question. Answer on the basis of what is stated or implied in the passage.

China's most priceless treasures will come to Chicago for an unprecedented Field Museum exhibition, "Splendors of China's Forbidden City: The Glorious Reign of Emperor Qianlong. The Chinese were wonderfully receptive to the idea. They are interested in increasing international knowledge about China.

Emperor Qianlong was beloved in China. He was a Manchurian, an ethnic minority, whose family seized control in China in 1644, establishing the Manchu dynasty that reigned until the early 20th Century. He ruled during the greatest years of the dynasty, managing the richest empire in its time. Under his stewardship, marked by lowered taxes and increased support for arts and literature. China flourished.

Among the most startling objects featured in the exhibit paintings of Qianlong made by a Jesuit missionary priest, Rev. Giuseppe Castiglione. The emperor was anxious that his face be remembered after he died and realized that Chinese artists, classically trained, could not capture a recognizable likeness. He had long relied on Jesuit missionaries from Europe as advisers in diplomacy and in technical fields, like mathematics. So Qianlong asked the Jesuits to send him a good portraitist. Although the face of the emperor in Castiglione's paintings is realistically represented, the women in his paintings have a generic sameness to their faces.

When he was 17, Qianlong married a 15-year-old girl, Xiao Xian, who would become empress when he took the throne 8 years later. We know he was deeply in love, with Xiao Xian, but that did not deter him from following the custom of taking other "minor" wives. It was a glamorous, but perhaps not very happy life for the emperor's wives. Once they went to the palace, they were never allowed to leave again, were never allowed to own anything personal, and their families weren't allowed to visit them. Xiao Xian died when she was 35. The emperor was so heartbroken that he wrote poetry about her for the rest of his life. His marriages produced 17 sons and 10 daughters. When he voluntarily retired in 1795, he named his 15th-born son as the new emperor.

(1) When did Qianlong become emperor?
ア. When his family seized control in 1644.
イ. When he seized control in 1644.
ウ. When he got married.
エ. When he was in his twenties.

(2) Which of the following was true of Qianlong's family?
ア. They had ruled China for centuries before Qianlong took power.
イ. They were a vast ethnic majority of people living in China.
ウ. They started the Manchu dynasty and were in power in China for centuries.
エ. They were discriminated against by ethnic Chinese.

(3) What contribution did Jesuit missionary priests make during the Manchu dynasty?
ア. They converted people to Christianity.
イ. They helped the emperor as advisers in technical fields.
ウ. They set up the silk trade between Europe and China.
エ. They taught classical painting to Chinese artists.

(4) Which of the following statements about Emperor Qianlong is true?
ア. He was the last emperor.
イ. He was overthrown at the end of the 18th century.

ウ. He was overthrown by his son.

エ. He contributed greatly to Chinese society.

(5) Which of the following statements about Qianlong's experience with marriage is true?

ア. He couldn't forget his first wife even after she died.

イ. He read poetry to his wife.

ウ. He was very generous and allowed his wives to have many nice possessions.

エ. Since he loved only one woman he declined to have multiple brides.

〈沖縄県〉

22 ★★☆

説明文ア〜オのうち, 次の英文の内容と合致しないものを1つ選べ。

Permafrost in Canada, Alaska, and Siberia is abruptly crumbling in ways that could release large stores of greenhouse gases more quickly than anticipated, researchers have warned.

Scientists have long fretted that climate change, which has heated Arctic and subarctic regions at double the global rate, will release planet-warming carbon dioxide and methane that have remained safely locked inside frozen landscapes for millenniums. It was assumed this process would be gradual, leaving humanity time to reduce carbon emissions enough to prevent a vicious circle of melting ice and global warming. But a study published in Nature Geoscience says projections of how much carbon would be released by this kind of slow and steady thawing overlook a less well-known process whereby certain types of icy terrain disintegrate suddenly, sometimes within days.

"Although abrupt permafrost thawing will occur in less than 20 percent of frozen land, it increases permafrost carbon release projections by about 50 percent," said lead author Merritt Turetsky, head of the Institute of Arctic and Alpine Research in Colorado.

Permafrost contains rocks, soil, sand, and pockets of pure ground ice. Its rich carbon content is the remains of life that once flourished in the arctic, including plants, animals and microbes. This matter — which never fully decomposed — has been frozen for thousands of years.

It stretches across an area nearly as big as Canada and the US combined and holds 1.5 trillion tons of carbon, twice as much as in the atmosphere and three times the amount humanity has emitted since the start of industrialization. Some of this once rock-solid ground has begun to soften, upending indigenous communities and threatening industrial infrastructure across the subarctic region, especially in Russia.

The evidence is mixed as to whether this permafrost has started to vent significant quantities of methane or carbon dioxide. Projections are also uncertain, with some scientists saying future emissions may be at least partially offset by new vegetation, which absorbs and stores carbon dioxide. But there is no doubt, experts say, that permafrost will continue to give way as temperatures climb.

ア．永久凍土層は炭素含有量が豊富である。
イ．研究者たちは，温室効果ガスが放出される速さに驚いている。
ウ．新しい植物は二酸化炭素を吸収・貯蔵することができ，それにより将来の排出量を部分的に相殺できる可能性がある。
エ．一部の永久凍土層が溶け始め，そのおかげでロシアの先住民のコミュニティが繁栄している。
オ．地球温暖化により，永久凍土層の崩壊が悪循環を生むだろう。

〈島根県改題〉

23 ★★★

次の英文を読んで，あとの各問いに答えよ。

Almost every fast food restaurant in Colorado Springs has a banner or sign that says “Now Hiring.” (ア)The fast food chains have become victims of their own success, as one business after another tries to poach their (イ)teenage workers. Teenagers now sit behind the front desk at hotels, make calls for telemarketers, sell running shoes at the mall. The low unemployment rate in Colorado Springs has made the task of finding inexpensive workers even more difficult. Meanwhile, the competition among fast food restaurants has increased. Chains that have competed in the city for years keep opening new outlets, while others are entering the market for the first time. Carl’s Jr. has come to Colorado Springs, opening stand-alone restaurants and “co-branded” outlets inside Texaco gas stations. When a fast food restaurant goes out of business, a new one often opens at the same location, like an army that’s seized the outpost of a conquered foe. Instead of a new flag being raised, a big new plastic sign goes up.

Local fast food franchisees have little ability to reduce their fixed costs: their lease payments, franchise fees, and purchases from company-approved suppliers. Franchisees do, however, have some control over wage rates and try to keep them as low as possible. The labor structure of the fast food industry demands a steady supply of young and unskilled workers. But the immediate needs of the chains and the long-term needs of teenagers are fundamentally at odds.

At Cheyenne Mountain High School, set in the foothills, with a grand view of the city, few of the students work at fast food restaurants. Most of them are white and upper-middle class. During the summers, the boys often work as golf caddies or swimming pool lifeguards. The girls often work as babysitters at the Broadmoor. When Cheyenne Mountain kids work during the school year, they tend to find jobs at the mall, the girls employed at clothing stores like the Gap or the Limited, the boys at sporting goods stores like the Athlete's Foot. These jobs provide discounts on merchandise and a chance to ①visit with school friends who are out shopping. The (ウ)(a job / pay / is / often / than / social status / important / of / its / less). Working as a hostess at an upscale chain restaurant like Carriba's, T.G.I. Friday's, or the Outback Steakhouse is considered a desirable job, even if it pays minimum wage. Working at a fast food restaurant is considered bottom of the heap.

Jane Trogdon is head of the guidance department at Harrison High School in Colorado Springs. Harrison has the reputation of being a "rough" school, a "gang" school. The ②rap is not entirely deserved; it may have stuck because Harrison is where many of the city's poorest teenagers go to school. Harrison is where you will find an abundance of fast food workers. About 60 percent of the students come from low-income families. In a town with a relatively low minority population, only 40 percent of the students at Harrison are white. The school occupies a clean, modern building on the south side of town, right next to I-25. From some of the classroom windows, you can see the cars zooming past. On the other side of the interstate, a new multiplex theater with twenty-four screens ③beckons students to cut class.

Teachers often don't want to teach at Harrison, and some don't last there for long. Jane Trogdon has worked at the school since the day it opened in 1967. Over the past three decades, Trogdon has observed (エ)tremendous changes in the student body. Harrison was always the school on the wrong side of the tracks, but the kids today seem poorer than ever. It used to be, even in many low-income families, that the father worked and the mother stayed home to raise the children. Now it seems that no one's home and that both parents work just to make ends meet, often holding down two or three jobs. Many of the kids at Harrison are on their own from an early age. Parents increasingly turn to the school for help, asking teachers to supply discipline and direction. The teachers do their best, (　オ　) a lot of disrespect from students and the occasional threat of violence. Trogdon worries about the number of kids at Harrison who leave school in the afternoon and go straight to work, mainly at fast food restaurants. She also worries about the number of hours they're working.

Although some students at Harrison work at fast food restaurants to help their families, most of the kids take jobs after school in order to have a car. In the suburban sprawl of Colorado Springs, having your own car seems like a necessity. Car payments and insurance easily come to $300 a month. As more and more kids work to get their own wheels, (　カ　) participate in after-school sports and activities. They stay at their jobs late into the night, neglect their homework, and come to school exhausted. In Colorado, kids can drop out of school at the age of sixteen. Dropping out often seems tempting to sophomores who are working in the "real world," earning money, being eagerly recruited by local fast food chains, retail chains, and telemarketers. Thirty years ago, business didn't pursue teenage workers so aggressively. Harrison usually has about four hundred students in its freshman class. About half of them eventually graduate; perhaps fifty go to college.

When Trogdon first came to work at Harrison, the Vietnam war was at its peak, and angry battles raged between long-haired students and kids whose fathers were in the military. Today she senses a profound apathy at the school. The ⑷turmoil of an earlier era has been replaced by a sad and rootless anomie. "I have lots and lots of kids who are terribly depressed," Trogdon says. "I've never seen so many, so young, feel this way."

⑴　下線部(ア)について，その理由を日本語で書け。

⑵　下線部(イ)teenage workersとほぼ同じ意味の英語を，本文中から4語で抜き出せ。

(3) 下線部①～④を別な英語で言い換えた時，最も適当なものはどれか，それぞれA～Dから1つ選び，記号で答えよ。

① visit with

A．play with　B．call on　C．talk with　D．have respect for

② rap

A．tap　B．admiration　C．blame　D．difficulty

③ beckons

A．seduces　B．forces　C．persuades　D．forbids

④ turmoil

A．atrocity　B．disturbance　C．anger　D．happiness

(4) 下線部(ウ)の（　　　）内の語句を，文脈に合うように正しく並べかえよ。

(5) 下線部(エ)の具体例を，下線部(エ)を含む段落から3つ選んで日本語で書け。

(6) 文中の（　オ　），（　カ　）に適当な1語を入れよ。ただし，（　オ　）には前置詞を入れよ。

(7) 本文の内容に合うものを次のA～Hから2つ選び，記号で答えよ。

A．When a new fast food restaurant opens in Colorado Springs, it raises a new flag to attract people.

B．There are some conflicts over wages between the local franchisees and the company-approved suppliers.

C．The students at Cheyenne Mountain High School may think it shameful to work at a fast food restaurant.

D．Harrison High School is financially supported by a fast food restaurant, so they can have a clean and modern building.

E．Jane Trogdon is head teacher at Harrison High School, working hard to improve the present circumstances of the school.

F．Most of the students at Harrison start to work at fast food restaurants to help their families, and then probably drop out of school.

G．About one-eighth of the students at Harrison possibly go to college.

H．Thirty years ago, students seldom took jobs after school and could devote themselves to doing homework.

〈福島県〉

24 ★★★

次の英文を読んで，あとの各問いに答えよ。

Genetic mutation, interacting with the demands of natural selection, gave rise at a certain stage to a new species of organism, one that could think and speak: *homo sapiens*. By virtue of their analytical and communicative skills human beings were able to change their relationship to their environment to some extent, pooling resources, migrating, protecting themselves against nature's ①elements, and even molding the environment to their own conscious wishes, thereby altering the demands of natural selection. From the first hominids the species developed slowly to the point that its members devised agricultural systems, apparently only within the last 10,000 years. More recently they invented the wheel and primitive machines, began to smelt and shape metals, and finally devised the whole ②apparatus of modern, industrial society. In the development from the earliest hominid forms, some genetic changes have occurred, brought about by chance mutations and ③perpetuated by natural selection. The changes in available skills and machines arose not so much through processes of mutation and natural selection, however, as through analytical advances ④propagated through cultural development and communicated traditions. Cultural evolution does not negate biological evolution but ⑤superimposes itself on it. Cultural traditions complementing the slower biological processes have led to some highly refined achievements, as manifested in the plays of Sophocles and Shakespeare, Beethoven's string quartets, the paintings of Vermeer, the ingenuity of Watson and Crick, Truffaut's movies, and even more everyday things like chess matches, crossword puzzles, and soccer games. The cultural traditions that give rise to such achievements depend on a rich communicative system. The key to cultural evolution is the human mind, particularly that aspect of it which is responsible for the linguistic capacity. This is what enables people to (　ア　) machines, to (　イ　) native ingenuity for conceptual novelties, to (　ウ　) in complex cooperative enterprises, to think abstractly, to (　エ　) past experiences and (　オ　) them as a basis for generalizations and predictions for the future, and even to (　カ　) individual emotions in a form that can be interpreted collectively in a theater or a concert hall. Not all of these properties are unique to human beings, but human language differs fundamentally from the communication systems of other animals. Bird songs, for example, convey only a very limited range of messages, whether they are fully inherited, as with the European cuckoo, or learned in the nest, as with the male bullfinch or the nightingale. Even chimpanzees, with brains physically similar in some ways to man's and perhaps also with an ability to represent things with symbols, can use "words" and sign language — features of human language — only in a highly restricted way, even after elaborate training (although popular literature sometimes depicts them curiously as having the same capacity as human beings but simply failing to exercise that capacity by some remarkable accident). Chimpanzees may be able to communicate with each other in ways that we do not understand, but those ways, whatever they are, differ from the ways in which human beings use language. Human language is unique in its flexibility and creativity. It provides a means of expressing ideas, of knowing the world symbolically and of communicating this knowledge. A human being does not have to live through an experience personally in order to know it, and novel experiences, generalizations, thoughts, and predictions can be communicated in elaborate detail. The capacity for symbolic language provides the basic means for our cultural evolution.

(1) 下線部①〜⑤の単語の意味として最も適当なものを，次のA〜Jから選び，記号で答えよ。ただし，動詞については全て原形の定義とした。

A. the forces that constitute the weather, especially severe or inclement weather

B. the substances which were formerly regarded as fundamental constituents of the universe

C. a group of related parts that work together as a whole for a particular purpose

D. a set of equipment, tools, materials, etc. that work together for a particular purpose

E. to add something as a distinct feature, factor, or quality

F. to communicate a message or information, with or without using words

G. to make something exist that did not exist before

H. to get a quality, type of behavior, appearance, etc. from one of your parents

I. to prolong the existence of something

J．to transmit characteristics from one generation to another

⑵　文中の（ア）～（カ）に入る動詞として最も適当な語を，次のA～Fから選び，記号で答えよ。

A．categorize　　B．develop　　C．engage
D．exploit　　E．express　　F．recall

⑶　本文の内容に合うものを次のA～Gから2つ選び，記号で答えよ。

A．The demands of natural selection enabled human beings to redeem the slow pace of biological development.

B．Both genetic mutation and the demands of natural selection equally played important roles in bringing about the advent of human beings.

C．Had it not been for chance mutations, human beings could have advanced its analytical competence over other organisms.

D．Fine art is one of the typical manifestations of the ability that genetic changes have furnished human beings with.

E．Cultural evolution was made possible by the aspect of the human mind that contributes to the human communication systems.

F．Chimpanzees are unique in the ability to use words and sign language as elaborately as human beings.

G．The flexibility and creativity of the human mind are the indispensable properties in determining how successfully our culture has developed.

〈福島県〉

25 ★★★

Read the following passage and answer the questions below.

Countries that trade more grow faster, according to evidence emerging from case studies of trade liberalization and from large cross-country and time-series econometric studies. Although the links from specific trade policy instruments to trade outcomes and growth is less clear, the basic association between increased trade and growth is clear. (　A　) Even when trade raises average incomes, its effects on poverty will depend on whether poverty in a given country is sensitive to growth in average incomes, and on how the increase in trade affects the distribution of income in the country. The first of these issues is empirically well understood. The sensitivity of poverty to growth in average incomes depends in an important way on initial inequalities in a country (Ravallion 1997). When incomes and opportunities are distributed relatively equally, the effect of growth on poverty is larger than when initial inequality is high. (B)

More interesting and potentially more important are the effects of increased trade on the distribution of income. Almost by definition, if increased trade disproportionately benefits the poor, poverty will fall faster than if trade disproportionately benefits the nonpoor. Understanding the likely distributional consequences of trade liberalization is therefore crucial to understanding the overall effects of trade on poverty. In many cases, there are very direct channels through which trade liberalization is likely to disproportionately benefit the poor. For example, agricultural trade liberalization that allows previously suppressed prices of agricultural goods to rise to world levels will benefit farmers, who are net producers, but will hurt consumers. If farmers are more likely to be poor, the liberalization will be, on average, pro-poor. Similarly, reductions in tariffs on manufacturers will hurt previously protected urban workers, who in many developing countries are likely to be relatively well off, but will benefit poorer consumers of their products by lowering prices. (C) At the same time, however, the distributional consequences of trade liberalization can also work against poor people. For example, reductions in tariffs imply reductions in trade tax revenues that can be important in developing countries that rely disproportionately on this source of revenue. To the extent that public spending disproportionately benefits poor people (and this is by no means universal), reductions in tax revenues that accompany trade liberalization can have adverse distributional consequences. (D)

The likely distributional consequences of trade liberalization, therefore, are complex and country-specific. Determining whether a given action would be pro- or anti-poor requires careful analysis. Looking back across countries, there is little evidence that increased trade is systematically associated with either increases or decreases in inequality.

On average, trade can be a powerful force for poverty reduction, especially over longer horizons where the cumulative effects of growth on incomes of the poor are large. But this will not be true for all countries at all times — underscoring the importance of complementary pro-poor policies at the country level to ensure maximum positive effects in every situation.

Global Economic Prospects 2004 (The World Bank)

(1) In which of the marked locations should the following sentence be put?

Thus, growth associated with increased trade (or from any other source) is likely to have larger proportional effects on poverty in countries where initial inequality is low.

ア. (A) イ. (B) ウ. (C) エ. (D)

(2) According to the passage, which is the correct statement?

ア. When trade raises average incomes, its effects on poverty will depend not on the distribution of income but on the sensitivity of poverty to growth in average incomes.

イ. The effect of growth on poverty is limited when incomes and opportunities are distributed relatively equally.

ウ. In many cases, trade liberalization will benefit both farmers and urban workers, but hurt poorer consumers.

エ. While trade liberalization is likely to disproportionately benefit the poor, it can work against them because of reductions in trade tax revenues.

(3) According to the passage, which is the correct statement?

ア. Large cross-country and time-series econometric studies show that trade can be a powerful force for reducing poverty for all countries at all times.

イ. Complementary pro-poor policies at the country level are important to ensure maximum positive effects in every situation.

ウ. Looking back across countries, trade liberalization is not a good policy because it is too complex and country-specific to be realized.

エ. According to evidence emerging from case studies of trade liberalization, it is evident that increased trade is systematically connected with increases in inequality.

(4) Which is the most appropriate as a title for this passage?

ア. The sensitivity of poverty to growth

イ. The distribution of income

ウ. Trade outcomes and growth: how do they work?

エ. Trade and poverty: what are the links?

〈東京都〉

26 ★★★

次の英文を読んで，あとの各問いに答えよ。

The motion picture, one of the most popular forms of entertainment throughout the world, is both an art and an industry; it is a means of expression and a means of making money. This is why the making of a commercial motion picture requires a collaboration between people whose interests often conflict. Perhaps it is this tension, this uneasy but exciting union between art and business, which makes the movies so dynamic and also so inconsistent in content and quality. One film may offend us because it seems to use contemporary issues or new technological devices simply to get people to buy tickets. Another film, however, may move us deeply or make us aware of the artistic use of cinematic techniques.

The motion picture is a highly complex art form which combines many other arts. The filmmaker is a writer using language, a musician using music. He is a painter concerned with composition, light, and color. He is a sculptor molding forms in space, a choreographer shaping human movement. With the camera as the major tool, the filmmaker recreates the external world. Using the camera and putting pieces of film together or separating them in the editing process, the filmmaker powerfully controls time and space. A gunfight can become a ballet in slow motion. The act of climbing a short flight of stairs can be extended to seem like an endless journey, and an airplane can be made to cross continents in seconds. In the theatrical film, the filmmaker uses these and many other artistic techniques to tell a story.

Not all films are made to tell stories or to be shown in theaters. Filmmakers can also use their craft for other purposes than to create a work of art and entertainment. Educational films are made for schools, training films for industry. Advertising films are made to sell anything from automobiles to political candidates. Documentary films present factual events or circumstances of a social, political, or historical nature.

Because of the many different purposes involved in the making of movies, filmmakers may choose to emphasize their artistry or they may want it to seem invisible.

In its various forms from fiction to documentary, the motion picture has become a significant element of contemporary culture. It is an art form which reaches millions of people from all social classes. Movies have influenced current standards of beauty and have set dress fashions. They have created national myths; the American frontier in films, for example, is not really the frontier of historical fact. Movies have shown viewers other countries and broadened their awareness of different life-styles. But movies have also kept alive stereotypes and prejudices. Some critics have accused recent films of encouraging violence and sexual promiscuity in American society. Others suggest that watching violence and promiscuity in films helps antisocial viewers to safely rid themselves of aggressive feelings.

Interest in the relationship of films to American culture is as old as the interest in film itself. But interest in other areas of film scholarship is more recent. During the 1960s, there was an enormous growth in the number and types of film classes offered in American colleges and universities. In some schools, students concentrate on learning how to make films. In many other schools, classes deal with the history of film as an art form and with the study of film theory, aesthetics, and criticism. Film is also studied in more general courses in the humanities. Scholars now analyze the work of important directors. They examine the structures and conventions which create film groups or genres like the western and gangster films. Film study has become a respected academic discipline. Competing with television since the early 1950s, the American film industry has changed dramatically. So have films themselves. But whatever changes are brought about, motion pictures will always remain an important American art form and a significant cultural force.

(1) 本文の内容について，次の問いに英語で答えよ。

問1 How are movies affected by the tension between art and business in filmmaking?

問2 What kind of artists should filmmakers play in making motion pictures? List some examples.

問3 How do filmmakers control time and space?

(2) 本文の内容について，次の問いの答えとなる最も適切な英文を，ア～エから選び，記号で答えよ。

Why has the motion picture become a significant element of contemporary culture?

ア. Because the filmmaker uses many artistic techniques to tell a story.

イ. Because it has influenced what people think is beautiful and stylish.

ウ. Because it helps antisocial viewers get rid of their aggressive feelings.

エ. Because the movies are a means of making money.

(3) 本文の内容と合うものをア〜オから2つ選び，記号で答えよ。

ア. People only make films in order to tell a story.

イ. Film study is not yet a popular subject in American colleges and universities.

ウ. Even though the American film industry goes through many changes, motion pictures will always have an important influence on contemporary culture.

エ. The motion picture is just an industry where the only goal of the movie makers is for people to buy tickets.

オ. People who watch movies can learn about different countries and different cultures.

(4) 本文を参考にして，次の問いに70語前後の英語で答えよ。

Do you think that motion pictures make a positive contribution to modern life? Or do they generally have a more or less negative influence on human behavior? What is your opinion?

〈北海道・札幌市〉

27 ★★☆

次の英文中の下線部分①〜④の意味を，それぞれ日本語で書け。

(1) Your own future will not be affected by your performance in tests. If you felt any negative emotions caused by unclear instructions, time pressure and unfamiliarity with the test type and so on, imagine the pressure on students who find themselves in a situation where their future careers are dependent on test performance. What effect do you think bad testing would have on them?

①As teachers we must, as far as we can, try to avoid creating negative reactions in the classroom testing we get involved in. It is all too easy to set tests which are inappropriate and beyond the abilities of our students. Your experience in understanding the letter in Welsh may well mirror that of some students faced with some texts in English. We should always test for best, i.e. give students the chance to demonstrate their optimal ability.

②Classroom testing should not be divorced from the teaching that precedes it. Achievement testing should be firmly rooted in previous classroom experiences in terms of activities practised, language used, and criteria of assessment employed.

(2) Now, linguistic competence involves not just being able to communicate meaning but, in that process, conforming to linguistic (i.e.grammatical and lexical) norms as well. ③Although learners in a task-based classroom can get their meaning across by means of ungrammatical expressions, task-based teaching is meant to enable them to achieve, in due course, grammatical conformity in their use of language. Grammatical conformity in language use is thought to arise from the operation of some internal system of abstract rules or principles, and it is the development of that system that task-based activity is intended to promote. While, that is to say, learners are engaged in an effort to understand and express meaning, a process of internal system-development is hypothesized to go on at a subconscious level of their minds. ④This process of system-building is thought to be activated or furthered by immediate needs to understand and express meaning but, once activated, capable of going beyond what is strictly called for by those immediate needs, achieving grammatical conformity in addition to communication.

〈新潟県〉

28 ★★☆

次の英文を読んで，あとの各問いに答えよ。

①This word is a shortened form of a term indicating the increasingly high technology nature of the financial world. It originally referred to the new financial activities of modern businesses, and is a shortened form of the term "financial technology". ②Having your saved capital accumulate on its own is a thing of the past. ③In the contemporary period, how a company utilizes its assets and how well it manages its funds is its key to survival. This trend has widened to include individuals, as well as companies. Interest rates are low no matter which financial institution you keep your money in, and if you cancel your account, you will be taxed so that it's easy to be left with less money than you originally banked.

(1) 下線部①は具体的にどういう言葉をさすのか，日本語で書け。

(2) 下線部②，③を日本語に訳せ。

(3) 下線部③が個人的にも大切である理由を30字程度の日本語で書け。

〈佐賀県〉

29 ★★★

次の英文を読んで，あとの各問いに答えよ。

Lots of people — even some doctors — think of diabetes as just a “sugar disease”, a failure of the body to manage the levels of glucose in the blood. But as a growing number of studies have shown, folks with diabetes have to do a lot more to stay healthy than control their blood sugar. They need to take extra care to make sure that their blood pressure and cholesterol levels stay well within the normal range. To that end, the ACP, the American College of Physicians issued new guidelines recently that will help ensure that doctors treating diabetics take (ア)these aspects of the condition into account.

For reasons that are not entirely clear, diabetes triggers a wide range of health problems. Uncontrolled glucose levels increase the risk of blindness, kidney disease and nerve damage. On top of that, the sixteen million Americans who have (イ)Type2 (once known as adult-onset) diabetes are much more likely than the general population to develop high blood pressure, which increases their risk of heart disease and stroke. Indeed, high blood pressure appears to be even more damaging in diabetics than in nondiabetics. And yet, says Dr. Vincenza Snow of the ACP, “we found that blood pressure was being slightly overlooked” by doctors.

Normal blood pressure is from one hundred and forty to ninety mm Hg or lower; (ウ)the new guidelines suggest that diabetics set their goal somewhat below that, at about from one hundred and thirty-five to eighty mm Hg, which studies have shown is safer for them. If you can’t get your blood pressure that low, (エ)even a drop of a few points can make a big difference.

Of course, any time you’re trying to prevent heart disease, you have to take cholesterol into account. The ACP hopes to publish new guidelines on cholesterol levels for diabetes within the next year. But (オ)the National Institutes of Health and American Diabetes Association are already advising diabetes to try to keep their levels of IDI, the so-called bad cholesterol, below one hundred mg/dL. Note that this number is different from total cholesterol, which shouldn’t be more than two hundred mg/dL.

Diabetics still have to keep an eye on their glucose levels, and nowadays that means more than just the traditional glucose test that measures blood-sugar levels. (カ)The new gold standard is the A1C test, which measures levels of a substance in the blood called hemoglobin A1C. The A1C test tells you how well you've been controlling your glucose levels for the past three months. The FDA has approved several A1C monitors for home use; the ideal A1C number for diabetics is less than seven percent. Human nature being what it is, many patients with Type2 diabetes get serious about taking their medication only the day before their doctor's appointment so that they can pass the test. The growing use of A1C tests — at home and at the doctor's office — may help put a stop to (キ)such self-defeating habits. (ク)Managing diabetes demands more of a commitment from patients than almost any other illness. But if you work on your ABCs — A1C, blood pressure and cholesterol — your chances of staying healthy can only improve.

(1)　下線部(ア)がさす具体例を本文中から２つ英語で抜き出せ。
(2)　下線部(イ)のもつ傾向について具体的に病名をあげて日本語で説明せよ。
(3)　下線部(ウ)の具体的な内容について数値をあげて日本語で説明せよ。
(4)　下線部(エ)は具体的にはどういうことか，日本語で書け。
(5)　下線部(オ)の助言内容を具体的に日本語で書け。
(6)　下線部(カ)の理由を日本語で書け。
(7)　下線部(キ)の具体的な内容を日本語で書け。
(8)　下線部(ク)を日本語に訳せ。
(9)　次に定義する単語を本文より抜き出せ。
　(i)　to start another action or cause something to happen
　(ii)　to make safe or certain
　(iii)　the ceasing of a part of a body to function
(10)　次の質問に英語で答えよ。
　問1　How many patients of Type2 are there in the United States? — There are (　　　　).
　問2　What kinds of diseases does uncontrolled glucose cause? — It causes (　　　　).
　問3　According to Dr. Snow of the ACP, how was the issue of blood pressure for diabetics regarded by doctors? — (　　　　).
　問4　What is a well-known disease which begins after people become adult? — (　　　　) is.

〈佐賀県〉

30 ★★☆

次の英文を日本語に訳せ。

The Information Age has arrived. In the years ahead, new, more sophisticated software technologies are going to bring civilization ever closer to a near-workerless world. In the agricultural, manufacturing, and service sectors, machines are quickly replacing human labor and promise an economy of near automated production by the mid-decades of the twenty-first century. The wholesale substitution of machines for workers is going to force every nation to rethink the role of human beings in the social process. Redefining opportunities and responsibilities for millions of people in a society absent of mass formal employment is likely to be the single most pressing social issue of the coming century.

〈山梨県〉

31 ★★☆

次の英文中の下線部分をそれぞれ日本語に訳せ。

(1) ①In adopting a communicative approach, it does not appear possible to separate issues of curriculum and methodology from issues of classroom interaction and environment. Real communication is a shared activity which requires the active involvement of its participants, who must all exercise what we can call "communicating initiative" in guiding that communication. ②If it is our intention to provide opportunities for students to communicate realistically in class, we have a responsibility to create an atmosphere in which communication is possible, one in which students can feel free to take communicating initiative and are motivated to do so. Making classes "student-centered" can contribute to creating such an atmosphere.

(2) Many aspects of language study may be tested-at a number of levels and in a variety of ways. ③The selection of material for a test and the way this material is to be tested will depend on the purposes of the test, as determined by course objectives.

The teacher will need to reflect on questions like following. What are the objectives of this course? What kinds of competencies do I want these students to be able to demonstrate? ④Is the test intended to indicate how well certain material has been learned by the students, or is it an elimination test to select a few outstanding candidates from a large group of students from different institutions? Is the test to be the determining factor in placing a new student in a class at the appropriate level? Is the test being given with a special intent, such as selecting those who will be most efficient as oral interpreters or those who are likely to be successful as translators of articles for scientific journals?

〈新潟県〉

32 ★☆☆

次の英文を日本文に訳せ。

"Caring for people" might remind you of Sunday school, but it wouldn't be smart to judge too quickly. Don't you like to be loved, cared for and liked? True care for people makes sense because it brings results you like, but you can only know that by doing it. People who practice real heart care find it much more profitable to them than all the money in the world. Money would be no fun if everyone disliked you. Putting your real heart first brings you care and then money is an add-on. This might sound sweet, but it is street sense. That's how your heart computer works.

〈山梨県〉

33 ★★★

次の英文を読んで，あとの各問いに答えよ。

This could be an age of ①"voiceless conversation" for some people. I am referring to those iniquitous young women on trains staring into hand mirrors and applying makeup, and others clicking away their cell phone buttons to send or check e-mail messages. I might say the former are "communing" with themselves. The latter are obviously "conversing" with people.

Imagine the following scene: Two buddies go into a coffee shop. As soon as they are seated, they take out their cell phones and e-mail each other. "What are you having?" asks one. "Iced tea," replies the other, all in a face-to-face but silent conversation. Who knows, this could become normal behavior for men and women having their first *omiai* (arranged marriage) dates with their prospective spouses.

I receive letters from readers of this column. Some letters — though only a few — have begun to bother me lately. ②They are letters in which people comment on some particular sentence or phrase I used in my column, obviously taking them out of context. I suspect their failure to grasp the overall context has to do with today's Internet and e-mail culture. I think people have become too quick to sort necessary information from what they consider unnecessary, and quite prone to react emotionally to what they read. As a result, their reactions to other people's writing have become fragmentary — or at least this is how I assess the situation a someone of the print media generation.

A long-distance bus driver was recently caught for drunk driving. A young woman who was one of the bus passengers reportedly kept e-mailing her mother throughout her ordeal. ③This told me anew that we are indeed in an Internet era, of people reflexively turning to their mobile Net tools to tell others accurately and succinctly what they are going through.

I imagine people of the e-mail generation are probably conversing more than the older print media generation. ④But observing those young people "talking" silently by e-mail to keep up human communication, I sense their vague loneliness that is different from the sort of loneliness I can relate to.

(1) 下線部①の"voiceless conversation"とはどのような会話をすることか，具体的な例をあげて日本語で書け。

(2) 下線部②を日本語に訳せ。

(3) 下線部③の表す内容を具体的に日本語で説明せよ。

(4) 下線部④を日本語に訳せ。

(5) 「Today's Internet and e-mail culture」について，自分の考えを30語以上の英語で書け。ただし，2文以上になってもよい。

〈秋田県〉

34 ★★★

次の英文を読んで，あとの各問いに答えよ。

One day, I was having a cup of coffee with some friends, when they began to complain about being bored. "Now that my children go to school every day," said one middle-aged housewife, "I just don't know what to do with myself during the day." "I go drinking almost every night with people from the company," added an office worker. "Simply because there's really nothing else to do."

①These complaints seemed incredible to me. I simply could not understand how anyone could possibly be bored, or how someone could have free time and be at a loss as to how to use it. The reason is that there is so much of interest to learn in the world around us, and nowhere near enough time to learn it in.

Unfortunately, many people think of learning as something that goes on in a classroom. True, we do learn much of our basic knowledge at schools. I myself, with a B.A., M.A. and Ph.D, have spent about 20 years studying at various schools and universities. Learning, however, should not stop when one leaves the classroom. On the contrary, the really fun and ②[education / learning / interesting / actually / formal / leaves / begins / off / where].

This sort of self-learning, called *dokugaku* in Japanese, is very different from the learning of (③). In formal education, although we can choose our fields of study, the actual content of the lessons is always constricted by textbooks, curriculums and tests. Self-learning, on the other hand, is totally free and open. There are no constraints or boundary lines to limit or channel our interests. This means that ④not only can we choose from a virtually unlimited menu of subjects, but also that we can change or redirect our learning at will.

Just to give a few examples, my own self-learning; for the moment at least, includes geography and geology; botany and ethnobotany; zoology, especially entomology and marine biology; and folk beliefs and spirituality. These are all topics that I have never studied formally at school, but have developed an interest in later on in life. Needless to say, in any one of these topics, there is much more than I could possibly learn in 100 lifetimes. The point of self-learning, however, is not to master a subject thoroughly, but to allow one's curiosity to take the lead. While in formal education or in the world of academics ⑤this approach would be frowned on, in self-learning, everything is left up to the interests of the individual.

(1)　下線部①の理由を50字以内の日本語で説明せよ。

(2)　②の［　　　］内の語を意味が通る文になるように正しく並べかえて書け。

(3)　③の（　　）に入る適切な英語1語を本文中から抜き出して書け。

(4)　下線部④を日本語に訳せ。

(5)　下線部⑤の表す内容を具体的に日本語で説明せよ。

〈秋田県〉

35 ★★★

次の英文を読んで，あとの各問いに答えよ。

All our basic energy sources, except the very newest ones like ①atom-splitting, derive from the sun.

The sun's heat serves as the energy source, or "motor," for the earth's water cycle. In the same way that the heat of the stove (A) steam to rise from the kettle spout, the heat of the sun draws up water from the earth in the form of vapor, or gas.

You can't watch water vapor rising because it is as invisible as the air itself, but the sun draws up 16 million tons of water vapor every second from the earth's oceans, lakes, and streams.

This water vapor rises until it reaches a level where the air grows cooler. There it condenses into the drops of moisture we see as clouds and finally falls to Earth again in the form of rain or snow, filtering underground in many places. Much of this underground water comes out on the surface again. Even an immense river like the Mississippi begins as a series of springs that gradually flow together.

The rivers flow back to the oceans, thus returning the water to its starting point to be picked up once again by the sun's heat. It is the motion of the water on the way back to the ocean that gives us our water power, the power turning many of the dynamos that produce the electricity we depend on for so many things in our daily lives. A visit to the Grand Canyon makes the great force of running water very clear. The moving water of the Colorado River had enough energy to (B) out one of the most astounding gorges in the world — a mile deep and, in some places, more than 15 miles wide.

While ②the sun's heat keeps the waters of the earth moving on their endless rounds, the sun's light provides the fuel for another energy cycle. All our food, the energy source for people and animals to grow and use their muscle power, goes back to sunlight. ③With the help of sunlight, plants can perform the magic of creating life, changing nonliving substances — water and carbon dioxide gas in air — into living cells. This remarkable change supplies the fuel that all living, or animate, energy depends on.

Plants make the basic food, some animals eat plants, and others eat the plant-eaters: a bug in the water nibbles on a green leaf, the fish snaps up the bug, and the fisherman catches the fish for dinner. With every bite of food we take, we are actually eating sunlight.

We not only eat sunlight but we burn it. When a piece of wood is put into the fire, it will (C) energy in the form of heat; this energy was originally sunlight stored up by the tree as carbon compounds. Nor is wood the only fuel that gets its store of energy from sunlight. The veins of coal that we mine today were living plants many millions of years ago. Some of the plants were great leafy ferns, as big as trees, that could have shaded a huge dinosaur. Great amounts of pressure and heat as the earth's surface shifted through the ages compressed the remains of these plants into the coal now used as a key energy source. The earth's oil and natural gas supplies have ④the same kind of history. As with coal and wood, sunlight is what we are really burning when we use them.

We are also finding new ways to make direct use of the sun's heat energy in solar batteries or by means of mirrors that (D) the heat to do work formerly done by other heat sources, work like separating the salt from sea water. Here's how much energy the sun has to give away. A horsepower, the term used to measure the energy of many engines, describes the amount of energy needed to lift 550 pounds of weight one foot in one second. Every second more than 1.5 million billion horsepower of energy reach the earth's surface from the sun — that means the number 1.5 with 14 zeros after it: 1,500,000,000,000,000 horsepower. And that number is one part in 40 million — 40,000,000 — of what the sun is sending out. If you multiply those two numbers together, you'll have some idea of the sun's power to release energy.

(Adapted from *The Wonders of Science* by Laura Stark Johnson)

(1) 本文中の下線部①と同じ意味を表すものをア～オから選び，記号で答えよ。

ア．atomic fusion　イ．atomic mass　ウ．atomic pile

エ．atomic particle　オ．atomic fission

(2) 本文中の空欄に最も適する語を，ア～オからそれぞれ1つずつ選び，記号で答えよ。ただし，選択肢は原形で示してある。

ア．yield　イ．cause　ウ．concentrate

エ．carve　オ．vaporize

(3) 本文中の下線部②は具体的にはどういうことか。句読点も含めて80字以内の日本語で答えよ。

(4)　本文中の下線部③は何のことか。漢字３文字で答えよ。
(5)　本文中の下線部④の内容を，本文に即して句読点も含めて60字以内の日本語で答えよ。

〈千葉県・千葉市〉

36 ★★☆

次の英文を読んで，あとの各問いに答えよ。

Often puzzling to those newly arrived from Europe is ①our lack of desire for privacy. We are not a nation of hedges and walls, of gates and inner yards. Our lawns run into one another without fences; we leave our office doors open while we work; we run in and out of each other's houses without telephoning first, often without even ringing the doorbell.

This is a big country. Its inhabitants have never lived in walled cities or had to protect themselves from battling princes in neighboring countries. During our first centuries, the population of America was so small that neighbors were something to be longed for — they were not shut out. A new face or new arrival was a cause for delight. In the covered-wagon days when this nation was first being developed, people lived cooperatively. They turned their wagons inward and came together in the circle of firelight for safety. They protected one another in teams, they shared their sweat and labor as together they cut down forests, laid railroads, or roofed cabins. They deeply depended on each other in all aspects of life.

Out of these early days has come a custom of openness rather than privacy. It shows itself in many little ways; you will feel it as you visit our houses: rooms without doors or with half walls, no walls, or glass walls. On the other hand we feel the opposite when we travel; we are surprised to find doors constantly shut throughout homes and offices. Part of the answer may lie in central heating. The thing to remember is this: lack of concern for privacy is a difference of custom to be understood but not to be bothered about. If colleagues wander into your office without knocking, or if people forget to close your door when they leave the room, don't be upset. Help them to learn that you would like it to be ②otherwise, or else adjust yourself to new ways. But in either case, be patient with the difference. ③It goes a good deal deeper into our roots than even most of us realize. Most Americans actively dislike the feeling of being ④confined in a room. They prefer an open doorway; unconsciously they miss a sense of (⑤), a feeling of "breathing room," the sounds and flow of everyday life. They feel, as they say, "boxed in" when they find themselves in a tightly shut room. "Don't Fence Me In" could be our national song!

(1) 下線部①が生じた理由を本文中から読みとって，日本語で書け。

(2) 下線部②の内容は何か。日本語で書け。

(3) 下線部③をItが指しているものを明らかにして，日本語に訳せ。

(4) 下線部④とほぼ同じ意味で使われているものを本文中から探して，英語で書け。

(5) (⑤)に当てはまる最も適切な語をア～エから選び，記号で答えよ。

ア．mortality　イ．security　ウ．space　エ．direction

(6) 本文の内容と一致するものをア～カから２つ選び，記号で答えよ。

ア．Americans like hedges, walls, gates, and inner yards.

イ．Americans never visit their acquaintances without calling beforehand.

ウ．Pioneers of the American West got together and made a fire for safety.

エ．Americans who visit Europe are surprised to see the doors of houses and offices always open.

オ．We should remember Americans' openness is one of the differences not to be upset about.

カ．"Don't Fence Me In" used to be the national anthem of America.

〈香川県〉

37 ★★★

次の英文を読んで，あとの各問いに答えよ。

Most of us do not know what the limits of our comprehension are. We have never tried our powers to the full. It is my honest belief that almost all of the great books in every field are within the grasp of all normally intelligent men, on the condition, of course, that they acquire the skill necessary for reading them and make the effort. Of course, those more favored by birth will reach the goal more readily, but the race is not always to the swift.

There are several minor points here which you must observe. It is possible to be mistaken in your judgment of something you are reading. You may think you understand it, and be content with what you get from an effortless reading, whereas in fact much may have escaped you. The first maxim of sound practice is an old one: the beginning of wisdom is ①a just appraisal of one's ignorance. So the beginning of reading as a conscious effort to understand is an accurate perception of the line between what is intelligible and what is not.

I have seen many students read a difficult book just as if they were reading the sports page. Sometimes I would ask at the beginning of a class if they had any questions about the text, if there was anything they did not understand. ②Their silence answered in the negative. At the end of two hours, during which they could not answer the simplest questions leading to an interpretation of the book, they would admit their deficiency in a puzzled way. They were puzzled because they were quite honest in their belief that they had read the text. They had, indeed, but not in the right way. If they had allowed themselves to be puzzled while reading, instead of after the class was over; if they had encouraged themselves to note the things they did not understand, instead of putting such matters immediately out of mind, almost in shame and embarrassment, they might have discovered that the book in front of them was different from ③their usual diet.

Let me summarize now the distinction between ④these two types of reading. We shall have to consider both because the line between what is readable in one way and what must be read in the other is often hazy. To whatever extent we can keep the two kinds of reading distinct, we can use the word "reading" in two distinct senses. The first sense is the one in which we speak of ourselves as reading newspapers, magazines, or anything else which, according to our skill and talents, is at once thoroughly intelligible to us. Such things may increase the store of information we remember, but they cannot improve our understanding, for our understanding was equal to them before we started. Otherwise, we would have felt the shock of puzzlement and perplexity which comes from getting in over our depth — that is, if we were both alert and honest.

The second sense is the one in which I would say a man has to read something that at first he does not completely understand. Here the thing to be read is initially better than the reader. The writer is communicating something which can increase the reader's understanding. ⑤Such communication between unequals must be possible, or else one man could never learn from another, either through speech or writing. Here by "learning" I mean understanding more, not remembering more information which has the same degree of intelligibility as other information you already possess.

⑴ 下線部①は具体的にどうすることか。読書に関して述べられている部分を本文中から探して，日本語に訳せ。

⑵ 下線部②の中のTheir silenceによって，筆者がわかったことは何か。具体的に日本語で書け。

⑶ 下線部③とは何か。具体的に日本語で書け。

⑷ 下線部④が指す内容を日本語で説明せよ。

⑸ 下線部⑤を日本語に訳せ。

〈香川県〉

38 ★★★

次の英文を読んで，あとの各問いに答えよ。

"Ow! Ow!" I shouted as I broke my jump rope rhythm and tangled my feet in the slack rope. "Something in my shoe is biting me," I wailed.

The first graders waiting to jump and the two rope turners circled around me on the dirt playground. My teacher, Miss Bell, heard me and hurried over, leaving the other recess teacher in mid-conversation.

"It's still stinging me," I cried as the circle of children opened for Miss Bell. "Which foot is it ?" she asked.

I stuck up my right foot as she stooped over to inspect it. Just then, feeling a new sting, I yelped in pain.

"Here. Let's take off your shoe," instructed Miss Bell, squatting down to get the shoe. Then, I remembered the holes in my socks. Welfare socks didn't last long. Holes in socks were a common thing for our family in the years following the Great Depression. Shoes got fresh paper inserted every Saturday to cover the holes in their soles. But socks with holes were just accepted. Socks with holes in the heels got pulled down so the hole wouldn't show. Every week as she washed our clothes, Mama would say, "Even if we're poor and our clothes are worn out, we can still be (①)."

I began to cry from the pain in my foot, but I refused to let Miss Bell take off my shoe. I could not bear for her and the others to see the hole in my faded red sock. "Come on, then. Let's go inside to the office." A trail of first graders followed after us until Miss Bell told them to stay on the playground. I did my best to curb my tears. Yet, each time the thing in my shoe stung me, I would let out a loud, "Oh, oh!" Tears raced down my face.

Mr. Stewart, the principal, rushed into his office. “What’s wrong?” he asked. “Something is stinging her right foot, but she will not let me take off her shoe,” said Miss Bell.

Mr. Stewart lifted me onto his desk. “Let me take a look.” He just about had the shoe off when I saw the hole. I grabbed the shoe and pulled it on and held it. The stinging worsened the tighter I clasped the shoe. ②I gave a scream of pain again. “Why won’t you let us take off your shoe?” Mr. Stewart asked me in puzzlement. Miss Womble, the fifth-grade teacher, came into the office. “Can I help? I know her; she lives next door to me.”

“I suspect ants are in her shoes and stinging her foot, but she won’t let us take off her shoes,” related Miss Bell.

Miss Womble was a great neighbor. She had even played with us on occasion. She put both hands on my shaking shoulders and looked into my distressed, red eyes.

“Oh, yes,” she said, as if remembering a fact. “I had a bite from one of those ants. Did you know they are sock eaters? By the time I got my shoe off, that ant had eaten almost the entire bottom off my sock.” ③She nodded her head up and down as she looked at the other two adults. “Must be sock-eater ants.”

They returned the nod, as if they, too, had been bitten by sock-eating ants. “Let me see.” She freed my heel from the shoe. “Just what I thought. Those ants have eaten part of her sock.”

Miss Bell opened the medicine cabinet, got a cotton ball, and saturated it with alcohol. Miss Womble slipped off my shoe and sock and shook both of them over the gray trash bucket. Two red ants fell into the waiting container. Stroking the alcohol ball across the angry bites, Miss Womble lifted her head and smiled at me. “I think she’s going to be okay now,” she said, as she glanced toward the two adults.

The bell rang. “It’s class time,” Mr. Stewart remarked, as he and Miss Bell hurried to their duties. “You were a pretty brave girl to take that many bites. I think you should leave this shoe and sock off for a while.” She helped me off the desk. “Wait for me after school, and we’ll walk home together.”

(1) 主人公の少女の家庭では，靴底にあいた穴をどのように処理したか。20字程度の日本語で書け。

(2) 本文中の（　①　）に入る最も適当な語をア～エから選び，その記号で答えよ。

ア. careful　　イ. clean　　ウ. sure　　エ. wrong

(3) 下線部②の原因を最も端的に表す一文を本文から探し出し，日本語で答えよ。

(4) 次の英文が下線部③におけるWomble先生の意図を表すように，(A), (B)に適当な語を1語ずつ入れよ。

Miss Womble wanted me to (A) to take off my shoe. So she gestured for them to behave as if her made-up story were (B).

(5) 次の英文が本文の内容に合うように，(A), (B)に適当な語を1語ずつ入れよ。

Miss Womble knew that my (A) didn't allow others to see my sock holes. She also knew that I would rather endure the pain than let them see how (B) my family was.

(6) Womble先生の行動から，教師が生徒と接するときに気をつけるべきことは何だと思うか。15語程度の英語で述べよ。

〈鹿児島県〉

39 ★★☆

次の英文を読んで，あとの各問いに答えよ。

I can tell you that Central Texas High School was the first real school I attended.

(1)My entire stay there may have been ruined had it not been for the generous personality of a brilliant teacher. Mr. Hutchinson was that rare educator. I will always believe that (2)his love of teaching came not so much from his liking for students but from his desire to make sure that some of the things he taught would be stored in his students' mind so that they could be further shared with others by his students afterward. Mr. Hutchinson taught social studies and current events. (3)At the end of a semester in his class our books were as clean and the pages as stiff as they had been when they were issued to us. Mr. Hutchinson's students were never or very rarely called upon to open textbooks.

He greeted each class with "Good day, ladies and gentlemen." I had never heard an adult speak with such respect to teenagers. In our first lesson with him, he said, "In The New York Times today, there was an article on the educational reform in our country. I am sure that all of you have read the article. I would like someone to elaborate on the article for me." After the first week in his class, I, along with all the other excited students, came to read The New York Times, Time magazine, Life magazine, and everything else available to me.

Mr. Hutchinson had no favorite students. Even if a student pleased him during a particular period, the student could not count on special treatment in the next day's class, and that was as true (4)the other way round.

He was stimulating instead of intimidating. Where some of the other teachers went out of their way to be nice to me, to be a "liberal" with me, and others ignored me completely, Mr. Hutchinson never seemed to notice that I was a black and therefore different. (5)I was treated just as Miss Smith and (6)even when I had the answer to a question he posed I was never given any more than the word "Correct," which was what he said to every other student with the correct answer.

(1) 下線部(1)を日本語に訳せ。

(2) 下線部(2)はどのような気持ちから発したものだと筆者は考えているのか，日本語で答えよ。

(3) なぜ下線部(3)のようになったのか，その理由を日本語で答えよ。

(4) 下線部(4)はどのような場合のことを言っているのか，日本語で答えよ。

(5) 下線部(5)で，筆者はハッチンソン先生の教師としてのどのような姿勢を言わんとしているのか，日本語で答えよ。

(6) 下線部(6)を日本語に訳せ。

〈福井県〉

40 ★★★

次の英文を読んで，あとの各問いに答えよ。

Jennifer Peterson is a doctor who, not surprisingly, highly values her occupation. She's experienced the best parts of the job and has been moved by the lives she has touched. But she also has a nagging frustration over the people that she fears neither she nor any other physician will be able to help. Her concern is based not on the limits of medical science but on the limits of communication. "In a national survey, fewer than one in five men said they would seek medical care if they were sick or in pain," Dr. Peterson said with alarm. "At the same time, nine out of ten said their doctor was excellent. Imagine that for a moment. They almost unanimously agree that their doctor is excellent — and that their doctor is to be avoided if at all possible." At the same time, Dr. Peterson says, ①surveys of doctors reveal wide-spread concern that too many patients live in fear of medical treatment, and fail to realize the many steps they can take to improve their health both in the short term and over the course of their lives.

One day a traffic accident or some unforeseen (a) brings them into emergency contact with a physician. The patients, almost against their will, find themselves receiving treatment they could have had years earlier for their preexisting condition. Often, their delay has tragic repercussions. If there is one thing Dr. Peterson would like to say, not only to her patients but to everyone, it is that you should no more fear or ignore your health than you would fear or ignore any other basic need. When you are hungry you eat, but before you are hungry you plan how to get food. It should be the same with your health. "Doctors can help you when you are sick, and of course you should visit us then. But health information can help you throughout the rest of your life," said Dr. Peterson. When something is wrong with us, we can easily imagine the worst outcome. We know the doctor is going to tell us how horrible our situation is and how awful the recommended treatment is. This process of exaggerating the threat not only creates anxiety; it also has the dangerous effect of encouraging us not to seek treatment. Don't let yourself get caught in ②a guessing game that does you no good. Acknowledge what you don't know, and find out the best answer from a medical professional.

Then, why do so many people with medical needs avoid going to see a doctor? "That's the biggest question for all of us," says Dr. Ed Hayer of South Carolina. " 'The doctor says' is an awfully weighty phrase," according to Dr. Hayer. "For a lot of people, there's a feeling that the news the doctor brings will never be good, the answers will be hard or painful, and that knowing their fate would be a terrible (b)."

In Dr. Hayer's field, cardiac medicine, this feeling can be disastrous. "We can do so much more the earlier we see a patient with heart problems. And fear is one of the major obstacles to seeing patients when we need to. What can happen is that ③fear of a terrible diagnosis actually helps create the terrible diagnosis because if the patient had not been fearful and had come in sooner, the outcome would have been better."

Dr. Hayer finds that communicating with people who have already been treated for cardiac trouble is much easier. "People fear the unknown, and in some respects, they have an easier time dealing with the recovery process once they've seen the medical process up close."

Dr. Hayer's advice for those who are worried about seeking medical care is to understand the value of (c). "No one will force a treatment on you. You are free to walk away, to seek a second opinion. We're here to help you." Once you make the commitment to seek medical treatment, "Know that you'll always be in charge. Write down questions you want answered. Speak up if you feel rushed or confused. Ask about alternative treatments. Get a second opinion. But get the information you need. It could save your life."

(1) (a)～(c)に入る適切な語をア～オから選び，記号で答えよ。ただし同じ語は1回しか使えない。

ア．burden　イ．process　ウ．information

エ．concern　オ．circumstance

(2) 下線部①の文の構造が理解できない生徒に，文法的に構造をわかりやすく日本語で説明せよ。

(3) 下線部②が表している内容を30字程度の日本語で書け。

(4) 下線部③が表している内容を50字程度の日本語で書け。

〈兵庫県〉

演習問題 解答・解説

1

(1) ① **Convenience store**
　② **Personal computer**

(2) ア. **JIS is an acronym for Japanese Industrial Standards.**
　イ. **WWW is an acronym for World Wide Web／World Weather Watch.**

解説

acronym「頭字語」
condense ～ into …「～を…に凝縮する，まとめる」
(2) ア. JIS「日本工業規格」
　イ. WWW「ワールドワイドウェブ」,「世界気象機構」

〈全文訳〉
日本人はあまり頭字語を使わない。その代わりに，長い単語やフレーズを縮めて3-4文字の語にする。「セクシャルハラスメント」は「セクハラ」に,「コンビニエンスストア」は「コンビニ」に,「パーソナルコンピュータ」は「パソコン」になる。ブラッド・ピットのような短い名前でさえブラピになる。多くの短縮語はすっかり日本語の一部になってしまっている。

2

(1) ア	(2) イ	(3) エ
(4) イ	(5) ウ	(6) イ
(7) ウ	(8) エ	(9) イ
(10) エ		

解説

〔A〕rule of thumb「大体の目安，経験則」
　sedentary「いつも座っている，デスクワークの」
　counterproductive「非生産的な，逆効果の」
　metabolism「代謝」
〔B〕given「既定の，ある特定の」
　proficiency test「熟練度テスト，検定試験」
　quantitatively「量的に，定量的に」
　illocutionary「発話の，発話内行為の」
　sociolinguistic「社会言語学の」
　pedagogically「教育学的に，教育学上」
　metalinguistic「メタ言語学の」
〔C〕ferment「発酵させる」
　skeptical「懐疑的な，疑い深い」
　eliciting stimuli「誘発刺激」
　take advantage of「～を活用する」
　figure out「算定する，解明する」

〈全文訳〉
〔A〕体重や活動レベルを含む多くの要因がカロリー必要量に影響を及ぼす。
　目安：毎週脂肪1ポンドを落とすには，現在の体重を維持するのに必要なカロリーより3500カロリー少なく摂取しなければならない。「Volumetrics」(Harper-Collins出版）の共著者であるペンシルバニア州立大学のBarbara Rolls教授は，これをすべて計算する簡単な方法を提案している。
　下から当てはまる数字を選んで，現在の体重に掛ける。(過大評価してはならない。「適度に活動的」とは毎日2マイル程度の歩行に相当する。)
　　座りがちの女性：12
　　座りがちの男性：14
　　適度に活動的な女性：15
　　適度に活動的な男性：17
　あなたが適度に活動的な体重160ポンドの女性であれば，1日2400カロリーで現在の体重を維持できる。1日500カロリーを削減することにより1週間に1ポンド減らすとしても，まだ1日1900カロリーという快適な食生活を送ることができる。1週間に2ポンド減らしたければ，1400カロリーまで減らしなさい。しかし減らしすぎてはいけない。急激な削減は代謝を低下させるので，摂取カロリーが少なすぎる（1日1000カロリー未満）と逆効果となる可能性がある。

(1) 座りがちの体重150ポンドの女性が1週間に1ポンド減らすためには，1日に何カロリー摂取すべきか。
ア．1300
イ．1800
ウ．1900
エ．2400

(2) カロリー摂取量を計画する際に考慮すべき事柄として，本文中で挙げられていないものはどれか。
ア．身体活動のレベル
イ．性別と年齢
ウ．毎週1ポンド減らすために毎日500カロリー少なく摂取すること
エ．体重がどれぐらいか

〔B〕我々は大抵の教育プログラムにおいて教師についての決定を下さなければならない。例えば，ある特定の個人を教師として雇うか否かは多種多様な情報に基づいて決まるが，それらの情報の一部はテストから得ることができる。教師が対象言語のネイティブスピーカーでなければ，我々は技能検査によって彼らの言語習熟度に関する情報を得ようとするだろう。この点について特に重要なのは，語学教師に要求される習熟度は量的にも質的にも生徒の習熟度とは異なるということである。語学教師は言語能力全般（文法的能力，テクスト的能力，発語内能力，社会言語学的能力）に堪能であるだけでなく，指導する上で役に立つ形でその言語について生徒と話すことを可能にする，多種多様な教育学指向のコミュニケーション戦略とメタ言語能力（例えば発話行為の構文形式やカテゴリの知識など）をも使いこなせなければならない。よって，生徒に対して用いる言語テストは教師のコミュニケーション言語能力を評価するには不十分である場合がある。

(3) 生徒に対して用いる言語テストは…
ア．教育学的戦略をテストする。
イ．教師のテストと同じであるべきだ。
ウ．我々が教師について決定を下すのに役立つ。
エ．教師の能力を十分に評価するものではない。

(4) 本文によると，以下の選択肢のうち正しくないものはどれか。
ア．教育プログラムでは，教師についての決断を下すことは一般的である。
イ．テストだけが，ある人を教師として雇うことを決定する際に必要な情報を提供できる。
ウ．テストは教師の言語習熟度を判断するのに役立つ。
エ．教師の言語習熟度は生徒の言語習熟度とは質的にも量的にも異なるべきである。

(5) 「教育学指向のコミュニケーション戦略」を学ぶとどうなるか。
ア．教師が言語能力全般において，より熟達する。

イ．教師向けのより効率的な技能検査を作るのに役立つ。

ウ．教師が言語について生徒とより良くコミュニケーションするのに役立つ。

エ．教師が文法，テクスト，発語，社会言語学をよく理解できる。

〔C〕1907年，日本の化学者・池田菊苗は，出汁と昆布で作ったスープを楽しんでいるときに，食の世界を変えることになる洞察を得た。甘くもなく，塩辛くもなく，酸っぱくもなく，苦くもない味に気がついたのだ。池田はこの表現しにくい味に「うま味」という名前をつけた上，その原因となる特定のアミノ酸を特定した。それは世界中に知られるに至っている。しかし現在，日本で初めて発見されたもう一つの味に関心が集まりつつある。

この新しい味は「こく味」と呼ばれ，うま味よりもさらに表現が難しいが，私たちがどのように，そしてなぜ食べ物を楽しむのかを理解する上で，うま味と同じぐらい重要である可能性がある。日本語では，「こく」という言葉は，英語圏の人がrichと表現するような，しばしば脂肪によって生み出される口の中の「濃厚さ」のようなものを表す。食品科学者のJoshua Evans氏は，「まるで物理的な感覚のようだ」と言う。それは「口を覆い，より強く，より長く続くことによって」効果を発揮する。和食の専門家は，こくがあるのはどんな食べ物かと問われれば，イノシシ，スズメバチの成虫，アヒルの卵，熟成された酒，そして長時間煮込んだ料理や発酵料理を挙げる。

こく味の正確な性質については，今でも知覚科学者や料理人の間で大きな議論の対象となっている。その理由のひとつは，こく味は，単体でその味を感知することはできず，他の味や風味を変化させるものだからである。舌にあるこく味の受容体を特定したと主張している日本の研究所があるが，その受容体は，アミノ酸からなるグルタチオンによって活性化される。その研究所以外でも，グルタチオンや他の化合物が，酵母や他の食品に含まれるこく味を活性化することが発見されている。どういった食品かといえば，鳥ガラスープで長時間煮込んだ鶏肉などの肉や，チーズ，ビール，醤油，魚のすり身などの発酵食品などである。

科学者の中には，まだ懐疑的な人もいる。ラトガース大学のPaul Breslin教授（栄養学）は，「科学者と非科学者が，その定義と典型的な誘発刺激について合意するまで」，つまりもっと多くのことがわかるまで，「こく味」という言葉を理解し使用するのは難しいだろうと主張している。

不確かな点が多いにもかかわらず，こく味は2つの重要な影響を持ち得る。ひとつは人類の進化についての私たちの理解，もうひとつは人間の健康，特に低カロリーだが風味に優れた食品を作るための取り組みに対する影響である。どちらの場合も，こく味はミッシングリンク（失われた環）のようなものを提供できるかもしれない。

私たちの研究によると，人類が火を使うようになったきっかけ，発酵を発明し，取り入れるようになったきっかけのひとつが，調理され，発酵した食品の味であったらしい。人間は，生ものよりも調理したもの，発酵したものを好むことが知られている。しかし，その理由は長らく不明のままであった。

ひとつには，人間が複雑な香りを好むようになり，それが味に反映されるようになったという可能性が考えられる。味は，加熱調理された肉の方が，未加熱の肉よりもはるかに強い。また，調理された肉や発酵食品がこく味を持つ傾向があることも注目に値する。

古代の人類の祖先が，火で焼かれた肉を手に取り，その香りや豊かなこく味に満足している姿が目に浮かぶかもしれない。こく味に名前をつけなくても，また，その化学的な起源を知らなくても，祖先がこく味を堪能するのに支障はなかったのだ。

コペンハーゲンで受賞歴のあるレストラン「アルケミスト」のNabila Rodríguez Valerónなど，一流レストランで働くシェフ研究者たちは今，こく味を現代の食事に取り入れ，濃厚な味わいだが低脂肪の料理を作り出そうと熱心に研究を重ねている。シンガポールの臨床栄養研究センターのCiarán Fordeが行った最近の研究では，こく味に関連するアミノ酸をビーフスープに加えた場合，特にうま味と組み合わせることで，消費者はスープをより濃厚でカロリーの高いものに感じることを発見した。

世界各国の文化における伝統的なレシピの多くが，すでにこのこく味の効果を利用しているようだ。例えば，玉ねぎやニンニクをだし汁に加えることで，より豊かで深みのある味を出している。また，刻んだ玉ねぎを油脂に浸す工程から始めるレシピも多く，それにより油脂の風味が増幅される。こく味という味は，食を総合的に考えることを私たちに求める。

うま味の歴史が参考になるとすれば，科学者と料理人の意見が完全に一致する前に，市場がこく味の重要性を判断することになるだろう。池田はうま味を発見した後，うま味の原因となる物質，グルタミン酸ナトリウム(MSG)の製造方法を考え出した。そして，その製法の特許を取得し，味の素株式会社を立ち上げた。科学者たちが彼の発見を受け入れるよりもはるかに早く，食品にうま味を加えるMSGが世界中で販売されるようになった。

同じようなことが，こく味でもすでに起こりつつあるのかもしれない。現時点までに，味の素株式会社と食品・香料会社のKerry社，Biospringer社の3社が，カロリーを増やさずにおいしいこく味を出すというこく味パウダーを発売している。皆さんも自分で試して判断してみるとよいだろう。

こく味は（　A　）。世界では，科学者たちが他にも多くのものを解明しつつある。私たちの口は依然として謎だらけで，食べるたびに驚きと喜びを体験させてくれる。

(6) 本文のタイトルとして最も適しているのは次のうちどれか。

ア．人間の口がどのように進化してきたか

イ．こく味は次の味覚革命となるか？

ウ．池田菊苗の数々の優れた発明

エ．うま味かこく味か：味にとってどちらの方が重要か？

(7) こく味について研究することの利点として本文が示唆しているのは次のうちどれか。

ア．食品を発酵させるのに要する時間を削減し，より多くの発酵食品を食べることができるようになる。

イ．健康上の利益をもたらすMSGを含む食品を，もっと多く開発できる。

ウ．私たちの進化について理解を深め，さらにおいしく健康的な食品を開発できるようになる。

エ．イノシシ，スズメバチ，アヒルの卵などの食品をより簡単に楽しめるようになる。

(8) 次のうち，本文で述べられていないものはどれか。

ア．こく味と関連するアミノ酸は，ビーフスープの味をより濃厚にする。

イ．ある科学者は，こく味が本当は何なのかを理解するのが依然として難しいことを示している。

ウ．こく味は，長く煮込んだ肉や発酵食品などの食品から生じる。

エ．野菜を油脂に浸すことにより，うま味がより豊かで深い風味を生み出す。

(9) この記事によると，うま味の歴史に基づき，科学者や料理人がこく味の重要性に同意するより前に起こる可能性が高いものは次のうちどれか。

ア．味の素などの企業が，うま味を持つ食品の生産を止める。

イ．企業が，こく味を生み出す食品を開発，販売する。

ウ．こく味パウダーを作り出すため新しい会社が開業する。

エ．うま味が世界中でもっと広く知られるようになる。

(10) （ A ）に入れる語句として最も適切なものはどれか。

ア．科学者が複製しようとして懸命に努力している，きわめて独特な味である

イ．それが販売されている国で，非常に人気のある味になりつつある

ウ．味を決定する最も重要な要素だと言われている

エ．私たちが発見する最後の新味とはならないだろう

3 〔解答例〕

オートメーションは人間を手仕事と機械による支配から解放し，生産性を高め，生活水準を向上させる。この技術上の大進歩は労働者を惨めにするものでなく，人間が人間的能力を十分発揮できるようにする点で，役に立つであろう。オートメーションによって，人間は機械時代からさらに一歩前進するであろう。（141字）

解説

debase「〜を落とす，低下させる」
repetitive「繰り返しの，反復的な」
boon「恩恵，恵み」
synthesize「合成する，総合する」
utopian「夢想家」

〈全文訳〉

労働者の価値がオートメーションにより低下することを恐れるのは馬鹿げているように思われる。システムは本来，人間を反復的な手作業と機械による支配から解放するものである。システムは生産性を高めるものであり，高い生活水準の主たる根源である。それは労働者やその家族にとっての恩恵であることが分かるだろう。今は亡きPhilip Murrayの言葉によると，「アメリカ合衆国において，人々を実際に失業させるような偉大な技術的進歩が生じた例を，一つも知らない。」オートメーションは人間による人間の利用につながるだろう。すなわち，人間の持つ特に人間らしい性質，思考し，分析し，バランスを取って統合し，決定し，目的をもって行動する能力を我々が利用す

るようになる。これはすべて，それ自体，手作業の時代の空想家が想像し得た以上に高い生活水準を多くの人々のために生み出してきた機械時代から，一歩踏み出すことを意味する。

4 〔解答例〕

コミュニケーションの形にはローコンテクストとハイコンテクストがあり，文脈の共有点や暗黙の了解が少ない前者では，シンプル，明確，具体的であることが求められる。世界で最もローコンテクストな文化圏である米国では，何を伝えたいかを話し，それを伝え，何を伝えたかを話すという伝統的なプレゼンテーション法を学ぶ。　(150字)

解 説

implicit knowledge「暗黙の了解」

spell out「詳細に説明する」

subliminal「サブリミナル(意識下の，潜在意識に訴える)」

deliberate「故意の，計画的な」

in a nutshell「簡潔に言えば，要するに」

〈全文訳〉

トレドのマネージャーと日本の同僚が示すコミュニケーションのスタイルは対照的で，それぞれローコンテクストとハイコンテクストと呼ばれることがよくある。

その意味を理解するために，あなたが仕事仲間のサリーと議論していると仮定しよう。二人ともローコンテクストなコミュニケーションを好む文化圏の出身だとする。このような文化圏の人々は子どもの頃から，文脈の共有レベルが低いこと，つまり，共有する基準点が少なく，話し手と聞き手をつなぐ暗黙の了解が比較的少ないことを前提とするのに慣れている。

そういった状況では，サリーと話している間，あなたはかなり高い確率で，自分の考えを具体的に詳しく説明し，あなたのメッセージを理解するために必要なすべての背景知識と詳細な状況を提示するだろう。ローコンテクストな文化圏で効果的なコミュニケーションを行うには，分かりやすく，明確で，具体的でなければメッセージを効果的に伝えることができない。そして，何かを伝えようとする人はほとんど，通常は完全には意識しないまま，この要件に従っている。米国は世界で最もローコンテクストな文化圏であり，カナダとオーストラリア，オランダとドイツ，そして英国がそれに続く。

文化的な規範は，一般的に間接的かつ潜在意識に訴える手段で世代から世代へと伝達されるが，適切なコミュニケーションの方法について，意図的に教えられた記憶がある人もいるかもしれない。確かに私も，米国で暮らしていた子どもの頃，それを教わった。私が小学3年生のときの担任だったきつい巻き毛のメアリー・ジェーン先生は，月曜日の朝の会で「本当に思っていることだけを口にしなさい」というモットーで私たちを指導した。16歳のとき，私はミネアポリス・サウス高校の選択授業で，効果的なプレゼンテーションの仕方を学んだ。そこで私は，聴衆に力強いメッセージをうまく伝えるための，アメリカの伝統的なルールを知ったのだ。「何を伝えたいかを話し，それを伝え，何を伝えたかを話すこと」。これはローコンテクストなコミュニケーションの原理を端的に表している。

5 〔解答例〕

アメリカの大学生は基礎知識を持たない傾向がますます強まっている。専門知識は教えられても，学問の長足の進歩についていけず10年以内に古くなってしまう。一方で専門知識を必要とする就職口も数が減っているので，学生は二重の失望感を持つ。大学を就職のための場，経済的投資の場とする考え方が一般化するにいたった。

（149字）

解説

faculty「（大学の学部の）教授陣」

supersede「～に取って代わる，優先する」

undercut「効果をなくす，損なう」

〈全文訳〉

アメリカの大学生は次第に，基本知識の共通の核心を使いこなせない傾向が強まりつつある。一部には，彼らがあまりにも早く専門化することを奨励されるからであり，また一部には，教員の，基本知識を教えることに対する関心と基本知識を教える能力が低下してきているからでもある。大学生はまた，自らの専門教育分野の最先端の状態に向けて準備を整えているが，知識の更なる緻密化が非常に速いスピードで進むので，大学準備の最も集中的な最終段階で学生が非常に徹底的に学ぶ事柄が10年もしないうちに新しい進歩に取って代わられてしまう。同時に，きわめて専門化された準備が要求される求人や高度な研究者の職も減ってきている。その結果，そのような望ましい職に就けなかった学生は二重に失望する傾向にある。大学教育を単なる就職や専門職の準備とみなす傾向が強まったため，学生の学ぶ喜びや知的刺激はついに損なわれてしまっている。その結果，大学教育はますます，最終的な経済的見返りに基づいてのみ判断される経済的投資としかみなされなくなり，学生間の経済的競争としての様相をますます呈してきている。

6 〔解答例〕

経験のない教師は授業が始まれば教室は静まると思うことがあるが，生徒はお喋りが許されていると思い教師が大声で話すまで授業開始後も喋り続ける。教師は授業開始前に生徒の注意を引きつけておく技が必要で，それは静まるまで待つことだ。経験を積んだ教師は静まった後しばらく沈黙をおき通常より小さな声で授業を始める。

（150字）

解説

settle down「落ち着く，静かになる」

underway「進行中の」

inattention「不注意」

punctuate「～を強調する」

〈全文訳〉

未熟な教師は時として，授業を始めさえすればクラスは落ち着くと考える。物事が進行中であるから，そろそろ取りかかる時間であることが生徒にも分かるだろう，と。それでうまくいくこともあるが，生徒たちは，教師が自分たちと競争したがっている，とか，自分たちが喋っていても教師は平気で話をしている，あるいは教師が授業を始めた後でも自分たちが会話を最後まで続けられるように，教師は喜んで大きな声を出してくれると考えてしまうだろう。生徒たちは，自分たちが授業に注意を向けていないことを教師は受け入れており，教師が授業をしている間に喋ることは許されることなのだと思ってしまう。集中テクニックとは，授業を始める前に生徒の注目を要求することである。それは，皆が静まるまで待ち，それまで決して始めないということである。経験豊富な教師は，自らが黙ること が非常に効果的であることを知っている。彼らは，教室が完全に静かになってからも3～5秒ほど待ち時間を延長することにより，待ち時間を強調する。それから，普段よりも静かな声で授業を始める。物静かな話し方の教師の教室は声の大きな教師の教室よりも，落ち着いて静かであることが多い。生徒たちはその教師の言っている事を聞くため，じっとしている。

7

(1) **density**　(2) **weight**
(3) **comparison**　(4) **same**

解説

density「密度」
mass「質量」

〈全文訳〉

なぜ棒切れや氷は浮くのに，石や金属屑は池の底へ沈むのだろう。水に浮く物質と浮かない物質とがあるのはなぜだろう。それは重さの問題だと考えたくなるが，丸太も氷山も鉄釘よりはるかに重いのに，池の底へ沈むのは鉄釘の方であり，丸太も氷山も浮いている。浮けるかどうかは物体の重さではなく密度によって決まる。密度は単位体積あたりの質量と定義される。そこで，2つの物質の密度を比較する場合，それらの物質が地球の中心から同一の距離にあると仮定すると，我々は実際にはそれらの重さ――体積対体積――を比較しているのだ。鉄釘が池の底に沈むのは，鉄の密度が水より大きいからである。鉄は同一体積の水よりも重い。よって，地球の引力は釘に対してのほうが，釘が押しのける水に対してよりも強く働く。
[X] 浮けるかどうかに関係するのは物体の重さよりむしろ密度である。他の条件が同じであれば，2つの物質の密度の比較は実際にはそれらの重さの比較である。

8

(1) ア　(2) カ　(3) オ
(4) ウ

解説

whirl「ぐるぐる回る」
エ．sulphuric acid「硫酸」
キ．sundial「日時計」

〈全文訳〉

君がこの数ヵ月間このページを読んでいたのであれば，私たちが見ていたのは，太陽の周りを回っている惑星のうちの数個であることが分かるでしょう。そういった惑星は地球を含めて全部で9個あります。それらの惑星のうち4個はこの数ヵ月間見やすい状態だったので，これまでのところ私たちは火星，金星，土星を見てきました。今度はそれらの惑星のうち残る1個，木星を見ようとしています。木星はとても大きく，中に地球が14個入るぐらいです。もし君がこの数週間に外へ出たことがあれば，おそらくそれと気づかないうちに既に木星を見ていたかもしれません。

木星は空の西側で輝く本当に明るい星です。(1)木星を見つけるためには，太陽がどこに沈むかを知らなければなりません。ですから，大人の人と一緒に外へ出て，反対方向を向いて，空を見上げてみましょう。観測をしているのが夕方なら，地平線と天頂の中間あたりを見てみましょう。本当に明るい，白い星のような物が見えるはずです。それは本当は星ではありません。木星です。

(2)土星と同じく，木星は気体でできて

いますので，その上に立てるような固い表面はありません。もし木星に着陸したとすれば，その中に沈み込んでしまうでしょう。この惑星は多数の異なる気体で構成されています。木星を見ると，様々な色が見えますが，それはこれらの様々な気体によって生じた色です。この巨大な惑星の周辺には大竜巻も見えます。この大竜巻はとても大きく，中に地球が3個すっぽり入るほどです。これらは大赤斑と呼ばれています。

望遠鏡を使って木星を見れば，それらの物をすべて見られるだけではなく，衛星もいくつか見ることができるでしょう。地球には月と呼ばれる衛星が1つしかありません。

木星は少なくとも30個の衛星を持っており，次々と新しい衛星が発見されています。(3)ガリレオという天文学者が最初の4個の衛星を発見しました。その4個は小さな望遠鏡でも簡単に見えます。木星から近い順にイオ，エウロパ，ガニメデ，カリストです。それらの衛星を数時間観測していれば，それらがどちらの方向へ移動するかも分かるでしょう。衛星エウロパは天文学者にとっても他の科学者にとっても非常に興味深い存在です。その氷に覆われた表面の下に，液体の水でできた本当に深い海があると考えられているからです。

(4)私たちはその事についてかなり確信を持っていますが，衛星の表面がどうなっているか，あまり分かっていません。この木星の衛星へ赴いて観測するための未来の宇宙ミッションが計画されています。条件が良ければ，何らかの形の，本当に原始的な生命も発見できるのではないかと期待されています。おそらく，地球で見られる細菌のようなものです。

イ．月は私が望遠鏡を通して初めて見たものの1つです。

エ．しかし木星の雨は水ではできておらず，硫酸でできています。

キ．それで太陽が作る影から時を告げるのに役立つよう，日時計が作られました。

ク．木星，天王星，海王星と同様，土星は地球のような固体ではなく気体で構成されています。

9

(1) イ　(2) ウ　(3) カ

(4) オ　(5) ア

解説

(1) 空欄の前のThe classroom is often called an artificial environment…に対比されるものとして，イのthe classroom is also a real social context…が入る。

(2) ウのthe learner が(2)の後ろのheによって，specific pieces of languageがthemによってそれぞれ受けられていると考えると，うまくつながる。

(3) 直前にコロンがあることから，前文を説明する内容の文が入ると判断できる。また，空欄直後はThat is why で始まっており，「母国語については家庭で基本を獲得し，後に社会へ応用する」とあることから，カが入ると分かる。

(4) (4)を含む段落では，教室で学んだ言語の構造や技能を実社会の状況に応用することについて述べられている。その応用の説明に合う内容の選択肢はオ。

(5) 直前に挙げられた4つのapproachesを受けて，these approachesとして説明したアが入る。

〈全文訳〉

教室はしばしば，外国語の学習および

使用のための人工的環境であると言われる。では人工的ではない「実際の」環境とは何かと問われて，学習者が備えている教室外の状況をその基準として挙げるとすれば，もちろんそれは正しい。しかし（教室とは，それ自体が現実の社会的状況であり，その中で学習者と教師は互いに同じぐらい現実的な社会関係を結ぶということを忘れてはならない。）

確かに，言語教育の目的は学習者を様々な状況に備えさせることであり，学習者は今後，例えば，「チョークがどこにあるか尋ね」たり「宿題が遅れている理由を説明し」たりする理由はなくなるだろう。しかし「場所がどこか尋ね」たり「説明をし」たりする理由は今後もあるだろうし，それは，おそらく個々の語彙項目が異なるだけで，同じ言語形式に基づいて行われる。

言い換えると（言語学習の有用性は，学習者が遭遇する個々の言語項目によってのみ決まるのではない）。さらに言うと，学習者がそれらの根底にある，より一般的な原則を習得しているか否かによって決まる。言語構造と伝達機能は特定の状況に縛られない。（ひとたびそれらをクリエイティブに活用できるレベルまで習得してしまえば，それらを当初習得した状況とは異なる状況へ応用できる。）だからこそ，我々は母国語において，家族の親密な間柄で基本的なコミュニケーションスキルを獲得し，人生の後の段階になってそのスキルを家族より広範な社会状況に応用できるのだ。同様に，学習者が教室でのやり取りで身につけた構造や技能は後日，別の種類の状況へ応用できる。（学習者が進歩するにつれて，そういった応用はますます，コミュニケーションが行われているその特定の状況に適した発話を行うことを意味するようになる。）

この先のページで，私は外国語使用のための社会的状況として教室環境を活用するための4つのアプローチについて概説する。それらのアプローチは次の通りである。

1．教室管理のために外国語を使用すること
2．教育手段として外国語を使用すること
3．会話または話し合いのセッション
4．学校経験に関する基本対話とロールプレイ

（これらのアプローチのうち2番目と4番目は，大人よりむしろ学齢期の学習者に当てはまる。）

10

(1) イ　(2) ウ

解説

(1) 冒頭の文で「言語によって人の考え方が規定される」ことが述べられているので，その説明や例が続くと判断する。→英語の話者の「考え方」が話題となっているB「ドイツ語，スペイン語とは異なり，英語ではフォーマルさの有無があまり区別されていない」→A「日本語ではフォーマルさは言語システム全体の一部となっている」→C「英語以外の言語では，フォーマルな状況でフォーマルでない話し方をすると相手に失礼になる場合がある」

(2) 冒頭の文で「日常会話は非体系的なものだと考えられている。しかしそれは真実とはほど遠い」と述べられているので，その説明や例が続くと判断する。→C「会話にはルールがある」→A「儀式や決まった方式<u>も</u> (<u>also</u>) ある」→B「会話を決定するルールの分析は言

語学者の興味の対象となってきた」

〈全文訳〉

⑴　我々が使用する特定の言語により，我々は他の方法ではなくある特定の方法で思考するようになる。

B 「例えば，英語の話者がフォーマルなyouとフォーマルではないyou（ドイツ語ではduとSie，スペイン語ではtuとusted）を区別していないという事実は，英語の話者が正式と略式についてドイツ語やスペイン語の話者とは異なる考え方を持っていることを意味するかもしれない。」

A 「日本語では，フォーマルさは単にyouで示されるというだけではなく，言語システム全体の一部となっているのだ。名詞は前に敬語の『お』がつくし，動詞はよりフォーマルで丁寧な形を取る。したがって『ドイツ語ができません』は『ドイツ語ができない』より丁寧でフォーマルである。」

C 「他の言語では，フォーマルな場面で故意にフォーマルでない話し方をすることは相手にとって侮辱となる場合がある。例えばフランス人は犬や猫に話しかける時tuという形を使うが，これをフォーマルな場面で，あまり知らない人に話しかける時に使うと，相手を侮辱したことになりかねない。しかしパーティやバーなど，社交的な場面であまり知らない人に話しかける時にtuを使っても許されることがある。」

ここで語用論が重要になる。すなわち，相手が他の何かを伝えようとしているのか，また，よりフォーマルでない話し方に移行するのかどうかを考えなければならない。

⑵　フォーマルではない日常会話とは行き当たりばったりで非体系的なものだと多くの人が考えている。しかし実際は，それは真実とはほど遠い。

C 「会話は多くの形式を取り得るし，話し手も状況も非常に様々に変化するが，すべての会話は一定のパターンをたどる。例えば，誰が，いつ，どれぐらい話すかを決める微妙なルールが存在する。それらのルールのおかげで，会話の参加者は驚くべき正確さで交替する。発言が重なったり同時に行われたりすることはほとんどない。」

A 「会話の開始や終了，話題の変更などについても儀式や決まった方式がある。口をはさむ方法や一方的に話し続ける方法を定める慣習もあるし，任意の状況でどのようなスタイルが最も適切かを決定する慣習さえある。こういった慣習は任意の文化内において，かなり強力で一貫している。それを破る者がいれば，何かが間違っていることが直ちに皆にわかる。」

B 「会話を決定するルールの分析は過去20年間にわたって言語学者の主要な興味の対象となってきた。今では，会話というのは，話し手の側に一定の技能が必要となる非常に体系的な活動であることが知られている。学習者は言語の文法を熟知し，膨大な量の語彙を知っていても，なおかつ『失敗する』，つまり，実際の会話で失望することがある。話す技能だけでは十分ではない。耳を傾け反応しなければならない相手との社会的な場面での自発的で継続的な交流には，さらなる能力が必要である。」

11

(1) エ　(2) イ

解説

(1) Wegenerという人名は1と3に登場する。「大陸移動説を提唱した20世紀初頭のドイツの科学者」としてWegenerをフルネームで紹介している3の方が，1より前に来ると判断できる。また，最終文に「このような気候の変化」とあるが，選択肢のうち気候の変化について述べているのは2だけなので，2が末尾に来る。これらの条件を満たす配列はエの3→1→4→2。

(2) 2ではRon HarrisとLen Chesterという2人の具体的な名前が登場する。この2人を他の文でthe boysと言い換えていると考えられるので，2が最初に来る。「規則に従わない生徒を見て激怒した教師が，それらの生徒を校長のところへ送った」→「学校は，少年たちの規則違反の外見を叱責し，髪を切るように命じた」→「少年たちの親は，学校の指導が行き過ぎていると考えた」という事件の流れだと考えるのが適切なので2→4→3。この順序を含む配列はイの2→1→4→3。

〈全文訳〉

(1) プレートテクトニクス理論は1960年代，より正確な海底地図と地震活動のモニタリングによって，地球の殻の移動の兆候が明らかになったことから生まれた。

3．しかし，この考え方は，大陸移動説を提唱した20世紀初頭のドイツの科学者Alfred Lothar Wegenerの考えを基礎にしている。それは，現在私たちが知っている大きな陸地は，かつて超大陸として結合していた，というものである。

1．この考えを初めて科学的に説明したのはWegenerであるが，考えついたのはWegenerが最初ではない。16世紀末の地図製作者Abraham Orteliusは，南北アメリカ，アフリカ，ヨーロッパが壊滅的な地質学的現象によって引き裂かれたと説いた。

4．現在，研究者たちは，大陸プレートが遠い過去に何度も結合していたことがあると考えている。

2．超大陸の定義そのものについてはまだ議論中であるが，研究者の間では，これらの巨大な陸地の多くが，海流や気流を変化させることで地球の気候に影響を与えるほどの大きさであったという点で意見が一致している。

このような気候の変化や，プレートテクトニクスによる山の隆起などの地殻変動は，新しい生態系を生み出し，種の拡散や多様化を促した。

(2) 私たちの学校について新聞で読んだことがあるのではないでしょうか。我が校は，男子の長髪についての話題に決着をつけた最初の学校の一つです。

2．「Ron HarrisとLen Chesterという2人の優等生が，フランス語教師によって校長の下へ送られました。このフランス語教師は，規則に従わない生徒を目の敵にしており，廊下でその少年たちを見て怒りの発作に駆られたのです。」

1．「最初は単純な事例のように思われました。」

4．「学校は，少年たちの不埒な外見を

叱責し，髪を切ってこなければ停学にすると言い渡しました。」

3.「しかし，少年たちの両親は，学校はその権限を逸脱したと判断しました。そこで彼らは問題を新聞社に持ち込んだのです。」

地方のいざこざとして始まった事が今や全面戦争の様相を呈し始めました。

12

(1)　②→①→③→④

(2)　④→①→③→②

解説

(1)　①のBack then「当時」は，②の708 BCを受けていると考えられるので，②→①。内容より，②のItはlong jump「走り幅跳び」を指していると考えられるので，②が冒頭に来る。③「このことの目的は，前方への勢いをつけることだった」における「このこと」thisは，④の「重りを振って離すことで前方へ飛ぶのを助けた」よりも①の「重りを手に持って跳んでいた」を指すと考える方が自然である。よって①→③の順となる。したがって配列は②→①→③→④。

(2)　大統領の変わった前職について述べている前文に続くのは，トルーマン大統領の前職について述べている④。それ以外の文は，大統領就任後についての話である。①のOnce in the White House「いったん大統領に就任してしまうと」という書き出しは，話題を区切るのにふさわしいので，④→①となると判断する。①で，セオドア・ルーズベルト大統領が最初にホワイトハウスという名称を導入したことが述べられる。それに続くのは③の「セオドア・ルーズベルトは新しい表現を発明した唯一の大統領ではなかった」。よって④→①→③→②。

〈全文訳〉

(1)　走り幅跳びは，1回のジャンプでできるだけ長い距離を跳ぶというシンプルな前提の下で確立したオリンピック競技である。これは陸上競技の4つの種目のうちの1つで，他の3つは走り高跳び，棒高跳び，三段跳びである。走り幅跳びは何世紀にもわたって行われてきた。

②　それは，紀元前708年頃，古代ギリシャの初代オリンピックに初めて取り入れられた。

①　当時，選手たちは石や鉛でできた重りを手に持って跳んでいた。

③　その目的は，ジャンプの距離を伸ばすために，前方への勢いをつけることだった。

④　重りを振り，最後にジャンプの途中で重りを離すことで，前方へ飛ぶのを助けた。

(2)　多くの大統領が，ホワイトハウス入りする前に変わった経歴を持っていた。第39代大統領だったジミー・カーターはピーナッツ農業を行っていた。第40代大統領のロナルド・レーガンは映画俳優だった。そして第16代大統領のエイブラハム・リンカーンはかつてフェンス用のレールを切り出す仕事をしていた。

④　ホワイトハウス歴史協会のJohn Rileyによると，ハリー・トルーマンはhaberdasherだったという。haberdasherとは男性用の衣類やアクセサリー，特に帽子を商う者を指す。

①　いったん就任すると，それぞれの大統領が異なる方法で名を揚げる。実際，第26代大統領のセオドア・ルーズベルトの就任前，ホワイトハウスはホワイトハウスという名前で

すらなかったのだ！その建物は大統領宮殿，大統領邸，国家元首邸などと呼ばれていた。ルーズベルトが1901年にホワイトハウスと正式に命名した。

③　新しい表現を発明した大統領はセオドア・ルーズベルトだけではなかった。第8代大統領のマーティン・ヴァン・ビューレンは「OK」という語を作り出した功績があるとされることがある。ヴァン・ビューレンはニューヨーク州キンダーフックの出身だった。選挙運動の間，大統領を支援するためオールド・キンダーフック(O.K.)クラブが結成された。後に「OK」または「オーケー」は「申し分ない，よろしい」という意味になった。

②　その他にも大統領が最初に始めた興味深い事柄はたくさんある。第11代大統領のジェームズ・ポークは自分の写真を撮らせた最初の大統領だった。セオドア・ルーズベルトは任期中に自動車に乗った最初の大統領だった。彼と6世代前の祖先を共有する同世代の従兄弟同士だった第32代大統領のフランクリン・デラノ・ルーズベルトは飛行機に乗った最初の大統領だった。

次に大統領が行う初めての大きな事柄は何だろうか。宇宙船に初めて乗ることだろうか。

13

(1)　イ　　(2)　エ　　(3)　エ
(4)　オ　　(5)　ウ　　(6)　ア
(7)　ア　　(8)　オ　　(9)　イ

解説

(1)　homogeneous「均一な，同質的な」
(3)　provenance「起源，出所」
(4)　ascriptions＝arbitrary placement in a particular social status
(5)　lineage「系統，血統」
(6)　correlation between ～ and…「～と…との相互関係」
(7)　entrenched「定着した，確立された」

〈全文訳〉

社会集団を構成する人々が話す言語とその集団のアイデンティティとの間には自然のつながりがあると広く考えられている。話者は自分のアクセント，語彙，会話パターンなどによって自分の出自を明らかにし，いずれかの発話・会話社会の一員として認定される。この社会への帰属から，彼らは個人的な力とプライド，そして自らが帰属する集団と同じ言語を使うことにより社会的重要性と歴史的連続性の意識を持つ。しかし，自分が帰属しているのはどの団体であるかをどのように定義するのか。Malinowskiにより研究されたTrobriandersのような孤立した同質的コミュニティでは，共通の文化的慣行と日々の対面の交流に基づいて集団への帰属を定義できるかもしれないが，現代の歴史的に複雑な開かれた社会では，特定の社会集団の境界線やそれを構成する人々の言語的・文化的アイデンティティを定義するのははるかに困難である。

民族性を例にとってみよう。ベリーズ(旧英国領ホンジュラス)の多くの民族が混在する住民に対して行われた1982年の調査で，Le PageとTabouret-Kellerは，様々な人が物理的特徴(髪や肌)，一般的外見，遺伝的系統，出身地または国籍などのうち，どの民族的基準に注目するかに基づいて，「スペイン人」「クレオール人」「マヤ族」「ベリーズ人」など様々な民族への帰属を主張することを発見した。民族を定義する基準として言語が使われることはめったになかった。興味深いのは，英国の支配が終わって間もなくの頃，グアテマラによる占領の脅威にさらされて初めて，人々が今日に至るまで抱いているベリーズの国民的アイデンティティが多数の民族帰属意識の中からゆっくりと表れてきたということである。

人種に基づく集団アイデンティティであれば，より定義しやすいように思われるだろうが，古典的な意味での人種間に存在するのと同じぐらい多くの遺伝的相違が，例えば，同一の白色人種や黒色人種の人々の間にも存在しており，さらに，人の人種的系統を100パーセント正確に確定することが時として困難であることも言うまでもない。例えば1983年，南アフリカ政府は690人の人種分類を変更した。そのうち3分の2は，有色人種と分類されていたのが，白人になった。黒人と分類されていた71人が有色人種になり，11人の白人が他の人種集団に再配分された！そしてもちろん，ある人種的特性と，ある1つまたは複数の言語の使用との間の相互関係は，必ずしも存在しない。

地域的アイデンティティも同じぐらい議論の対象となり得る。1984年2月のロンドンタイムズで報道されたように，ソビエトの「世界の人口」という本がフランスの人口は「フランス人，アルザス人，フランドル人，ブルターニュ人，バスク人，カタロニア人，コルシカ人，ユダヤ人，アルメニア人，ジプシー及び『その他』で構成されている」と主張した時，フランス共産党党首Georges Marchaisは激しく反対した。「我々にとって，フランス国籍を持つ男女はすべてフランス人である。フランスは多国籍の国家ではない。長い歴史によって生み出された単一国家である…」と彼は述べた。

国民のアイデンティティというのは明快な「あれかこれか」(国民であるか国民でないかのどちらか)の問題であると思われるだろうが，例えば，ドイツで生まれ育ち学校へ通い，ドイツ語を母国語とするのに，たまたま両親がトルコ人であったという場合，トルコのパスポートを所持していることとトルコ国民としてのアイデンティティを持つこととは，まったく別物である。

「1つの言語＝1つの文化」という等式に対する確固たる信仰にかかわらず，個人は，時と共に他者との対話の中で変化していく可能性があるだけでなく，互いに矛盾するかもしれない複数の集合的アイデンティティを獲得する。例えば移民の自己意識は，母国ではその人の社会的階級や政治的見解や経済状態にリンクしていただろうが，新しい国では圧倒的に，その人の国籍や宗教にリンクさせられる。なぜならそれが，今やその人のことを，例えばトルコ人やイスラム教徒としか見ていない他者によって押し付けられるアイデンティティだからだ。その人自身の自己意識や文化的アイデンティティもそれに応じて変化する。

「昔の国」への郷愁から，その人はトルコ人よりもトルコ人らしくなり，Benedict Andersonが「長距離の愛国心」と称したものを抱くようになる傾向があるだろう。

その人が話すトルコ語は，年月が過ぎると共に，今のアンカラの街でトルコ人が話しているトルコ語とは若干異なってしまうかもしれない。その人がかつて帰属していたコミュニティは今や，実際の現在のトルコではなくむしろ「想像の中にあるコミュニティ」である。

14

⑴ ス　⑵ カ　⑶ エ
⑷ キ　⑸ コ　⑹ オ
⑺ シ　⑻ セ　⑼ ケ
⑽ ク

解説

⑵ distinguish A from B「(特徴などが)AをBから区別する」

⑶ be desperate to～「～しようと必死である，～したくてたまらない」

⑸ quaint「変わった，古臭い」

〈全文訳〉

数年前，コネチカット大学女子バスケチームが初めてNCAAでタイトルを獲った時，ある人気のあるバンパーステッカーが，ストーズキャンパスは男が男であり，女がチャンピオンである場所だと宣言した。Lady Huskiesは依然としてスターなので，コネチカット大の学生は固定観念を打破することを恐れていない。だから先週，4年生のChristphere (22歳) は，彼の恋人がサウスカロライナ医科大学で良い仕事に就いているので，自分も卒業後サウスカロライナへ向かうことについて自信を持っていた。「僕たちは彼女のお金でやっていきます」と彼は言う。彼は大学院に入って教師になりたいと考えている。その理由の一つは，教師は家庭と両立しやすい職業だということだ。将来は，「妻が十分に稼ぎがあるので僕が専業の父親になったとしても，僕は完全に満足です」と彼は言う。

この世代の大学生の進路を研究した研究者たちは，結婚や家族における役割の柔軟性を積極的に受け入れる態度によってこれらの大学生は親世代と区別されると述べている。母親が働くべきかどうかという争いはもはや意味をなさない。家庭にはお金が要るのだ。若い女性は足りないお金を補うことに以前より積極的だし，男性は家庭に入ったとしても以前ほど不名誉を感じない。誰もが親世代の犯した過ちを避けようと必死である。1980年代初め，これらの子どもたちのベビーブーム世代の母親たちは，産休，パートタイムでのキャリアの道，フレキシブルな働き方など現在であれば当たり前の支援のない状態で，猛然と労働力に参入した。子どもたちは，婚姻が負担のあまり崩壊するのを見てきた。また彼らは経済的な反動も見てきた。現在の不景気で，彼らの父親の多くは失業し，再雇用の可能性は低い。そんな彼らの眼から見れば，融通のきかない役割分担など古臭く思われるだろうと，『ジェンダー革命の子どもたち』という本を執筆中のニューヨーク大学の社会学者Kathleen Gersonは言う。「女性に経済的な機会があるのなら，それで良いのです。そういう機会が誰かにあれば良いのですから」。

若者たちは希望に満ちているが，割り切っており，現実世界に理想が押しつぶされる場合があることも理解している。若い女性の多くは親密な家族生活を望んでいるが，結婚の半分近くが最終的には離婚で終わる中，一家の担い手となる覚悟はできている。「それは私たちの年代にとって大きな事です」と大学3年生のLucy (21歳) は言う。彼女は友人たちの母親が苦労するのを見てきた。彼女の両親は離婚していないが，彼女は「誰か他の人が自分の面倒を最後まで見てくれるのをあてにはできない」ことを学んだ。女性たちはいまだに全てを手に入れたがっている――たとえ同時に全てを，というわけにはいかないにしても。4年生のJennifer (21歳) は6桁の収入を得られるようになるためロースクールへ行こうとしている。しかしいずれ，自分自身の母親と同じように，家庭に入って子どもと過ごしたいとも思っている。

　男性がどれぐらい心地良く順応できるかは主としてその父親が定めた先例によって決まると，『野心的な世代』の共著者であるシカゴ大学の社会学者Barbara Schneiderは言う。コネチカット大の3年生のAlfred（21歳）は，両親が離婚したため，子ども時代の大半を家庭における主な男性として過ごしたので，家族に対し責任を持つことは彼にとって重要である。「仕事に就くのは男の役割だと思います」。しかし過去の世代の多くの男性と違って，彼は妻も働くことに反対はしないだろう。演劇科の学生Jeremy Andrewsは父親の姿から刺激を受けた。父は技師だが，看護師になる勉強をした。父の勤める会社が街を去ることになったので，家族と離れずに済むように，念のための手段として勉強したのだ。父は別の技師の仕事を見つけることができたが，4人の息子の試合にはほとんど来てくれた。一方，母親は看護師として長時間働いていた。それによってAndrewsは演劇をやってみようという自信がついた——たとえ給料が安定しなくても。

　この世代は社会の激変が残した遺物を嘆くのではなく，可能性を受け入れようと決心しているかのようだ。「今自分のしている事に没頭しているわけではありません」とコネチカット大の2年生Caitlinは言う。「皆，4つか5つの職歴を持っています。チャンスはとてもたくさんありますから」。たぶん今度こそ，バランスをとろうとする行為が効果をあげるだろう。

15

(1) キ　(2) ク　(3) シ

(4) ウ　(5) ケ　(6) セ

(7) エ　(8) イ　(9) ソ

(10) ス

解説

(4) be well〔better , best〕suited to ～「～するのに〔より，最も〕適している」

(7) abrupt「突然の，不意の」

(10) contribute to～「～に貢献する，～の一因となる」

〈全文訳〉

　1億4000万年近くにわたって，恐竜とその他の大型爬虫類が陸，空，海を支配した。世界中のあらゆる場所に合った大きさや形の恐竜がいた。そして，およそ6500万年前，これらの巨大爬虫類は死滅し，哺乳類が地球を支配した。すべての恐竜を死滅させたこの大規模な絶滅ほど，科学者の想像力を刺激した謎はない。長年にわたって科学者は恐竜やその他の大型爬虫類の消滅を説明する多くの理論を展開してきた。最も一般的な3つの説明は，地球の気候が次第に変化したこと，食糧がなかったこと，地球が巨大な小惑星と衝突したことである。

　これまで，科学者は，恐竜の数が数百万年にわたりゆっくり減少して最終的に姿を消したのだと考えていた。多くの化石調査が，地球の環境条件の緩やかな変化を示唆している。それにより，次第に気候が寒冷化したのだ。白亜紀の終わり頃には，気候は寒すぎて恐竜に適さなくなったかもしれない。多くの恐竜は大きすぎて洞穴で冬眠できなかった。

　その上，恐竜は，寒さから身を守るための毛皮や羽毛を持っていなかった。体の小さい動物は寒冷期には冬眠できるという利点があった。哺乳類や鳥類は，保護のための毛皮や羽毛を持っていたので，寒さに耐えるのに適していた。これらの動物は，寒冷な気候を避けるため暖かい地方へ移住することも容易だっただろう。このようにして，これらの動物は，恐竜をゆっくり死に至らしめた寒冷な気候を乗り切れたのかもしれない。

恐竜の絶滅に関するもう一つの説明は，食糧に関するものだ。草食の恐竜は白亜紀に発達した新種の植物を消化できなかったのではないかと一部の専門家は考えている。そして最終的に餓死した。草食の恐竜が死滅したので，それらの恐竜を常食としていた肉食恐竜も死滅した。恐竜は食糧をめぐる哺乳類との競争に成功できなかったので最終的に生存競争に敗れたのだと考えている専門家もいる。

現在，一部の科学者は，絶滅の原因はそれよりはるかに突然で壊滅的なものだったと考えている。1970年代後半，科学者は恐竜時代の唐突な終了を示す証拠を発見した。Louis Alvarez博士達は恐竜の絶滅を説明できる革命的な仮説に到達した。約650万年前，地球は巨大な小惑星と衝突したのではないかと彼らは言う。小惑星は爆発により破壊され，何十億トンもの埃が空中に吐き出された。分厚い埃の雲が長期間にわたり日光を遮断した。太陽エネルギーを得られなくなり，植物は栄養分を作り出せず死滅した。植物がなくなったため多くの草食恐竜も死に，それにより，草食恐竜を餌食としていた肉食恐竜も死んだ。暗闇により温度は何ヵ月間にもわたって氷点下のままとなった。この突然の気候変動によって恐竜の数はさらに減少した。

1つの理論だけでは恐竜の死滅を十分に説明できないように思われる。おそらく恐竜は，白亜紀の終わりに地球で起きていた変化に適応できなかっただけなのだろう。きっと恐竜時代の終焉をもたらしたのは，いくつかの原因が組み合わさったからであろう。

16

(1) ウ　(2) イ　(3) イ
(4) ア　(5) エ

解説

(1) in terms of～「～に関して，～の観点から」

(4) unwieldy「扱いにくい，手に負えない」
prohibitively「法外に」

(5) modernize「～を現代化する，現代的にする」

〈全文訳〉

我々の祖先が寒さから身を守るため動物の毛皮を羽織った時からずっと，繊維は戦いの間の投石や矢，気候，病気から我々を守ってくれている。当初，繊維は絹や羊毛などの自然素材から作られていた。19世紀末にレーヨンが発明されてから，繊維は次第に複雑で多目的なものとなっていった。

今，この分野は新時代の入口に立っている。ハイテク繊維は，建物を宙に浮かせてある場所から別の場所へ移動させられるほど丈夫な布地や，変化に富んだ地形でも兵士の姿を消せる迷彩服などを作り出せる。真の合成繊維は，アメリカの企業がナイロンを発明した1935年に初めて生まれた。合成繊維は重合体であり，炭素を基本として通常それに水素，窒素，酸素などが長い鎖となって連結した分子構造を持つ。重合体は溶解させたり，引っ張って糸にしたりできる。ケブラは鉄より強く，対弾道ベストや宇宙飛行士の繋留ロープなど強い力がかかる用途に用いられる。ノメックスやザイロンなどその他のハイテク繊維も高温に強いので，消防士やレーシングカーの運転手に最適である。

昔は，衣服は我々を様々な要素から保護した。その後，衣服はファッションに関連するものとなった。未来には，衣服は我々のために何かをしてくれるようになる。受動的ではなくなり，能動的となる。蜘蛛の糸は究極の夢の繊維だ。鉄の5倍の強さを持ち，粘着性も伸縮性もあるので，多くの用途にとって理想的である。繊維を作ったり，紡いで編み糸にしたり，織って布地にしたり，裁断・縫製して衣服にしたりする代わりに，蜘蛛は重合体ファイバ(蜘蛛の糸)から適用(蜘蛛の巣)まで直接移行する。文明は，それが使用する材料によって定義される。産業革命は鉄によって生じた。コンピュータはシリコンを使うことによって情報時代の先駆けとなった。我々は今や，自然の精巧さに基づくハイテク材料によって，バイオミミクリー(生態模倣)の時代に入ろうとしている。

17

(1) イ　(2) ア　(3) エ
(4) ウ

解説

perceive「認識する」
look into「調査する」
foreground「前景」

〈全文訳〉

人間の目は何百万もの異なる色を認識することができるが，人間の言語がそれらの色をグループ分けするために使用するカテゴリの数はそれよりはるかに少ない。一部の言語ではわずか3つのカテゴリの色しか使用しないが，工業化された文化圏の言語では最大10または12ものカテゴリを使用する。

MITの認知科学者は新しい研究で，言語は，青と緑を含む「寒色」領域と比較して，カラースペクトルの「暖色」部分を，オレンジ，黄色，赤などのより多くの色単語に分割する傾向があることを発見した。このパターンは，100を超える言語にわたって発見されたが，景色の中で目立つ物体の多くは暖色系であり，緑や青のような寒色系は背景に見られる傾向があるという事実を反映しているのではないかと研究者たちは述べている。

MITの脳・認知科学教授であるEdward Gibson氏は，別の研究中に，ボリビアのアマゾン奥地に住む部族・チマネ族の人々の間で色の表現方法に大きな違いがあることを偶然発見したことから，この色に関する調査を開始した。その結果，ほとんどのチマネ族は，白，黒，赤については一貫した言葉遣いをするが，青，緑，黄といった色の名称については一致が少ないことが判明した。

Gibsonはウェルズリー大学の准教授であったConwayと協力して，この変異性についてさらに調べることにした。研究者たちは，約40人のチマネ語の話者に，色の可視スペクトルに均等に配置された80個のカラーチップの色名を挙げるよう依頼した。

これらのデータを得た後，研究者たちは情報理論の手法を応用し，「サプライザル」と呼ばれる特徴を算出した。それは，人々の使う語が一貫してどの程度異なっているかの尺度である。多くのカラーチップを描写するのにある1つの単語(「青」や「緑」など)が使われる場合，それらのチップのいずれかが多くのサプライザルを持っていることになる。また，人々が一貫して1つの単語で表しがちなチップはサプライザルレートが低いのに対し，さまざまな人が別々の単語で表すチップはサプライザルレートが高い。チマネ語，英語，スペイン語で色名を表されたカラーチップはすべて，寒色のチップが平均して暖色チップよりサプライザルが多くなるような順序になっていることを，研究者たちは発見した。

研究者たちはさらに，自分たちの調査結果をWorld Color Surveyのデータと比較した。これは，彼らと基本的に同じタスクを，世界中の非工業化社会で使用されている110の言語について実施したものである。その結果，すべての言語において，同じパターンが見られた。これは，テストに使用された80色のチャートにおいて，暖色と寒色は同じ量のスペースを占めているのに，ほとんどの言語で暖色領域が寒色領域よりも多くの色語に分割されているという事実を反映している。したがって，ほとんどの人が「青」と呼ぶ色のチップは，「黄」や「赤」と定義されるカラーチップより多いということになる。

この傾向について考えられる説明を探るため，研究者たちはMicrosoftが収集，ラベリングした2万枚の画像のデータベースを分析したところ，シーンの前景にある物体は暖色になりやすく，背景には寒色が多く見られることが判明した。

「暖色が前景に来るのは，それらが，私たちが接しているもの，話題にしたいものばかりだからです」とGibson氏は語る。

(1) 第3段落によると，

ア．Gibsonがボリビアの部族を訪ねたのは，色について調査するためだった。

イ．チマネ語の「緑」は，人によって異なる色を指している。

ウ．チマネ族は色を表す多くの表現を持っている。

エ．チマネ族は色を表す語を持たない。

(2) GibsonとConwayの調査によると，「サプライザル」レートは，

ア．1つのカラーチップの色名を表すのに，さまざまな人が別々の単語を使う場合には高くなる。

イ．多くの人が1つの単語で同じカラーチップを表す場合，高くなる。

ウ．カラーチップがさまざまな単語で表現される場合，低くなる。

エ．チマネ語では，寒色より暖色の方が高い。

(3) 第6段落によると，

ア．GibsonとConwayはデータをWorld Color Surveyに報告した。

イ．GibsonとConwayは110か国を訪れ，チマネ語と同じタスクを実施した。

ウ．カラーチャートにおいて，寒色領域は暖色領域ほど大きくない。

エ．ほとんどの言語で，「赤」と呼ばれるチップより「青」と呼ばれるチップの方が多い。

(4) 第7段落と第8段落によると，

ア．人々は前景の物体を目立たせるために背景に暖色を持ってくる。

イ．人々は「青」や「緑」などの寒色より「赤」や「オレンジ」などの暖色を好む。

ウ．Gibsonは，人々を惹きつける中心的な物体は暖色である傾向があると考えている。

エ．Gibsonは，暖色を多く含む画像の方が，Microsoftによる検索結果で上位に来る可能性が高いと考えている。

18

(1) エ　(2) ウ　(3) ア
(4) イ　(5) ア　(6) エ

解説

Confucius「孔子」

pronounced「著しい，顕著な」

〈全文訳〉

日本でも西洋でも，歴史を通じて，女性は差別を経験してきた。西洋文化の起源である古代ギリシアでは，女性も奴隷もほとんど権利を持っておらず，大部分の西欧諸国で女性が投票権を獲得したのは20世紀になってからだった。東洋では，2500年前の中国で，孔子は「婦は幼にして父に従い，嫁しては夫に従い，老いては子に従え」と説いた。ある意味，この考え方は今でも残っている。

実社会でも，日本では女性の方が男性より仕事を見つけるのが難しい。就職できても，昇進したり責任ある地位へ就いたりするのは難しい。結婚したり子どもができたりすれば，辞めるよう圧力を受けることさえある。

女性はセクシャルハラスメントや低賃金（平均して男性の給与の57%）も経験している。北米では事態はかなりましな方だが，それでも女性はまだ対等ではない。女性の給与は平均で男性の約75%であり，高い地位に就いている女性はまだ極めて少ない。1960年代のウーマンリブ運動以来，北米における女性の状況はかなり改善され，日本はウーマンリブの考え方をゆっくり理解しつつあるところである。例えば今では日本でセクシャルハラスメントが話題にされるようになった。以前にはなかったことだ。

家庭内では，日本文化でも西洋文化でも，伝統的な役割というのは女性が家事をして男性が外へ働きに行くことである。北米では女性解放以来，働く女性が増えているので，彼女たちは夫や子どもがもっと家事をしてくれることを期待している。しかし平均的な女性は依然として家事の80%超を行っている。日本では大部分の女性がそれよりさらに多くの割合を負担している。つまりどちらの社会でも女性は家庭内で伝統的な役割を果たし続けている。しかしそのことは日本の方がさらに顕著である。

北米では全大学生の半分以上が女性である。日本でも，高校卒業後に進学する女性は男性より多い。しかし文部省によると，高校卒業後に進学する日本人女性の半分以上が短大へ行くのに対し，進学する男子学生のほとんどすべてが四年制大学へ行く。短大ではなく四年制大学を選ぶ日本人女性が増えれば，これも変わっていくだろう。北米では工学，科学，会計などの科目が男子学生を惹きつけるのに対し，女性は言語や芸術を学ぶ傾向がある。日本ではこの違いはさらに顕著である。しかしそれは自然な事かもしれない。研究によると，男性は女性より数字について優れている傾向があるのに対し，女性は男性より言語について優れている傾向がある。北米の女性の方が日本人女性より力を持っていると考える人が大部分だろうが，日本人女性の方が有利な分野もいくつかある。例えば，日本では，家族のお金を管理しているのは女性である。北米では女性はこの点ではそれほど力を持っていない。実際，家庭に関する決定では，日本人女性は多大な権力を持っている。また，男性が働いている間，主婦は日常生活において，男の持てない多大な自由を経験している。どちらの国でも，女性の方が男性より自分の感情やスタイルを自由に表現できる。男性は女性に比べて，着られる服も非常に限られている。紺や灰色のスーツばかり着ている日本人男性は，北米の男性よりもさらに限られている。日本人男性に対する最近の調査では，生まれ変わったら何になりたいかという問いに対し「女になりたい」という答えが2番目に多かった。「鳥になりたい」というのが1位だった。

最近，伝統的に男性しか担ってこなかった仕事にも女性が就き始めている。同様に，女性だけのものだと伝統的に考えられてきた仕事を男性もするようになっている。北米では男性の旅客機客室乗務員，看護師，保育士を見かけるのは今や普通である。女性がトラックの運転手や弁護士をするのも普通である。日本でも女性のタクシー運転手や弁護士や大工が一般的になりつつあるが，会社の社長など一部の職業はほぼ男性の聖域のままである。

19

⑴ イ　⑵ ウ　⑶ ア
⑷ ウ　⑸ エ

解説

outpost「前哨基地，開拓地」
depot「駅，(貨物が集積される)倉庫」
trinket「安物の宝石，ちょっとしたアクセサリー」
nucleus「主要部，中心部」
burgher「(自治都市の)自由民，市民」
rollicking「はしゃぎ回る，陽気に騒ぐ」
annex「併合する」
emissary「使者，密使」
ammunition「弾薬」

〈全文訳〉

ニューネーデルラントの最初のオランダの開拓地は1624年にオレンジ砦(現在のオールバニ)に作られた。そこは毛皮貿易の中継地となった。しかし最も重要な開拓地はハドソン川の河口で巨大な港を臨む，マンハッタンの南端にあった。ニューネーデルラントの初代総督ピーター・ミニュイットはマンハッタン島の権利をカナーシー族のインディアンから24ドル相当の装飾品と引き換えに「購入した」。しかしカナーシー族はいわば，ブルックリンから来た観光客とでも言うべきものだった。ミニュイットは後日，島の実際の住民である集団に支払をしなければならなかった。

1626年に技師がオランダからマンハッタンに到着し，アムステルダム砦を築いた。その長方形の壁の内部に，元のマンハッタン人のわら葺き屋根の住居に代わり，恒久的な家屋を建てた。砦はニューアムステルダムの町の中心部となった。間もなくマンハッタンはその最初のスカイラインを獲得した。砦の頑丈な輪郭，旗竿，巨大な風車のシルエット，貿易船のマストなどである。

オランダ西インド会社はニューアムステルダムの近隣に酪農場を設置した。毎朝，畜牛は市内の大きな共用空地である「Bouwerie」(今のバワリー)へ連れて行かれた。Bouwerieのすぐ南西にはボウリンググリーンがあった。そこは，市民が現代のボウリングの先祖にあたるナインピンズをしていた平地である。ボウリンググリーンは，家畜を販売する家畜品評会の会場となった。ビールやソーセージがブースで販売された。農家の妻たちがチーズやレースやリネンを販売し，インディアンの女性たちが籠やその他の手芸品を販売した。これらの華やかな集会やニューアムステルダムの日常生活のその他の側面は，ワシントン・アーヴィングの滑稽本『ディートリヒ・ニッカーボッカー著　ニューヨークの歴史』の中で描かれている。

ニューネーデルラントの最後の，そし

て最も強力な総督は，その短気さと木の義足で有名なピーター・ストイフェサントであった。彼はデラウェアにあったスウェーデンの植民地を併合し，ニューアムステルダムの街路を規則正しく配置し番号を付けるように命じた。彼は英国に対抗するため，オランダから軍事的・財政的支援を獲得しようと最善を尽くした。英国が植民地の降伏を求める使節を送ってきた時，彼は戦おうとした。リチャード・ニコルズ大佐の指揮する4隻の英国軍艦が1664年に入港してきた。砦は長年にわたり荒廃しており，弾薬も不足していた。ストイフェサントは降伏するしかなかった。ニューネーデルラントは英国のニューヨーク植民地となり，ニューアムステルダムはニューヨーク市となった。

20

(1) ア　(2) ウ　(3) エ
(4) エ　(5) イ

解説

dyslexia「失読症，読字障害」
phonological「音韻の，音韻に関する」
congenital「先天性の」
neuro-anatomical「神経解剖学的な」
temporal lobe「側頭葉」

〈全文訳〉

研究の結果，失読症は生物学的起源を有することが示されており，失読症の子どもたちは時として「音韻無認識」と呼ばれる非常に特異な言語上の問題のため，読書に困難をきたすのだと大部分の研究者は考えている。失読症の子どもたちは，印刷された文字を発話の音声と関連付けるのが難しいため，なかなか読めるようにならない。同様の問題が，言語学的に複雑で繊細な手話を習得できても読むことを覚えるのが困難な先天性聾者についても生じる。多くの失読症の根本的原因は，非常に速く変化する感覚的刺激を処理する際の問題であることを示唆する証拠も存在する。例えば，研究の結果，失読症の子どもたちはよく似た聴覚信号を正確に区別するのが困難であることが判明している。彼らは「pah」「dah」「bah」などの発話音声の違いをしばしば聞き取れない。失読症者の視覚経路と非失読症者の視覚経路との間に差異があり，そのことは，変化の速い視覚刺激に関する同様の問題の存在を示唆していることが最近注目されている。研究者は，側頭葉や脳のその他の領域にいくつかの他の神経解剖学的な異常も発見している。これらの研究はすべて，失読症の子どもたちを正確に特定しもっと効率的に支援できるよう，研究者が読書能力の問題の根底にあるメカニズムを理解する上できわめて有益である。

21

(1) エ　(2) ウ　(3) イ
(4) エ　(5) ア

解説

(1)「乾隆帝が即位したのはいつか。」
乾隆帝は17歳で結婚し，その8年後に即位したと述べられている。

(2)「乾隆帝の家族について正しい説明はどれか。」
乾隆帝は少数民族である満州人であり，彼の一族は1644年から20世紀初頭まで中国を支配したと述べられている。彼の退位は1795年であるから，彼が18世紀の皇帝であり，彼の即位前に彼の一族が「何世紀間も」中国を支配していたわけではない。

(3)「イエズス会の宣教師は清朝でどの

ような貢献をしたか。」

宣教師は外交や技術などの分野で顧問として皇帝に頼られたと述べられている。

(4) 「乾隆帝について正しい記述はどれか。」

乾隆帝の治世では減税が行われ，芸術や文学に対する支援が増え，中国が栄えたと述べられている。

(5) 「乾隆帝の結婚生活について正しい記述はどれか。」

乾隆帝は孝賢との結婚後，側室たちを迎えたが，皇后の死後，悲しみに暮れて彼女の詩を作り続けたと述べられている。

〈全文訳〉

中国の最も貴重な宝物が「中国の紫禁城の栄光：乾隆帝の輝かしき治世」という前例のないフィールド自然史博物館での展示のためシカゴへやって来る。中国人はその事に対しすばらしく寛容な姿勢だった。彼らは中国に関する国際理解を高めたいという意向を持っている。

乾隆帝は中国で愛されていた。彼は少数民族である満州人であり，彼の一族は1644年に中国の支配権を握り，清朝を建てて20世紀初頭まで統治した。彼はその当時最も豊かな帝国であった清朝の最盛期を治めた。彼の治世の下，減税が行われ，芸術や文学に対する支援が増加した。中国は繁栄した。

展示に出展される最も驚くべき品物の中に，イエズス会の宣教師ジュゼッペ・カスティリオーネによって描かれた乾隆帝の絵がある。皇帝は，死後も自分の顔を忘れずにいてほしいと熱望したが，昔ながらの訓練を受けた中国の芸術家では，見分けられるほど似させることはできないことに気づいた。彼は長年にわたり，外交，そして数学のような技術の分野で，ヨーロッパから来たイエズス会の宣教師を顧問として頼ってきた。そこで乾隆帝はイエズス会員たちに，優秀な肖像画家を派遣してほしいと頼んだ。カスティリオーネの絵の中の皇帝の顔はリアルに表現されているが，彼の絵に出てくる女性たちは似通った顔立ちである。

17歳の時，乾隆帝は15歳の孝賢という少女と結婚し，8年後，彼が即位した時その少女が王妃となった。彼が孝賢を深く愛していたことを我々は知っているが，だからと言って彼は他にも「側室」を迎えるという慣習に従うことを思いとどまったわけではなかった。皇帝の妻たちにとって，それは豪華絢爛だがたぶんそれほど幸福な生活ではなかった。いったん出仕すると，彼女たちは二度と宮廷を出ることができず，個人の持ち物を所有することは許されず，家族との面会も認められなかった。孝賢皇后は35歳で亡くなった。皇帝は深い悲しみに暮れ，残りの生涯を，彼女についての詩を書いて過ごした。彼の結婚により17人の息子と10人の娘が生まれた。彼が1795年に自ら帝位を退いた時，15番目の息子を新皇帝に指名した。

22

エ

解説

永久凍土層の一部が融解して柔らかくなり始めたため，ロシアを中心とする亜寒帯地域全体で，先住民のコミュニティが崩壊し，産業インフラが脅かされている（第5段落）。

〈全文訳〉

カナダ，アラスカ，シベリアの永久凍土層が突然崩れ出し，貯蔵されていた大量の温室効果ガスを予想より早く放出する可能性があると，研究者は警告している。

科学者たちが長年にわたり懸念しているのは，世界全体の温暖化の2倍のペースで北極圏と亜寒帯地域の気温を上昇させている気候変動が，何千年にもわたって凍土の中に安全に閉じ込められてきた，地球温暖化作用を持つ二酸化炭素やメタンを放出させるのではないかということである。このプロセスはゆるやかに進み，人類は，二酸化炭素の排出量を削減し，氷の融解と地球温暖化の悪循環を防ぐだけの時間を確保できるだろうと推測されていた。しかし，Nature Geoscience誌に掲載された研究によると，このようなゆるやかで安定した融解によって放出される炭素量の予測は，ある種の氷の地形が突然，時には数日で崩壊する，あまりよく知られていないプロセスを見落としているという。

「突然の永久凍土層の融解は，凍土層の20%未満にしか起こりませんが，永久凍土層による炭素の放出量予測を約50%増加させます」と，研究の筆頭著者であるコロラド州北極・高山研究所の責任者，Merritt Turetsky氏は述べている。

永久凍土層は，岩石，土，砂，そして純粋な地中氷溜まりを含む。その中に含まれる豊富な炭素は，かつて北極圏で繁栄した植物，動物，微生物などの生命の痕跡である。この物質は何千年もの間，完全に分解されることなく，凍ったままになっている。

永久凍土層は，カナダと米国を合わせた面積にわたって広がり，1兆5,000億トンの炭素を含む。これは大気全体に含まれる炭素の2倍，工業化の開始以来人類が排出してきた炭素の3倍に相当する量である。かつて強固だった地盤の一部が軟化し始め，ロシアを中心とする亜寒帯地域全体で，先住民のコミュニティが崩壊し，産業インフラが脅かされている。

この永久凍土層がメタンや二酸化炭素を大量に放出し始めているかどうかについては，肯定・否定両方の証拠がある。また，将来の排出量は，二酸化炭素を吸収・蓄積する新しい植生によって少なくとも部分的に相殺されるかもしれないとする科学者もいるなど，予測も定まらない。しかし，専門家によれば，気温が上昇するにつれて永久凍土層が崩壊し続けることは間違いない。

23

⑴ ビジネス競争が激しくなる中，低賃金の若い従業員を次々と引き抜こうとするから。

⑵ **young and unskilled workers**

⑶ ① C　② C　③ A　④ B

⑷ **pay of a job is often less important than its social status**

⑸ ・両親とも働きに出ていて，子どもたちは自分で自分の面倒を見ている。
・両親は，学校にしつけや教育の手助けを求めるようになった。
・多くの生徒達が午後になると学校を出て，仕事に直行している。

⑹ オ．**despite**　カ．**few**

⑺ C，G

解説

shameful「恥ずべき，不面目な」
one-eighth「8分の1」
devote oneself to～「～に打ち込む，熱中する」

⑴ ㈠ 「ファーストフードチェーンは自らの成功の犠牲者となってい

る。」その直接の理由は(ア)の直後のas以下に述べられている。十代の労働力が引き抜かれていく背景についても併せて述べること。

(3) ① visit with「～とおしゃべりをする，雑談する」

② rap「非難，叱責」

③ beckon「～するように合図する，招く」

④ turmoil「騒動，混乱」

(5) (エ)は，ハリソン高校で過去30年間に学生層に起きた「とてつもない変化」のこと。第5段落で述べられている子どもたちの生活スタイルの変化を具体的にまとめる。

(7) A 「コロラドスプリングスで新しくファーストフード店がオープンする時，人々を引きつけるため新しい旗が掲げられる」→誤り。掲げられるのはスタッフ募集の看板などである。

B 「地元のフランチャイズ店と企業承認業者の間に賃金をめぐる争いがある。」→誤り。そのような記述はない。

C 「シャイアン・マウンテン高校の生徒はファーストフード店で働くことを恥ずかしいと思っているのかもしれない。」→正しい。

D 「ハリソン高校はあるファーストフード店から経済援助を受けているので，清潔で近代的な校舎が持てる。」→誤り。学校とファーストフード店との間に経済的なつながりはない。

E 「Jane Trogdonはハリソン高校の教頭で，現在の状況を改善しようと懸命に努力している。」→誤り。教頭ではなく，指導部長である。

F 「ハリソン高校の生徒の大半は，家族を助けるためファーストフード店で働き始め，その後，おそらく学校を中退する。」→誤り。家族を助けるための者もいるが，大半は車を買うために働いている。また，中退するのは約半数である。

G 「ハリソン高校のおよそ8分の1の生徒はたぶん大学へ進む。」→正しい。

H 「30年前，生徒たちが放課後働くことは滅多になくて，宿題に集中することができた。」→誤り。そのような記述はない。

〈全文訳〉

コロラドスプリングスにあるほぼすべてのファーストフード店は「スタッフ募集中」という横断幕や看板を掲げている。ファーストフードチェーンは，他の店舗に次から次へと十代の従業員を引き抜かれ，自らの成功の犠牲者となっている。今やティーンエージャー達はホテルのフロントに座り，電話セールス業者のため電話をかけ，ショッピングセンターでランニングシューズを販売している。コロラドスプリングスでは失業率が低いため，低賃金の労働力を見つけるのは一層困難である。そんな中で，ファーストフード店同士の競争も激しくなっている。長年にわたりこの都市で競い合ってきたチェーン店は新規店舗を開設し続ける一方，初めて市場に参入する店もある。コロラドスプリングスに進出してきたCarl's Jr.は独立型レストランを開設すると同時に，テキサコのガソリンスタンド内に「相互ブランド」の店舗も開設している。まるで占領した敵軍の前哨基地を奪う軍隊のように，ファーストフード店が廃業すると，同じ場所に新しいファーストフード店が開店することが多い。掲げられるのは新しい国旗ではなく，大きく新しいプラスチック製の看板だ。

地元のファーストフードのフランチャイズ店は，リース料，フランチャイズ料，会社の承認した業者からの購入などの固定費を削減する力がほとんどない。しかしフランチャイズ店は賃金の額の決定権をある程度持っているので，できる限り賃金を安く抑えようと努める。ファーストフード業界の労働力構成では，若い未熟練労働者の供給が絶えず必要とされる。しかしチェーン店側のニーズは目先のものであるのに対しティーンエージャー側のニーズは長期的なものであって，両者は基本的に相容れない。

街を眺望できる丘陵地帯に建つシャイアン・マウンテン高校では，ファーストフード店で働いている生徒はほとんどいない。生徒の大半は上流階級と中流階級の間に位置する白人だ。夏の間，男子はゴルフキャディーまたはプールの監視員として働くことが多い。女子はリゾート地ブロードムーアでベビーシッターとして働くことが多い。シャイアン・マウンテンの子どもたちが学校の授業がある時期に働く場合，ショッピングセンターで仕事を見つける傾向がある。女子はGapやLimitedなどの洋服店に勤め，男子はAthlete's Footなどのスポーツ用品店に勤める。これらの仕事に就くと，商品の割引を受けられるし，買物に来た学校の友人とおしゃべりをする機会もある。給与よりもしばしば仕事の社会的ステータスの方が重要なのだ。Carriba'sやT.G.I.Friday'sやOutback Steakhouseなどの高所得者向けのチェーン店レストランでウェイトレスをするのは，たとえ最低賃金しか得られなくても，望ましい仕事だとみなされる。ファーストフード店で働くのは最下層の仕事だと考えられている。

Jane Trogdonはコロラドスプリングスのハリソン高校の指導部長だ。ハリソン高校は「荒れている」学校，「不良」学校だというレッテルを貼られている。この非難は完全に正当であるとは言えない。ハリソン高校が市で最も貧しいティーンエージャー達が通っている学校であるという理由で，貼られたレッテルかもしれないからだ。生徒の約60パーセントが低所得家庭の子である。少数民族の割合が比較的低い町にあって，ハリソン高校の生徒のうち白人は40パーセントだけである。学校は，町の南側，州間高速道路25号線のすぐ隣にある清潔で近代的な建物である。一部の教室の窓からは，音を立てて走り去る車が見える。州間高速道路の向こう側では，24個のシアターを持つ新しい複合映画館が授業をさぼるよう生徒たちに誘いかけている。

教師たちはハリソン高校で教鞭を執りたがらないことが多く，同校では長続きしない教師もいる。Jane Trogdonは1967年の開校以来この学校に勤めている。過去30年間，Trogdonは学生層のとてつもない変化を見守ってきた。ハリソン高校はずっと町の貧しい地域にある学校だったが，最近の子どもは昔より一層貧しくなったように思われる。かつては多くの低所得世帯でも，父親が働き，母親が家で子育てをしていた。今では誰も家におらず，両親はしばしば2つか3つの仕事をかけもちして，何とかやり繰りするため働いているようだ。ハリソン高校の子どもたちの多くは幼くして自立する。親たちは次第に学校に助けを求めるようになり，しつけや指導をするよう教師に頼んでくる。教師たちは，尊敬の念のまったく欠けた生徒の態度や，時には暴力の脅威にさらされるにもかかわらず，最善を尽くしている。Trogdonは，午後に学校を出てそのまま仕事へ（ほとんどはファーストフード店の仕事へ）行くハリソン高校の子どもの多さを懸念している。また，そういう子らの労働時間の長さも心配だ。

ハリソン高校の生徒の中には家族を助けるためファーストフード店で働いている者もいるが，大半は車を買うために放課後働いている。コロラドスプリングスの不規則に広がる郊外では，自分の車を持つことは不可欠だろう。車の支払額と保険料を合わせると軽く月300ドルになる。自分の車を手に入れるため働く子どもが増えるにつれて，放課後のスポーツやクラブ活動に参加する子どもは減る。彼らは夜遅くまで働き，宿題をさぼり，へとへとになって登校する。コロラドでは子どもは16歳で学校を中退できる。「実社会」で働き，金を稼ぎ，地元のファーストフードや小売店のチェーン店や電話セールス業者から熱烈に勧誘されている高校2年生にとって，中退はしばしば魅力的に見える。30年前は，企業はこれほど熱心に十代の労働者を求めていなかった。ハリソン高校には通常，約400名の1年生が在籍している。そのうち最終的に卒業するのは約半数である。たぶん大学まで進むのは50人ほどだろう。

Trogdonがハリソン高校に着任した頃はベトナム戦争の真只中であり，長髪の生徒たちと従軍中の父親を持つ子たちとの間で怒りに満ちた戦いが荒れ狂っていた。Trogdonは今では学校の中に深い無関心を感じている。昔の騒動は，悲しく不安定な混沌に取って代わられている。「ひどく落ち込んでいる子どもが本当に大勢います。こんなにも大勢の，こんなにも若い子どもたちがそんな風になっているのを見たことがありません」とTrogdonは言う。

24

(1) ① A　② D　③ I
④ J　⑤ E

(2) (ア) B　(イ) D
(ウ) C　(エ) F
(オ) A　(カ) E

(3) B, E

解説

(1) ① element「(激しい雨，風などの)自然力」
② apparatus「器具，装置」
③ perpetuate「～を永続させる」
④ propagate「～を伝える，伝播する」
⑤ superimpose「～の上に置く，載せる，重ね合わせる」

(2) categorize「～を分類する」
exploit「～を利用する，有効に生かす」

(3) A 「自然選択の要求のおかげで人間は生物学的発達の遅いペースを補うことができた」→誤り。生物学的進化を補ったのは文化的進化である。
B 「遺伝子突然変異も自然選択の要求も同じぐらい，人類の誕生をもたらすのに重要な役割を果たした」→正しい。冒頭文の内容に一致する。
C 「偶然の突然変異がなければ，人間は他の生物よりも進んだ分析能力を発達させることはできなかっただろう」→誤り。偶然の突然変異がもたらしたものは遺伝子の変化である。

D 「美術は，遺伝子の変化によって人間に与えられた能力の典型的な発現のひとつである」→誤り。美術は文化的伝統によって生まれた。

E 「文化的進化は，人間のコミュニケーション体系に貢献している人間の心の側面によって可能になった」→正しい。文化的進化の鍵は，特に言語能力を司る人間の心の側面である。

F 「チンパンジーだけが，人間と同じぐらい巧みに単語や身ぶり言語を使うことができる」→誤り。訓練を受けたチンパンジーでも，非常に限られた形でしか単語や身ぶり言語を使えない。

G 「人間の心の柔軟性と創造性は，我々の文化がどれだけうまく発達してきたかを判断するにあたり不可欠な特質である」→誤り。「人間の言語はその柔軟性と創造性において特有のものである」と述べられているが，人間の心の柔軟性と創造性については述べられていない。

〈全文訳〉

遺伝子突然変異は，自然選択の要求と相互に作用して，思考し話すことができる新しい生物種ホモ・サピエンスを一定の段階で生み出した。人類はその分析能力とコミュニケーション能力のおかげで，自分たちと環境との関係をある程度まで変化させることができた。資源を貯蔵し，移住し，厳しい自然の力から身を守り，自分たちの意識的な願望に合わせて環境を作り上げさえし，それにより自然選択の要求を改変してきた。最初のヒト科以来，この種はゆっくり発達を遂げ，明らかに最近のわずか1万年で農業システムを考案するところまで来た。その後，彼らは車輪と原始的な機械を発明し，金属の精錬と造形を開始し，ついに現代の工業社会の仕組み全体を作り上げた。最初期の形態のヒト科からの発達の中で若干の遺伝子変化が生じ，その変化は偶然の突然変異により起こり，自然選択により永続的なものとなった。しかし，利用できる技能や機械の変化は，突然変異や自然選択のプロセスによってではなく，文化の発達や伝統の伝達を通して受け継がれた分析的な進歩によって生じた。文化的進化は生物学的進化を打ち消すものではなく，生物学的進化に上乗せされるものだ。文化的伝統がそれより遅い生物学的プロセスを補っているうち，ソフォクレスやシェイクスピアの劇，ベートーヴェンの弦楽四重奏，フェルメールの絵画，ワトソンとクリックの発明の才，トリュフォーの映画から，チェスの試合やクロスワードパズルやサッカーの試合など，より日常的な物まで非常に洗練された業績が生まれた。そういった業績を生み出した文化的伝統は豊かなコミュニケーション体系に基づいている。文化的進化の鍵は人間の心，特に言語能力を司る心の側面である。それは，人が機械を開発し，概念の斬新さを求めて天賦の発明の才を活用し，複雑な協働事業に携わり，抽象的に思考し，過去の経験を思い出してそれらを一般化や将来の予想の根拠として分類し，個人の感情を，劇場やコンサートホールなどで集合体として解釈され得る形式で表現することさえ可能にする。それらの特性のすべてが人間に固有のものだというわけではないが，人間の言語は他の動物のコミュニケーション体系とは根本的に異なる。例えば鳥の鳴き声は非常に限られた範囲のメッセージしか伝えられない。その点は，ヨーロッパカッコウのように完全に遺伝する鳴き声であっても，雄のウソやナイチンゲールなどのように巣で学ぶ鳴き声であっても同じである。チンパンジーでさえ，いくつかの点で人間の脳に物理的に似た脳を持ち，おそらく記号を使って物事を表現する能力も兼ね備えているにもかかわらず，入念な訓練を受けた後でも，非常に限られた形でしか「単語」や身ぶり言語（人間の言語の機能）を使えない（もっとも，広く知られている文献では，チンパンジーは人と同じ能力を持っているが，驚くべき事件によってその能力を行使できないだけなのだと面白おかしく表現している場合もあるが）。チンパンジーは我々が理解できない方法でお互いにコミュニケーションできるのかもしれないが，それらの方法が何であれ，人間が言語を使う方法とは異なっている。人間の言語はその柔軟性と創造性において特有のものである。アイディアを表現し，象徴的に世界をとらえ，その知識を伝達する手段を提供する。人間が何かを知るためには，それを自ら経験する必要はない。新しい経験，一般化，思想，予想などを非常に詳細に伝えることができる。記号言語を使う能力は我々の文化的進化の基本的な手段を提供している。

25

(1) イ　(2) エ
(3) イ　(4) エ

解説

(2) ア 「貿易により平均所得が増える場合，貿易の貧困に対する影響は，所得の分配によってではなく，貧困が平均所得の増加にどの程度左右されるかによって決まる。」→誤り。貿易の貧困に対する影響は，貧困が平均所得の増加に敏感であるかどうかによって，また，貿易の増加が国内の所得分配にどのように作用するかによって決まる。

イ 「所得や機会が比較的平等に配分されている場合，貧困に対する成長の影響は限られている。」→誤り。所得や機会が比較的平等に分配される場合のほうが，当初の不平等が大きい場合よりも，貧困に対する成長の影響は大きい。

ウ 「多くの場合，貿易自由化は農家都市労働者の両方に利益を与えるが，貧しい消費者に害を与える。」→誤り。貿易自由化により，貧しい農家ならば利益を得るが，消費者は損失を受ける。また，メーカーへの関税削減は，多くの途上国では都市労働者に害を与える。

エ 「貿易自由化は不均衡な利益を貧困層に与える可能性があるが，営業税収入の減少によって貧困層に不利に働くこともある。」→正しい。

(3) ア 「国境を越えた大規模な時系列の計量経済学的研究により，あらゆる国で常に，貿易は貧困削減の強力な原動力となり得ることがわかっている。」→誤り。貿易は貧困削減の強力な原動力となり得るが，それはあらゆる国で常に当てはまるわけではない。

イ 「あらゆる状況で確実に最大のプラスとなる結果を挙げるため，国レベルでの貧困層に配慮した補足的政策が重要である。」→正しい。

ウ 「各国の経緯を振り返ってみて

も，貿易自由化はあまりに複雑で各国に固有のものであるため実現が難しく，良い政策とは言えない。」→誤り。貿易自由化が良い政策ではないという記述は本文中にない。

エ 「貿易自由化の事例研究の結果得られた証拠によると，貿易の増加は不平等の増加と体系的に関連していることは明白である。」→誤り。各国の経緯を振り返ってみても，貿易の増加が不平等の増加または減少と体系的に関連しているという証拠はほとんどない。

(4) ア 「成長による貧困への影響」
イ 「所得の分配」
ウ 「貿易の成果と成長：どのように働くか」
エ 「貿易と貧困：どのように関連しているか」

〈全文訳〉

貿易自由化の事例研究や，国境を越えた大規模な時系列の計量経済学的研究から見えてくる証拠によると，貿易を多く行う国ほど成長が早い。具体的な貿易政策手段と貿易の成果・成長との関連はそれほど明確ではないが，貿易の増加と成長との基本的な関連性は明らかである。貿易によって平均所得が増えた場合でも，その貧困への影響は，ある国における貧困が平均所得の増加に敏感であるかどうかによって，また，貿易の増加が国内の所得分配にどのように作用するかによって左右される。これらの問題のうち第一のものは経験上十分に理解されている。平均所得の増加による貧困への影響は，国の当初の不平等に大きく左右される（1997年 Ravallionによる研究）。所得や機会が比較的平等に分配される場合のほうが，当初の不平等が大きい場合よりも，貧困に対する成長の影響は大きい。（よって，貿易の増加に伴う（あるいはその他の原因による）成長は，当初の不平等が小さい国のほうが，貧困に対して大きい比例的影響を与える可能性がある。）

それよりさらに興味深く，さらに重要かもしれないのは，貿易増加の所得分配に対する影響である。ほぼ当然とも言えるが，貿易増加が貧困層に不均衡なまでに利益を与える場合，貿易が非貧困層に不均衡な利益を与える場合よりも貧困は速く減少する。したがって貿易自由化がもたらし得る分配面の結果を理解することは，貿易の貧困に対する全体的な影響を理解する上で不可欠である。多くの場合，貿易自由化が貧困層に不均衡な利益を与え得る非常に直接的な経路が存在する。例えば，農作物の貿易自由化により，それまで低く抑えられていた農産品の価格が世界レベルまで上昇したとすれば，純然たる生産者である農家は利益を得るが，消費者は損失を受ける。農家のほうが貧しいことが多いのであれば，この自由化は概して貧困層に手厚いと言えるだろう。同様に，メーカーに対する関税の削減は，それまで保護されていた，多くの発展途上国では比較的裕福なことが多い都市労働者に損失を与えるが，価格低下は，メーカーの製品を購入する貧しい消費者にとって利益となる。しかし同時に，貿易自由化の分配面の結果は貧しい人々にとって害になることもある。例えば，関税削減は営業税収入の減少を意味する。この収入源に不均等なまでに依存している発展途上国にとって営業税収入は重要である。公的支出が貧しい人々に不均衡な利益を与えている場合（そのようなケースは決して普遍的ではないが），貿易自由化に伴う税収の減少は分配面で悪影響を及ぼす可能性がある。

したがって，貿易自由化がもたらし得る分配面の結果は複雑で，国によって異なる。ある行動が貧困層を利するものなのか害するものなのか判断するには慎重な分析を要する。各国の経緯を振り返ってみても，貿易の増加が不平等の増加または減少と体系的に関連しているという証拠はほとんどない。

概して，貿易は貧困の削減の強力な原動力となり得る。特に，より長期的な観点から見ると，貧困層の収入に対する成長の累積的影響がより大きくなるので，なおさらである。しかしそれは常にどの国についても当てはまるわけではない。そのことは，あらゆる状況で確実に最大のプラスとなる結果を挙げるための，貧困層に配慮した国レベルの補足的な政策の重要性を強調するものである。

26

(1) 問1　**The tension between art and business in filmmaking makes movies so dynamic and also so inconsistent in content and quality.**

問2　**The filmmaker is a writer, a musician, a painter, a sculptor, or a choreographer.**

問3　**Filmmakers control time and space, using the camera and putting pieces of film together or separating them in the editing process.**

(2) イ

(3) ウ，オ

(4) **Motion pictures generally contribute to modern life or have a positive influence on human behavior. They enable us to have various experiences or show us different life-styles, thoughts, or values from our own. We can learn many things, which might lead us to better behavior and therefore better life. They are also effective for criticizing, and encouraging or enforcing something. Motion pictures are powerful forces to express the opinion of citizens.**

(71語)

解説

(1) 問1　「映画制作における芸術とビジネスとの緊張関係によって，映画はどのような影響を受けているか。」

第1段落に，芸術とビジネスとの間の緊張関係が「映画をこんなにもダイナミックなものにし，内容や質という点でこんなにも一貫性のない存在にしている」と述べられている。

問2　「映画制作者は映画を作るにあたってどのようなアーティストの役割を果たさなければならないか。例をいくつか挙げよ」

映画制作者の果たすべきアーティストとしての役割については第2段落に挙げられている。

問3　「映画制作者はどのようにして時間と空間を支配するのか」

第2段落のthe filmmaker powerfully controls time and spaceという箇所に注目。方法についてはその箇所の直前に述べられている。

(2) 「映画はなぜ現代文化の重要な要素

となったのか。」

第5段落の第一文「映画は，フィクションからドキュメンタリーにまで至る様々な形式において，現代文化の重要な要素となっている。」に着目。その後に理由が述べられている。

(4)　映画が人々の文化や生活に与える影響については，第3段落，第5段落の記述が参考になるだろう。

〈全文訳〉

世界中で最も人気のある娯楽形式の一つである映画は，芸術でもあり産業でもある。表現手段であると同時に金儲けの手段でもある。だからこそ商業的な映画を作るには，しばしば対立し合う利害を持つ人々の共同作業が必要なのだ。おそらくこの緊張感，芸術とビジネスの間の不安定だがワクワクするような結合こそが，映画をこんなにもダイナミックなものにし，内容や質という点でこんなにも一貫性のない存在にしているのだろう。ある映画は，単に人を映画館に来させるためだけに現代的なテーマや新しい技術装置を使っているように思われ，我々を怒らせるかもしれない。しかし別の映画は，我々を深く感動させたり，映画技術の芸術的な利用法を我々に気づかせてくれたりする。

映画とは，他の多くの芸術を結合させた非常に複雑な芸術形式である。映画制作者は言語を使う作家，音楽を使う音楽家である。構成，光，色に取り組む画家でもある。空間で造形する彫刻家であり，人間の動作を形作る振付師でもある。カメラを主な道具として，映画制作者は外部の世界を再創造する。カメラを使い，編集プロセスにおいてフィルムを寄せ集めたり切り離したりすることにより，映画制作者は時間と空間を効果的に支配する。銃撃戦はスローモーションではバレエになり得る。短い階段を昇る動作を終わりのない旅のように引き延ばすこともできるし，飛行機に数秒で大陸を横断させることもできる。劇場用映画で，映画制作者はこれらの技法やその他多くの芸術的技法を使って物語を語る。

すべての映画が物語を語るために，あるいは劇場で公開されるために作られるわけではない。映画制作者は芸術・娯楽作品を作り上げる以外の目的で己の技術を使うこともある。学校向けに教育映画，産業界向けに研修映画も作られている。自動車から政治家の候補者までありとあらゆる物を売りつけるための宣伝映画も作られる。ドキュメンタリーフィルムは社会的，政治的，歴史的な性質を持つ実際の出来事や状況を提示する。

映画製作には多くの異なる目的が関わっているため，映画制作者は自らの芸術性を強調しようとする場合もあれば，目立たないようにしようとする場合もある。

映画は，フィクションからドキュメンタリーにまで至る様々な形式において，現代文化の重要な要素となっている。それはあらゆる社会階層の何百万人もの人々に届く芸術形式だ。映画は現在の美の基準に影響を与え，服装の流行を定めてきた。映画は国の神話も作り出してきた。例えば，映画に出てくるアメリカのフロンティアは，実際には歴史的事実であるフロンティアとは異なる。映画は観客に別の国々を見せ，異なるライフスタイルに対する認識を広げている。しかし映画は固定観念や偏見をも生かし続けている。批評家の中には，最近の映画を，アメリカ社会における暴力と性的混乱を助長すると批判する者もいる。しかし，映画の中で暴力や混乱を見ることは，反社会的な観客が攻撃的な感情を無事に取り除くのに役立っていると示唆する者もいる。

映画とアメリカ文化との関係への関心は，映画そのものへの関心と同じぐらい古い。しかし他の分野の映画研究に対する興味はそれより新しい。1960年代にアメリカの単科大学や総合大学で提供される映画に関する講義の数と種類が著しく増加した。一部の学校では，学生が映画の作り方を学ぶのに集中した。多くの他の学校では，授業は芸術形態としての映画の歴史や，映画理論，美学，批評などの研究を扱っている。映画は人文科学の一般課程でも学ばれている。学者は今や有力な監督の作品を分析している。学者は西部劇やギャング映画などの映画グループまたはジャンルを生み出す構造と在来技法を検証している。映画研究は立派な学問分野となった。1950年代初期からテレビと競争するようになり，アメリカの映画産業は劇的に変化している。映画そのものも変化している。しかしどのような変化が起ころうとも，映画は常に重要なアメリカの芸術形式であり，大きな文化的影響力であり続ける。

27

⑴ ① 私たちは教員として，自分たちが関わっている教室でのテストで，生徒に気持ちの面で好ましくない負担を与えることを，できる限り避けるようにしなければならない。ややもすると，不適切で生徒の能力を超えたテストを設定しがちなものである。

② 授業でやってきたことを見る教室でのテストは，それまでの授業から切り離されるべきではない。到達度テストは，実践されてきた活動，用いられてきた表現，評価基準という点で，テスト前の授業内容にしっかり基づいたものでなければならない。

⑵ ③ 課題中心の授業では，学習者は，非文法的な表現によって自分の言いたいことを伝えることができるが，課題中心の教授法が意図しているのは，学習者が言語の使用において，やがて文法的な正しさも身に付けることができるようにすることである。

④ システムが組み立てられるこの過程は，意味を理解したり表現しようとする差し迫った必要性によって活性化され促進されると考えられる。しかし，いったん活性化されると，そうした差し迫った必要性によって強く求められているものを超えて，単に意思伝達ができるということに加えて，文法的な正しさも身に付けることができると考えられている。

解説

② divorce「～を分離させる」
precede「～に先行する，先立つ」

③ task-based「課題中心（の）」
get across「（話・意味などが）理解される，通じる」
be meant to do「～することになっている，～しなければならない」
in due course「やがて，ついには」

④ capable of going beyond～以下は最初のThis process of system-building is thought to beに続くものとして訳す。
further「～を促進する，助長する」

call for「〜を必要とする，要求する」

〈全文訳〉

(1)　あなた自身の未来はテストの成績によって左右されない。あなたがはっきりしない指示や，時間のプレッシャーや，テストの種類に慣れていない等の原因で好ましくない感情を抱いた時，将来のキャリアがテストの成績によって左右される状況に置かれた学生が，どんなプレッシャーにさらされるかを想像してみよう。テストの失敗が彼らにどんな影響を与えるだろうか。

①私たちは教員として，自分たちが関わっている教室でのテストで，生徒に気持ちの面で好ましくない負担を与えることを，できる限り避けるようにしなければならない。ややもすると，不適切で生徒の能力を超えたテストを設定しがちなものである。あなたがウェールズ語の手紙を理解しようとした時の経験は，英語の文章に直面した一部の生徒の経験をたぶん反映しているだろう。私たちは常に最善の結果を求めてテストを行わなければならない。すなわち，生徒に自分たちの最高の能力を発揮するチャンスを与えるのだ。

②授業でやってきたことを見る教室でのテストは，それまでの授業から切り離されるべきではない。到達度テストは，実践されてきた活動，用いられてきた表現，評価基準という点で，テスト前の授業内容にしっかり基づいたものでなければならない。

(2)　さて，言語能力とは単に意味を伝えられるというだけでなく，その過程で言語学的（すなわち文法的，語彙的な）基準に従うことでもある。③課題中心の授業では，学習者は，非文法的な表現によって自分の言いたいことを伝えることができるが，課題中心の教授法が意図しているのは，学習者が言語の使用において，やがて文法的な正しさも身に付けることができるようにすることである。言語使用における文法的な正しさは，抽象的な規則や原則の内的システムの働きから生じると考えられており，課題中心の授業が促進しようとしているのも，そういったシステムの発達である。換言すると，学習者が意味を理解し表現しようと努力している間，内的システムの発達過程は彼らの心の無意識レベルで進行していると仮定される。④システムが組み立てられるこの過程は，意味を理解し表現しようとする差し迫った必要性によって活性化され促進されると考えられる。しかし，いったん活性化されると，そうした差し迫った必要性によって強く求められているものを超えて，単に意思伝達ができるということに加えて，文法的な正しさも身に付けることができると考えられている。

28

(1)　「財テク」

(2)　②　貯蓄した資本がひとりでに増えたのは過去の話だ。

③　現代では企業がいかに資産を活用し，いかにうまく資金を管理するかが生き残りの鍵となる。

(3)　どこに預けても利率は低いし，解約しても税金で損をする世の中だから。　（33字）

解説

(1)　この言葉は “financial technology”（財務テクノロジー）を縮めたものである。

(2)　②も③も主語となる部分が長いが，

どちらも第2文型(SVC)の単文である。

(3) 最終文に理由が述べられている。

〈全文訳〉

この単語は，財界のますますハイテク化していく性質を示す語の短縮形である。もともとは現代の企業の新しい金融活動を指す語であり，「財務テクノロジー」という語を縮めたものである。②貯蓄した資本がひとりでに増えたのは昔の話だ。③現代では企業がいかに資産を活用し，いかにうまく資金を管理するかが生き残りの鍵となる。この傾向は今や企業のみならず個人にも広がっている。どの金融機関にお金を預けても金利は低く，口座を解約すれば，元々預けたお金より減ってしまうほど税金を取られるのは珍しくないだろう。

29

(1) **blood pressure, cholesterol levels**

(2) 一般人よりも高血圧になりやすく，そのため心臓病や脳卒中の危険も高い。

(3) 糖尿病患者の目標血圧を，一般人の標準より低い135－80mmHg以下にする。

(4) ほんの少し血圧を下げるだけでも心臓病などの危険をかなり減らすことができるということ。

(5) 悪玉コレステロールIDIの濃度を100mg/dL以下に抑えること。

(6) ヘモグロビンA1Cを測定すれば，過去3カ月その人がどれだけ糖の濃度をコントロールできていたかわかるため。

(7) 医者にかかる前日だけ真剣に薬物治療を行うという習慣。

(8) 糖尿病を管理するには，他のほとんどの病気よりも，患者による関与が必要である。

(9) (i) **trigger(s)** (ii) **ensure**
(iii) **disease**

(10) 問1 **sixteen million**
問2 **blindness, kidney disease and nerve damage**
問3 **It was slightly overlooked**
問4 **High blood pressure**

解説

(1) 「病状のこういった側面」とは前文の「糖尿病患者は，血圧とコレステロール濃度が完全に正常の範囲内にとどまるよう特に注意を払わなければならない」を受けている。

(2) 下線部(イ)を含む文に述べられている。

(3) the new guidelines suggest that～のthat節にガイドラインの内容が述べられている。

(4) 下線部(エ)を含む文は「たとえそこまで血圧を低くできなかったとしても，ほんの数ポイント下げるだけでも大きな効果がある」の意。糖尿病患者の場合，高血圧だと心臓疾患や脳卒中のリスクが高くなることが前の段落で述べられているので，「少し血圧を下げるだけで心臓疾患や脳卒中のリスクを減らせる」という内容を含む。

(5) 米国の国立衛生研究所と米国糖尿病学会の助言内容は，下線部(オ)の直後のare already advising diabetes to～のto不定詞以下に述べられている。

(6) A1Cテストが新たな判断基準となった理由は最終段落に述べられている。

(7) 「自滅的な習慣」とは，(キ)を含む文の直前の文に描かれている2型糖尿病患者の行動を指す。

(8) Managaing diabetesと (managing) almost any other illnessとを比較する構

文である。

⑼　(i)　trigger「〜を引き起こす，〜のきっかけとなる」

(ii)　ensure「〜を確かにする，保証する」

(iii)　disease「病気，疾病」

⑽　問1　「合衆国には2型（糖尿病）患者は何人いますか。」

問2　「制御できないブドウ糖はどのような病気を引き起こしますか。」

問3　「ACPのSnow博士によると，糖尿病患者にとっての血圧の問題を医師はどうとらえていますか。」

問4　「人が成人に達してから発症する有名な病気は何ですか。」

〈全文訳〉

大勢の人々が（若干名の医師さえも），糖尿病を単なる「砂糖病」，すなわち体が血中のブドウ糖濃度を制御できなくなることだと考えている。しかし，ますます多くの研究によって示される通り，糖尿病患者は健康を保つため，血中の糖分を管理するよりはるかに多くの事柄を行わなければならない。彼らは血圧とコレステロール濃度が完全に正常の範囲内にとどまるよう特に注意を払わなければならない。その目的のため，米国内科医師会（ACP）は最近，糖尿病を治療する医師が病状のこういった側面を考慮するようにするのに役立つ新しいガイドラインを発行した。

完全には明らかにされていない理由により，糖尿病は多種多様な健康問題を引き起こす。制御できないブドウ糖濃度のため，失明，腎臓疾患，神経損傷のリスクが高まる。その上，「2型」（かつては「成人発症型」と言われた）糖尿病にかかっている1,600万人のアメリカ人は一般人よりもはるかに高血圧になりやすく，その結果，心臓病や脳卒中のリスクが高まる。実際，高血圧は，糖尿病患者に対しそれ以外の者に対するよりはるかに多くの害をもたらすように思われる。それなのに，ACPのVincenza Snow博士によると，医師により「血圧が少し見落とされていることがわかった」。

正常な血圧とは140－90mmHg以下である。新しいガイドラインは，糖尿病患者がそれより少し低い値，糖尿病患者にとって安全であることが研究の結果わかっている135－80mmHg以下を目標とすることを勧めている。たとえそこまで血圧を低くできなかったとしても，ほんの数ポイント下げるだけでも大きな効果がある。

もちろん，心臓病を防止したいと思うなら，コレステロールを考慮しなければならない。ACPは来年中にコレステロール濃度に関する糖尿病患者向けの新たなガイドラインを発表したいと考えている。しかし米国の国立衛生研究所と米国糖尿病学会はすでに糖尿病患者に対し，IDI（いわゆる悪玉コレステロール）の濃度を100mg/dL以下に保つよう助言している。この数値が総コレステロールとは異なることに注意しよう。総コレステロール濃度は200mg/dLを超えてはならない。

糖尿病患者は依然としてブドウ糖濃度に注意し続けなければならないが，現在ではそれは血中糖濃度を測定する従来のブドウ糖テストだけにとどまらない。新たな判断基準はA1Cテストだ。ヘモグロビンA1Cという物質の血中濃度を測定するテストである。A1Cテストにより，過去3ヵ月間にどれだけ上手くブドウ糖濃度を管理できていたかがわかる。FDAはいくつかの家庭用A1Cモニタを承認している。糖尿病患者にとって理想的なA1C値は7パーセント未満だ。テストに合格するため，医師との予約の前日になって初めてまじめに薬を飲み始める2型糖尿病患者が多い。それが人間の性だ。家庭でも診療所でもA1Cテストの使用が増加すれば，そういった自滅的な習慣もなくなるかもしれない。糖尿病を管理するには，他のほとんどの病気よりも，患者による関与が必要である。しかしA1C，血圧 (blood pressure)，コレステロール (cholesterol) という「ABC」に取り組めば，健康でいられる可能性は十分向上する。

30

情報化時代がやってきた。将来，新しくより洗練されたソフトウェアによって，文明社会は殆ど労働者のいない世界にさらに近づいていくだろう。農業，製造業及びサービスの分野では，機械が人間に，急速に取って代わり，21世紀の中頃までには，生産がほぼ自動化された経済になりそうだ。機械が労働者に大規模に取って代わることによって，各国は，社会における人間の役割について再考しなければならなくなるだろう。大量な正規雇用のない社会における何百万という人たちの，機会や責任を再定義するということは，来るべき世紀の唯一最も急を要する社会問題である。

解説

wholesale「大規模な」
substitution「置き換え，代用」
redefine「再定義をする，見直す」
absent of「〜なしの，〜不在の」

31

(1) ① コミュニケーションを中心とした指導法(コミュニカティブアプローチ)を採り入れていくときには，どんな学習内容を実施するかやどのような方法で行うかという問題を，教室内での人間関係や雰囲気の問題と分けて考えることが可能とは思えない。

② もし，生徒に授業でより現実に近いコミュニケーションをさせたいのであれば，我々はコミュニケーションが可能な雰囲気，生徒が自由に主体的コミュニケーションができると感じたり，そうしたいと意欲的になるような雰囲気を作り出す責任がある。

(2) ③ テストでどんな教材を選択するかやその教材をどうやってテストするかは，テストの目的によるし，またその目的はコース全体のねらいによって決められるものである。

④ このテストは，ある内容が生徒たちにどのくらいきちんと身に付いたかを測るために作られたものなのか，それともいろいろな学校からきた多くの生徒の集団の中から，数人の特に優れた者を選ぶための選別テストなのか。

解説

(1) separate A from B「AをBから離す，AをBと区別する」
guide「〜を導く，誘導する」
feel free to「自由に〜する」
be motivated to「〜する気になる[させられる]」

(2)　reflect on「～を熟考する，じっくり検討する」
competency「能力，資格」
outstanding「傑出した，きわめて優れた」

〈全文訳〉

(1)　①コミュニケーションを中心とした指導法（コミュニカティブアプローチ）を採り入れていくときには，どんな学習内容を実施するかやどのような方法で行うかという問題を，教室内での人間関係や雰囲気の問題と分けて考えることが可能とは思えない。実際のコミュニケーションは，参加者による積極的な関与を要する共有活動であり，参加者は全員いわゆる「コミュニケーティング・イニシアティブ」を行使して，そのコミュニケーションを先導しなければならない。②もし，生徒に授業でより現実に近いコミュニケーションをさせたいのであれば，我々はコミュニケーションが可能な雰囲気，生徒が自由に主体的コミュニケーションができると感じ，そうしたいと意欲的になるような雰囲気を作り出す責任がある。授業を「生徒中心」のものにすると，そういった雰囲気を作り出すのに役立つ場合がある。

(2)　語学学習の多くの側面を様々なレベルや方法でテストすることができる。③テストでどんな教材を選択するかやその教材をどうやってテストするかは，テストの目的によるし，またその目的はコース全体のねらいによって決められるものである。

教師は次のような質問を熟考する必要がある。このコースの目的は何だろうか。生徒にどういった能力を示せるようになって欲しいのか。④このテストは，ある内容が生徒たちにどのくらいきちんと身についているかを測るために作られたものなのか，それともいろいろな学校から来た多くの生徒の集団の中から，数人の特に優れた者を選ぶための選別テストなのか。このテストは，新しい生徒を適切なレベルのクラスに割り当てるための決定要素なのか。誰が口頭の通訳として最も有能か，あるいは誰が科学雑誌の記事の翻訳者として成功しそうかを選び出すなど，特別な意図をもって行われるテストなのか。

32

「人を思いやる」というと日曜学校を思い出すかもしれないが，すぐに結論を出すのは賢明ではありません。愛されたい，思いやられたい，好かれたいと思いませんか。人を本当に思いやるということは，あなたが望むような結果をもたらしてくれるので，意味のあることなのです。しかし，実際に行動することによってしか，それは得られないのです。日々本当に心から思いやっている人たちは，そうすることが，この世の全てのお金よりもはるかにためになると気付いています。すべての人に嫌われたなら，いくらお金があってもちっとも楽しくありません。本当のあなたの心をまず第一に考えていくと，思いやる心が生まれてきます。そうすればお金はおまけについてくるようなものです。美しく聞こえるかもしれないけれど，これは生きていくための知恵なのです。こんな風にしてあなたの心のコンピュータは動くのです。

解説

remind A of B「A(人)にBを思い出させ

る」

make sense「道理にかなう，筋が通っている」

street sense「きびしい都会で生きていく知恵がある，世慣れた」

33

(1)　一緒に喫茶店へ入って差し向かいで座っても直接話さずに携帯電話のメールで意思を伝え合うなど，声を出さずに会話をすること。

(2)　それらは，私が自分のコラムで使ったある特定の文やフレーズに対して，明らかに文脈を無視してとらえた意見が述べられている手紙である。

(3)　長距離バスのドライバーが酒酔い運転をしている間，若い女性客がずっと車内の様子を母親にメールし続けていたこと。

(4)　しかしこれらの若者たちが人間らしいコミュニケーションを保つため無言のままeメールで「話している」のを見ると，私は自分が説明できる孤独とは違った種類の，彼らの漠然とした孤独を感じる。

(5)　〔解答例〕

It is true that the Internet and e-mail are very convenient, but we should be aware that information on the Internet can be superficial, and that e-mail messages lack some of the nuances the messages might have if conveyed through a face-to-face conversation.　（43語）

解説

(1)　声を出さない会話の具体例は第2段落に述べられている。

(2)　take ～ out of context「～を文脈を無視して解釈する」

(3)　Thisの直前の文の内容を指す。

(4)　keep up「～を維持する，保持する」

〈全文訳〉

一部の人たちにとって現在は「声なき会話」の時代かもしれない。私が言っているのは，電車の中で手鏡を見ながらメイクをする常識外れの若い女性，そして携帯電話のボタンをクリックして電子メールの送信やチェックをしている他の人々のことである。前者は自己との「対話をしている」と言っていいだろう。後者は明らかに他人と「会話している」。

次のような場面を想像してみよう。二人連れが喫茶店に入る。店に入るとすぐに二人は携帯電話を取り出し，お互いにメールし合う。「何を頼む？」と一人が言えば，「アイスティー」と相手が答える。顔をつき合わせてはいるが無言の会話が交わされる。もしかすると，未来の伴侶とデートするという初めてのお見合いをする男女にとって，そういう振舞いが普通になるかもしれない。

このコラムの読者からお手紙を頂くことがある。ごく少数ではあるが，最近気になる手紙が出てきた。②それらは，私が自分のコラムで使ったある特定の文やフレーズに対して，明らかに文脈を無視してとらえた意見が述べられている手紙である。そういった手紙が全体の文脈を把握できていないのは，今日のインターネット・電子メール文化と関係があるのではないか。人があまりに急いで，必要な情報を不要と思われる情報から振り分けるようになったので，自分の読んだものに感情的に反応してしまう傾向が強いのではないかと思う。その結果，そういう人たちの他者の文に対する反応は断片的なものとなる――少なくともそれが，印刷メディア時代の人間である私による現状の評価である。

最近，長距離バスの運転手が飲酒運転で捕まった。バスの乗客の一人であった若い女性が，この恐怖の乗車中，母親にメールし続けていたと報じられている。この事もまた，現代がインターネット時代であることを改めて私に実感させる。人が反射的に携帯ネットツールに向かい，自分たちが経験していることを正確かつ簡潔に他人に伝える時代なのだ。

電子メール世代の人間が互いに交わす会話の量は，昔の印刷メディア世代の人間より多いのではないかと私は想像する。④しかしこれらの若者たちが人間らしいコミュニケーションを保つため無言のまま電子メールで「話している」のを見ると，私は自分が説明できる孤独とは違った種類の，彼らの漠然とした孤独を感じる。

34

⑴　身の周りに学ぶべき興味ある事があふれているのに，暇を持て余していることが理解できないから。

（45字）

⑵　**interesting learning actually begins where formal education leaves off**

⑶　**academics**

⑷　私たちは事実上無限の科目のメニューの中から選択できるだけでなく，好きなように学習を変更したり方向を変えたりもできる。

⑸　ある科目を徹底的にマスターするのではなく，好奇心に任せて気ままに学ぶこと。

解説

⑴　下線部①の直後に筆者の考えが述べられている。

⑵　leave off「止める，終わる」

⑶　文脈より，このlearning of（　③　）はformal educationと近い意味を持つと判断できる。本文最終文のin formal education or in the world of academicsという表現がヒントになる。

⑷　否定語not onlyが文頭に出て，can we chooseという倒置になった形である。

virtually「事実上，実質上」

redirect「～を向け直す，～の方向を変える」

at will「意のままに，随意に」

⑸　下線部⑤の前の文に述べられた，the point of self-learningの内容を表している。

〈全文訳〉

ある日，私は何人かの友人とコーヒーを飲んでいたが，その時友人たちが退屈だとこぼし始めた。「子どもが毎日学校へ行くようになってしまうと，昼間何をして過ごせばよいのか分からないの」と中年の主婦の友人が言った。「私は会社の同僚とほとんど毎晩飲みに行くのだけど，それは単に，他にする事がないからなの」と会社勤めをしている友人がつけ加えた。

そういった不満は，私にとって，驚くべきものに思われた。どうして退屈などするのか，自由な時間があるのにそれをどう使ってよいかわからないなどということが，どうしてあり得るのか，私にはまったく理解できなかった。というのは，学ぶべき興味深い事柄が身の回りにあまりにも多く存在し，それを学ぶには到底時間が足りないからだ。

残念ながら，学習は教室で行われるものだと思い込んでいる人が多い。確かに私たちは基本的な知識の多くを学校で学ぶ。文学士，文学修士，博士号を取得した私自身，約20年間を様々な学校や大学での学習に費やしてきた。しかし学校を卒業しても学習を止めるべきではない。それどころか，本当に面白く興味深い学習は，実は正式な学校教育が終わった所から始まるのだ。

日本語で「独学」と呼ばれるこのような自主学習は学問を学ぶこととはまったく異なる。正式な学校教育では，私たちは研究分野を選ぶことはできても，授業の実際の内容は常に教科書，カリキュラム，テストなどの制限を受ける。一方，自主学習は完全に自由でオープンだ。私たちの興味を制限し誘導する制約も境界線も存在しない。つまり，④私たちは事実上無限の科目のメニューの中から選択できるだけでなく，好きなように学習を変更したり方向を変えたりもできるということだ。

私自身の自主学習の例をいくつか挙げてみよう。少なくとも今のところ，地理学及び地質学，植物学及び民族植物学，動物学（特に昆虫学及び海洋生物学），並びに民間信仰及びスピリチュアリティが含まれる。これらはすべて，私がこれまで一度も正式に学校で学んだことはないが，その後の人生で興味を持つに至ったテーマだ。言うまでもなく，これらのテーマのどれを取ってみても，私が人生を100回繰り返して学ぶことができるよりはるかに多くの内容が含まれている。しかし自主学習のポイントは，ある科目を完璧にマスターすることではなく，自分の好奇心に任せることだ。正式な学校教育や学問の世界では，そういったアプローチは眉をひそめられるだろうが，自主学習ではすべてが個人の興味に任されている。

35

⑴　オ

⑵　（A）　イ　　（B）　エ
　　（C）　ア　　（D）　ウ

⑶　水は太陽の熱によって，蒸気として地表の海，湖，川から上空にのぼり，再び雨や雪となって地上に戻り，濾過されて地下水となり，繰り返し地表に現れてくるということ。（78字）

⑷　光合成

⑸　地球の表面が長い年月を経て変化したように，枯れた植物は，大量の圧力と熱が加えられて，石炭になったという歴史。（54字）

解説

⑴　ア「原子核融合」，イ「原子質量」，ウ「原子炉」，エ「原子粒子」，オ「原子核分裂」

⑵　（B）　carve out「掘って作る，切り開く」
　　（C）　yield「産出する，生み出す」

⑶　太陽熱の力による水の循環については本文第4段落で具体的に述べられている。

⑷　下線部③は「日光の力を借りて，植物は空気中の水分と二酸化炭素という生命のない物質を生きた細胞に変えるという，命を生み出す魔術を行うことができる」の意。

⑸　下線部④の直前に，石炭ができるまでの歴史が述べられているので，それと「同じ種類の歴史」である。
　compress A into B「Aを圧縮してBにする」

〈全文訳〉

我々の基本的なエネルギー源はすべて，原始分裂などの最新のものを除き，太陽に由来している。

太陽熱は地球の水循環のエネルギー源，すなわち「モーター」の役割を果たしている。ストーブの熱が蒸気をヤカンの口から立ち昇らせるのと同様，太陽熱は蒸気又は気体として水を地上から引き上げる。

水蒸気が上昇するのを観察することはできない。空気自体と同様，蒸気も目に見えないからだ。しかし太陽は毎秒1,600万トンもの水を地上の海，湖，川などから引き上げている。

この水蒸気は，空気が冷たくなる高度に達するまで上昇する。そこで蒸気は凝結して水滴になり（それを我々は雲として見る），最終的には雨や雪として地上に再び降り注ぎ，多くの場所で地下で濾過される。この地下水の多くは再び地表へ出て来る。ミシシッピ川のような大河でさえ，一群の泉が次第に合流してできている。

川は海へ還流して，水をその出発点へ戻し，水はそこで再び太陽熱によって上昇する。海へ戻ろうとする水の動きが，我々に水力を与える。その力は我々が日常生活の非常に多くの事柄について依存している電力を生み出す，多くの発電機を動かしている。グランドキャニオンを訪れれば，流水の力の巨大さが非常に明白になる。コロラド川の流水は，深さが1マイルで，幅が所によっては15マイルを超える，世界で最も驚異的な峡谷の1つを作り上げるだけのエネルギーを持っていた。

太陽熱は地上の水を無限に循環させ続ける一方で，別のエネルギー循環のための燃料を提供している。人間や動物が成長しその筋力を使用するためのエネルギー源となるすべての食糧が日光に起因している。日光の力を借りて，植物は空気中の水分と二酸化炭素という生命のない物質を生きた細胞に変えるという，命を生み出す魔術を行うことができる。この驚くべき変化は，すべての生命(生物)エネルギーが頼りにする燃料を供給する。

植物は基礎となる食べ物を作り出し，一部の動物が植物を食べ，その他の動物が草食動物を食べる。水中の虫が緑の葉をかじり，魚が虫に飛びつき，漁師が魚を釣り上げて夕食にする。我々は，食べ物を口に運ぶごとに，実際に日光を食べているのだ。

我々は日光を食べるだけでなく燃やしている。木切れを火にくべた時，それは熱という形でエネルギーを放出する。このエネルギーはもともと，木が炭素化合物として蓄えた日光である。太陽光からエネルギーの蓄えを得ている燃料は木材だけではない。我々が今日採掘している石炭の鉱脈は，何百万年も前に生きていた植物だ。そのうちの一部は大きな葉を茂らせたシダ類で，樹木のように大きく，巨大恐竜に日陰を提供したかもしれない。地表が長い年月を経て変化するのにつれて，大量の圧力と熱により，これらの植物の残骸は圧縮されて，現在重要なエネルギー源として利用される石炭になった。地球の石油や天然ガスの供給も同じような種類の歴史を持っている。石炭や木材に関して言えば，我々がそれらを使う時，本当に燃やしているのは日光である。

我々は現在，太陽電池で，あるいは太陽熱を集めて以前であれば他の熱源にさせていた仕事（海水から塩を分離する仕事など）をさせるための鏡を使って，太陽の熱エネルギーを直接利用するための新しい方法を見つけつつもある。太陽がどれだけの量のエネルギーを放出しているかを見てみよう。馬力とは多くのエンジンのエネルギーを測定するのに使われる用語だが，550ポンドの重量を1秒に1フィート持ち上げるのに必要なエネルギー量を表す。1秒ごとに，太陽から1500兆馬力を超えるエネルギーが地表に到達している。1500兆とは1.5の後ろに0が14個つく数字であるから，1,500,000,000,000,000馬力ということだ。そしてその数字は太陽が放出しているエネルギー全体の4000万分の1である。この2つの数字を掛け合わせてみれば，太陽のエネルギー放出力がどれぐらいのものか想像できるだろう。

36

⑴ アメリカは広大な国であるうえに開拓時代は人口が少なく，隣人同士が生活のすべての面において頼り合い，協力し合って生活するのが常だったため。

⑵ 事務所に入るときはノックしてから入るとか，部屋を出るときは忘れないでドアを閉めるということ。

⑶ 習慣の違いというのは，我々のほとんどが自覚しているよりも，ずっと深く生まれ育った環境に根づいているものである。

⑷ **boxed in**

⑸ ウ

⑹ ウ，オ

解説

⑴ 下線部①と類似の表現，a custom of openness rather than privacyが第3段落冒頭に見られる。ここでは，プライバシーを望まない慣習はアメリカの初期の時代に原因があると述べられている。アメリカの開拓初期の様子について描かれた第2段落に着目してまとめよう。

⑵ 下線部②を含む文の直前の文，「同僚がノックもせずにあなたのオフィスにふらりと入って来ても，あなたの部屋から出て行く人がドアを閉じるのを忘れても…」に着目する。「そうでない」状況を述べるとよい。

⑶ Itは直前のthe difference（習慣の違い）を指す。

⑷ confined＝boxed in「閉じ込められる」

⑸ a sense of（　⑤　）は，「アメリカ人が開いた出入口を好む」理由の一つとして挙げられている。選択肢の中ではspace「空間」が最も適切。

ア「死すべき運命」，イ「安全」，エ「方向」

⑹ ア 「アメリカ人は生垣や壁，門，中庭などが好きだ。」

→誤り。第1段落に「我々（アメリカ人）は生垣，壁，門，中庭を持ちたがる国民ではない」と述べられている。

イ 「アメリカ人は，あらかじめ電話せずに知人を訪ねることは決してない(訪ねるときはいつも電話をする)。」

→誤り。あらかじめ電話せずお互いの家を出入りする(第1段落)。

ウ 「アメリカ西部の開拓者は安全のため集まってたき火をした。」

→正しい。第2段落の内容と一致。

エ 「ヨーロッパを訪れるアメリカ人は，家や事務所のドアが常に開いているのを見て驚く。」

→誤り。アメリカ人は旅行中，家々の扉が常に閉じているのを見て驚く（第3段落）。

オ 「我々は，アメリカ人の開放性は，それに対して気分を害すべきでない（習慣の）違いの一つであることを忘れてはならない。」

→正しい。第3段落の内容と一致。

カ 「Don't Fence Me In」はかつてアメリカの国歌だった。

→誤り。本文最終文に「国歌にしてもいいぐらいだ」とは述べられているが，かつて国歌だったという記述はない(実際には1930年代から歌い継がれているポピュラー曲)。

〈全文訳〉

ヨーロッパから来たばかりの人をしばしば戸惑わせるのは，我々がプライバシーを望まないことだ。我々は生垣や壁，門や中庭を持ちたがる国民ではない。我々の家の芝生はフェンスのないまま互いに接し合っているし，我々は勤務中オフィスのドアを開け放っている。あらかじめ電話したりせず，多くの場合ドアベルを鳴らすことさえせずに，お互いの家を出入りする。

ここは大きな国だ。住民は壁に囲まれた都市に一度も住んだことがなく，隣国の闘う君主から身を守らなければならなかった経験もない。建国当初の数世紀，アメリカの人口は非常に少なかったので，隣人というのは締め出す対象ではなく切望する対象だった。見かけない人や新入りは喜ぶべき理由であった。この国の開拓初期の幌馬車時代，人々は協力し合って暮らしていた。彼らは幌馬車を内側に向け，安全のため，火の明かりの輪の中に集まった。チームを組んでお互いを守り合い，力を合わせて森林を伐採し，鉄道を敷設し，屋根つきの小屋を建てた。彼らは生活のあらゆる面で深く互いに依存し合っていた。

こういった初期の時代から，プライバシーではなく開放性の慣習が生まれた。それは多くのちょっとした事柄に表れる。我々の家を訪れると，それを感じるだろう。ドアがない部屋や，半壁を持つ部屋，壁がない部屋や，ガラス張りの壁の部屋などだ。他方，我々は旅行している時にそれとは逆のことを感じる。家や職場の至る所で，ドアがいつも閉じた状態になっているのに気づいて驚く。その答えの一部はセントラルヒーティングにあるかもしれない。覚えておかなければならないのは「プライバシーを気にしないのは文化の違いであり，それは理解すべきではあるが心を悩ませるべきものではない」ということだ。同僚がノックもせずにあなたのオフィスにふらりと入って来ても，あなたの部屋から出て行く人がドアを閉じるのを忘れても，あわてる必要はない。あなたはそういうやり方ではないほうを好むと相手にわからせるか，または，新しいやり方に適応しよう。しかし，いずれの場合も，違いに対して忍耐強く振る舞おう。③習慣の違いというのは，我々のほとんどが自覚しているよりもずっと深く，生まれ育った環境に根づいている。多くのアメリカ人は，部屋の中に「閉じ込められる」という感覚を能動的に嫌っている。彼らは開いた出入口のほうが好きだ。無意識のうちに彼らは，開放感，「呼吸をする余地がある」という感覚，日常生活の音や流れを恋しがる。彼らはしっかり閉ざされた部屋にいると「閉じ込められた」ように感じる。「Don't Fence Me In (私を囲い込まないで)」は我々の国歌にしてもいいぐらいだ。

37

(1)　理解できるものと理解できないものを正確に識別すること。

(2)　学生たちは，本の内容について疑問がなく，理解できないところはないこと。

(3)　学生たちがいつも読んでいるような読み物。

(4) 一方は，新聞や雑誌その他何であれ，即座に完全に理解できるものを読み，記憶する情報量を増やすが理解力を伸ばすことはないような読書であり，もう一方は，初めは完全にはわからず，読まれるものが読む人に優っており，著者が読む人の理解力を増進できるものを伝達しようとしているようなものを読む読書である。

(5) 知的に同程度でない人々の間のこのような伝達は可能であるにちがいない。もしそうでなければ，人は他の人から，話によっても書いたものによっても，学ぶことはできないだろう。

解説

(1) 下線部①は「自分の無知を正当に評価すること」の意。下線部①を含む文を受けて，次の文で読書に関する内容が述べられている。an accurate perception of the line between what is intelligible and what is notが該当箇所となる。

(2) 「テキストについて何か疑問があるか」「理解できない点はなかったか」という筆者の質問に対して「いいえ」と答えたことを表す。

(3) 本文は「読むことと理解すること」がテーマなので，このusual dietとは「普段読んでいるもの」を指すと判断できる。

(4) 第4段落で筆者はTo whatever extent…distinct senses.（我々が2種類の読書を区別できている限り，「読書」という語を2つの異なる意味で使うことができる）と述べ，その2つの意味についてThe first sense is…, The second sense is…と説明している。

(5) ここではunequalsとは「知的に同等ではない人たち」を指す。

or else「さもないと」

〈全文訳〉

私たちの大部分は，自分たちの理解の限界がどこにあるのか知らない。自分たちの力を限界まで試したことがない。あらゆる分野における偉大な本のほとんどすべては，通常の知性を持つあらゆる人が理解できる範囲内で（もちろん，その人が本を読むのに必要な技能を身につけていて，本を読むための努力をしたことを条件として）書かれている。もちろん生まれつき恵まれた者のほうがたやすく目的地にたどり着くが，早ければよいというものではない。

ここで，注意しなければならないいくつかの細かい点がある。自分が読んでいる物に対する判断を誤ることはあり得る。それを理解できたと思い，努力を伴わない読書から得られたものに満足するかもしれない。実際には多くの事柄を見過ごしているかもしれないのだが。健全な習慣のための第一の原理は，昔から言われているように「知恵の始まりは，自分の無知を正当に評価することだ」というものだ。よって，理解しようとする意識的な努力として読書を開始することは，理解できるものと理解できないものとの境界線を正確に認識することだ。

私は，多くの学生が，まるでスポーツ欄でも読んでいるかのように難しい本を読むのを見たことがある。ときどき私は授業の最初に，テキストについて何か疑問があるか，理解できない点はなかったかを尋ねることがあった。学生たちの沈黙は，否定の答えになっていた。彼らが本の解釈につながるどんな単純な質問にも答えることができないまま2時間が過ぎると，彼らは困惑した様子で理解不足を認めた。彼らが困惑しているのは，自分たちはテキストを読んだと真剣に信じ込んでいるからだ。確かに読んだことは間違いないが，正しい方法で読まなかった。彼らが授業の終わった後ではなく，読んでいる最中に困惑していたとすれば，つまり，彼らが，理解できないものをほぼ恥ずかしさときまりの悪さでただちに心から追い出してしまうのではなく，それらに注目する気になっていたとすれば，目の前にある本がいつも読んでいるものとは違っていることを発見できていたかもしれない。

では，これら2種類の読書の違いをまとめてみよう。ある方法で読み取れる事と別の方法で読み取らなければならない事との境界線はしばしば曖昧であるため，2種類とも検証しなければならない。我々が2種類の読書を区別できている限り，「読書」という語を2つの異なる意味で使うことができる。第1の意味は，我々が新聞や雑誌，あるいは，我々の技能や才能に応じて，即座に完全に理解できるその他の物を読むことを指す「読書」だ。そういった物は我々が覚えている情報の量を増やしてくれるかもしれないが，我々の理解力を向上させることはできない。我々の理解は，読み始める前と変わっていないからだ。そうでないとすれば，我々は，自分たちの理解を超えるものにはまり込んだことによる困惑と迷いという衝撃を感じたことだろう。すなわち，もし我々が注意深く正直だったとすれば，だが。

第2の意味は，人間は，初めて読んだ時は完全には理解できないような物を読むべきだという意味での「読書」だと言えよう。この場合，最初は，読まれるもの(読み物)が読み手よりも優れている。書き手は，読み手の理解力を高めるようなものを伝達しようとしている。⑤知的に同程度ではない人々の間のこのような伝達は可能であるに違いない。もしそうでなければ，人は他の人から，話によっても書いたものによっても学ぶことはできないだろう。ここで「学ぶ」というのは，あなたがすでに所持している他の情報と同程度のわかりやすさを持つ情報をさらに多く覚えることではなく，より多く理解することを指している。

38

(1)　新しい紙を毎週土曜日に靴の中に入れる。　　　　　（19字）

(2)　イ

(3)　靴をきつく握れば握るほど痛みがひどくなったから。

(4)　A．**agree**　　B．**true**

(5)　A．**pride**　　B．**poor**

(6)　〔解答例〕

To be sensible to the true reason of the student's behavior or utterance.　　（13語）

解説

(1)　第5段落で，主人公の家庭でのshoesの扱い方を説明している。

(2)　主人公の母親が服を洗濯しながら言っている言葉であることにも着目する。

(3)　原因は下線部②の直前の文に述べられている。

(4)　設問の英文は「ウォンブル先生は私に，靴を脱ぐことに同意してもらいたかった。そこで彼女は二人に，彼女の作り話が本当であるかのように振る舞ってほしいと合図した。」の意。

(5)　設問の英文は「ウォンブル先生は，他人に私の靴下の穴を見られることは私のプライドが許さないことを知っていた。彼女はまた，私が，自分の家族がどれだけ貧しいかを知られるぐらいなら痛みに耐えた方がましだと思っていることも知っていた。」の意。

⑹　ウォンブル先生が主人公の行動の裏にある隠された動機を的確に察したことに着目してまとめよう。

〈全文訳〉

「痛い！痛い！」私は縄跳びのリズムを中断し，ゆるんだロープに足がからまった状態で叫んだ。「靴の中で，何かが私の足に噛みついてる！」と泣き声をあげた。

縄跳びを飛ぶ順番を待っている1年生たちと，ロープを回す役の2人が，土の運動場で私を取り囲んだ。ベル先生が私の声を聞きつけ，休み時間中の他の教師を会話の途中で置き去りにして，急いで私の元へやって来た。

「まだズキズキする」私がそう叫んだ時，子どもたちの輪がベル先生を通すために開いた。「どちらの足？」と先生は尋ねた。

私が右足を突き出すと，先生はその足を調べるために前屈みになった。ちょうどその時，新たに刺される感覚があり，私は痛みに悲鳴をあげた。

「ほら，靴を脱ぎましょうね」とベル先生が言い，かがみ込んで靴に手を伸ばした。その時，私は靴下に穴が開いていることを思い出した。福祉で支給される靴下は長持ちしなかった。大恐慌の後の数年間，うちの家族にとって靴下に穴が開いているのは当たり前のことだった。靴底の穴をふさぐため，毎週土曜日になると新しい紙を詰め込んだ。けれど穴の開いた靴下は受け入れるしかなかった。踵に穴の開いた靴下は，穴が見えないように引っ張り下ろした。ママは毎週，私たちの服を洗濯しながら，こう言っていた。「たとえ私たちが貧乏で，すり切れた服を着ているとしても，清潔にしていることはできるわ」。

私は足の痛みに泣き始めていたが，それでもベル先生が私の靴を脱がせることを拒否した。先生や他の子たちに，私の色褪せた赤い靴下の穴を見られるなど，耐えられなかった。「さあ，それじゃあ，事務室へ入りましょう」。1年生たちは列をなして私たちの後をついて来たが，ベル先生が彼らに，運動場に残るように言った。私は涙を抑えようと最善を尽くした。けれども，靴の中の物に刺されるたびに，私は「ああ，ああ！」という大声を漏らした。涙が顔を流れ落ちた。

スチュワート校長が校長室に駆け込んできた。「どうしたんだ？」と彼は尋ねた。「何かがこの子の右足を刺しているんですが，この子が靴を脱がさせてくれないんです」とベル先生が言った。

スチュワート先生は私を持ち上げて机に座らせた。「見せてごらん」彼が靴を脱がせようとした時，私には穴が見えた。私は靴をつかんで履き直し，押さえた。私が強く靴を握りしめるほど，刺す痛みがひどくなった。私は再び苦痛の悲鳴をあげた。「どうして靴を脱がさせてくれないんだ？」とスチュワート先生がとまどいながら尋ねた。5年生の担任のウォンブル先生が校長室に入って来た。「何かお手伝いしましょうか？私はこの子を知っています。家が隣ですから」。

「きっと蟻が靴の中に入って，この子の足を刺していると思うんですが，この子は私たちに靴を脱がさせてくれないんです」とベル先生が話した。

ウォンブル先生は親切なお隣さんだった。時々，私たちと遊んでくれることさえあった。彼女は私の震える肩に両手を置き，私の苦しみに満ちた赤い目をのぞき込んだ。

「ああ，そうだわ」彼女は何かを思い出したみたいに言った。「私もそういう蟻に噛まれたことがあります。靴下を食べる蟻なんですけどご存知かしら。私が靴を脱ぐまでに，その蟻は私の靴下の底をほとんど食べ尽くしてしまっていました」。彼女は他の二人の大人を見上げながら，頭を上下にうなずいた。「靴下を食べる蟻に違いありません」と言った。

二人とも，まるで靴下を食べる蟻に噛まれたことがあるみたいに，うなずき返した。「さあ，どうなっているかしら」と彼女は私の踵を靴から解放した。「思った通りだわ。蟻がこの子の靴下の一部を食べてしまっています」。

ベル先生は常備薬の戸棚を開けて，綿球を取り出し，それをアルコールに浸した。ウォンブル先生は私の靴と靴下を脱がせ，その両方を灰色のゴミ箱の上で振った。2匹の赤い蟻が，待ち構えている容器の中へ落ちた。赤くはれた噛み傷を，アルコールの綿球で撫でながら，ウォンブル先生は顔を上げて私にほほえみかけた。「この子はもう大丈夫だと思います」と彼女は二人の大人をちらりと見て言った。

ベルが鳴った。「授業の時間だ」とスチュワート先生が言い，ベル先生と一緒に持ち場へ急いだ。「あんなにたくさん噛まれても我慢するなんて，あなたはとても勇敢な子ね。この靴と靴下はしばらく脱いだままにしておいた方がいいわ」。彼女は私を机から下ろしてくれた。「放課後，私を待っていなさい。一緒に歩いて帰りましょう」。

39

(1)　あるすばらしい教師の寛大な人格がなければ，その学校での私の全在籍期間は台無しになっていたかもしれない。

(2)　自分の教えた事柄のいくつかが生徒の心に残り，その後その生徒から他の人へ伝えられていくようにしたいという気持ち。

(3)　ハッチンソン先生の授業ではほとんど教科書を使わなかったから。

(4)　生徒が授業中にハッチンソン先生を怒らせるようなことをした場合。

(5)　筆者が黒人だからといって特別扱いせず，一人の生徒として扱う姿勢。

(6)　私が彼の出した質問に答えられた時でさえ「その通り」としか言ってもらえたことはなかった。それは正解した他のあらゆる生徒に対して彼が言っていた言葉だった。

解説

(1)　had it not been for ～＝if it had not been for～「～がなかったとすれば」《仮定法過去完了》

(2)　下線部(2)を含む節は，his love of teaching came … from～「教えることに対する彼の愛は～から来ていた」の意なので，from以下の内容をまとめる。ただしnot so much A as B「AではなくむしろB」の構文であることから，2つ目のfrom以下の内容 (his desire to…) が該当箇所となる。

(3)　理由は下線部(3)の直後に述べられている。

(4)　下線部(4)の前に「ある特定の授業で彼を喜ばせた生徒がいたとしても，その生徒は翌日の授業で特別扱いしてもらえることを期待できなかった」とある。「逆の場合も同じだった」の「逆の場合」とは，「ある特定の授業で彼を喜ばせた生徒がいたとしても」の逆を指す。

(5) 下線部(5)は，その直前の文「ハッチンソン先生は私が黒人で，それゆえ他の人と異なっていることに気づいた様子を見せたことがなかった」の内容を受けている。

(6) whichは非制限用法(継続用法)の関係詞。

〈全文訳〉

セントラルテキサス高校こそ，私が最初に通った本物の学校であると言ってもよい。

(1)ある素晴らしい教師の寛大な人格がなかったら，その学校での私の全在籍期間は台無しになっていたかもしれない。ハッチンソン先生はそういう滅多にいない教育者だった。彼が教えることを愛していたのは，生徒のことが好きだからというより，自分の教えた事柄のいくつかが生徒の心に残り，その後その生徒から他の人に更に伝わって欲しいという気持ちからだった，と私はずっと信じている。ハッチンソン先生は現代社会を教えていた。彼の授業では，1学期が終わっても，我々の教科書は支給された時と同じぐらいきれいなままで，ページは支給された時と同じぐらい固いままだった。ハッチンソン先生の生徒が教科書を開くように言われることは決して，あるいはほとんどと言っていいほどなかった。

彼はどの授業でも「こんにちは，紳士淑女のみなさん」と挨拶した。私は大人がティーンエージャーに対してそんなに敬意を持って話しかけるのを聞いたことがなかった。最初の授業の時，彼はこう言った。「今日のニューヨークタイムズに我が国の教育改革についての記事がありました。きっと皆さんは全員，その記事を読んだことと思います。誰かにその記事について詳しく説明してもらいたいと思います」。最初の週の授業が終わる頃，私は他のすべての興奮した生徒たちと同様，ニューヨークタイムズ，雑誌「タイム」「ライフ」，その他手に入る物は何でも読むようになっていた。

ハッチンソン先生は，どの生徒も贔屓しなかった。ある特定の授業で彼を喜ばせた生徒がいたとしても，その生徒は翌日の授業で特別扱いしてもらえることを期待できなかったし，逆の場合も同じだった。

ハッチンソン先生は生徒を威圧するのではなく刺激した。他の教師の中には，わざわざ無理をしてでも私に親切にし，私に対し「寛大」に対応する人や，私のことを完全に無視する人もいたが，ハッチンソン先生は私が黒人だから他の人と異なっていることに気づいた様子を見せたことがなかった。私はただのスミスさんとして扱われ，(6)私が彼の出した質問に答えられた時でさえ「その通り」としか言ってもらえたことはなかった。それは正解した他のあらゆる生徒に対して彼が言っていた言葉だった。

40

(1) (a) オ　(b) ア
(c) ウ

(2) 〔解答例〕

- 動詞**reveal**の主語は**surveys**で，**concern**が目的語である。
- **concern**と**that**以下の名詞節は同格の関係にある。
- **treatment**の後ろの**and**は**live**と**fail**をつないでいる。
- **they**以下は**steps**にかかる関係詞節で，**steps**の後ろに目的格の関係代名詞が省略されている。

・**to improve**以下は，目的を表す不定詞の副詞的用法である。

から1つ

(3)　医者にも行かず，あれこれ考えて，病名を推測すること。　（26字）

(4)　診察結果を恐れて，医者にかからなかったために，病状が悪化してしまい，診察結果が本当に悪くなってしまうこと。　（53字）

解説

(1)　ア.「負担」　イ.「プロセス」
ウ.「情報」　エ.「懸念」
オ.「状況」

(2)

surveys of doctors　reveal　wide-spread concern
S　V　O
《同格》を表すthat
[too many patients　live　(in fear of medical treatment)
(s)　(v^1)
and
fail　to realize the many steps
(V^2)　名詞用法のto不定詞
stepsを先行詞とする関係代名詞節（関係代名詞は省略）
{they can take (to improve their health) }]
副詞用法のto不定詞

(3)　ここで言うguessing game「推測ゲーム」とは何を推測する行為か。具合が悪くなった時の患者の反応について，下線部②を含む文の前の三文（When something is wrong with us以降）で述べられている。

(4)　下線部③の直後の部分を参考にする。

〈全文訳〉

ジェニファー・ピーターソンは，当然のことながら自分の職業を高く評価している医師である。医師の仕事の醍醐味をすでに経験しており，自分が接してきた生命に感動している。しかし彼女は，自分でも他の医師でも助けられないのではないかと思われる人々について，絶えることのない欲求不満を抱いている。彼女が懸念しているのは医学の限界ではなくコミュニケーションの限界だ。「全国調査によると，病気や怪我の時に医者にかかると答えている人は，5人に1人より少ないのです」とピーターソン博士は危機感を表明する。「同時に，10人のうち9人が，自分たちの医者は優秀だと言っています。ちょっと想像してみてください。医師が優秀だという点についてはほとんど全員の意見が一致しているのに，皆ができれば医師は避けたいと考えているのです」。その一方で，医師に対する調査によると，あまりにも多くの患者が医療に対する恐れを抱いており，短期的に，また生涯にわたって健康を改善させるために取り得る手段が数多くあると気づけないことに対する懸念が広がっているとピーターソン博士は語る。

ある日，交通事故や何らかの予期せぬ状況によって，患者は応急手当という形で医師と遭遇する。患者は自分の意思に反して，以前から存在している病状に対する，何年も前に受けることができたはずの治療を受ける羽目になる。その遅れが悲劇的な影響をもたらすことも多い。ピーターソン博士が自分の患者だけでなくあらゆる人に対して言いたいのは，他の基本的な必要を恐れたり無視しないのと同様，健康を恐れたり無視してはならないということだ。人は空腹になれば食べる。けれども空腹になる前に，食糧を手に入れる方法を計画する。健康についても同様でなければならない。「あなたが病気になった時には医師が助けになれますので，もちろんその時には医師にかからなければなりません。けれども医療情報はあなたの今後の生涯を通じて役に立ちます」とピーターソン博士は言う。我々は具合が悪くなった時，つい最悪の結果を想像してしまいがちだ。我々の状況がどれだけ恐ろしいものか，お勧めの治療がどれだけ不愉快なものかを，医師から告げられるということを我々は知っている。脅威を誇張するこのプロセスは不安を生むだけではない。我々に治療を受ける気をなくさせるという危険な効果もある。自分のためにならない推測ゲームに囚われてはならない。自分が何を知らないかを認め，医療の専門家から最善の答えをもらおう。

それでは，治療を受ける必要を抱えたこれほど大勢の人たちが医者にかかるのを避けたがるのはなぜだろう。「それは我々全員にとって最大の疑問です」とサウスカロライナのエド・ヘイヤー博士は言う。ヘイヤー博士によると「『お医者さんがこう言っている』というのは恐ろしく重みのある言葉です。多くの人にとって，医師がもたらす知らせは絶対に良いものではない，医師の答えは厳しかったり苦痛をもたらしたりする，自分の運命を知ることは恐ろしい負担になるだろう，という感覚があるのです」。

ヘイヤー博士の専門分野である心臓医学では，そういった感覚は破滅をもたらし得る。「心臓の疾病を持つ患者を診察するのが早ければ早いほど，我々は非常に多くの事ができます。恐怖は，我々が患者を診察しなければならない時にそれを妨げる最大の障壁の一つです。何が起こり得るかというと，恐ろしい診断が出ることに対する恐怖は実際に恐ろしい診断を生み出します。なぜなら，患者がそれほど恐怖を感じておらず，もっと早く診察に来ていれば，結果はそれより良くなっていたはずだからです」。

すでに心臓の疾病の治療を受けている人々とコミュニケーションを取るほうがはるかに容易であることをヘイヤー博士は分かっている。「人は未知なる物を恐れます。ですから，人はいったん医療プロセスに間近に直面してしまうと，いくつかの点で回復プロセスに楽に取り組めるようになります」。

治療を受けることを恐れている人へのヘイヤー博士のアドバイスは，情報の価値を理解することである。「あなたは誰からも治療を強制されません。自由に立ち去って，セカンドオピニオンを求めることができます。我々はあなたを手助けするためにここにいるのです」。治療を受けようと決心したら，「主導権を握っているのは常に自分であることを知ってください。答えの欲しい質問をメモして行きましょう。急かされていると感じたり混乱したりしたら，はっきりそう言いましょう。別の治療がないかどうか尋ねましょう。セカンドオピニオンをもらいましょう。でも，必要な情報を手に入れてください。それによって命が助かることもあるのですから」。

7 実践問題

1 ★☆☆

次の文章は，平成29年3月に告示された中学校学習指導要領の「第9節　外国語　第2　各言語の目標及び内容等　英語　2　内容　(3)　①言語活動に関する事項」における「カ　書くこと」についての記述である。空欄に当てはまる最も適当な語句を書け。

カ　書くこと

(ア)　(　A　)や好き嫌いなど，自分に関する基本的な情報を語句や(　B　)で書く活動。

(イ)　簡単な手紙や(　C　)の形で自分の近況などを伝える活動。

(ウ)　(　D　)な話題について，簡単な語句や(　B　)を用いて，(　E　)などを説明するまとまりのある文章を書く活動。

(エ)　(　F　)な話題に関して聞いたり読んだりしたことから把握した内容に基づき，自分の考えや(　G　)，その理由などを書く活動。

〈千葉県・千葉市改題〉

2 ★☆☆

次の文章は，平成30年3月に告示された高等学校学習指導要領の「第8節　外国語　第2款　各科目　第5　論理・表現Ⅱ　1目標」の記述である。空欄に当てはまる最も適当な語句を書け。

1　目標

省略

(1)　話すこと［やり取り］

ア　日常的な話題について，使用する語句や文，対話の展開などにおいて，一定の支援を活用すれば，(　A　)な語句や文を用いて，情報や考え，気持ちなどを詳しく話して伝え合ったり，立場や状況が異なる相手と(　B　)したりすることができるようにする。

イ　日常的な話題や社会的な話題について，使用する語句や文，対話の展開などにおいて，一定の支援を活用すれば，(　C　)や(　D　)などの活動を通して，聞いたり読んだりしたことを活用しながら，(　A　)な語句や文を用いて，意見や主張，課題の解決策などを論理の構成や展開を（　E　）して詳しく話して伝え合うことができるようにする。

3 ★★☆

次の教材を使って授業をすることになった。その授業の展開部分において，生徒の「表現の能力」を高めるための指導例を，具体的に100語以上の英語で書け。

Mark　: Hi, Becky! Sorry I'm late.
Becky : That's OK. Well, did you bring my book?
Mark　: Your book? Oh, I forgot.
Becky : You forgot? I asked you to bring it to me. I need it to study for the test.
Mark　: Don't worry. I'll bring it tomorrow.
Becky : That's not soon enough. The test is tomorrow!

4 ★★☆

外国語教育に関連した次の(1)～(7)の記述について，空欄に当てはまる最も適当な語句をア～テから選び，記号で答えよ。なお，文頭に来る語も小文字で示している。

(1)　One of the principles underlying communicative methodology is (　A　). This has given rise to activities which simulate real communication by involving the exchange of information or opinion between participants. In a typical information / opinion (　B　) activity each learner in a pair or group holds information which is partial, or different from that of their partner(s). The task involves conveying information / opinions not already known to the other participant(s). Such tasks may vary in linguistic control over the intended message (e.g. communicative drills, (　C　), problem-solving) and type of exchange (one-way / two-way, optional / obligatory exchange).

(2)　(　D　) principle refers to a methodological procedure whereby subgroups of learners in a class are asked to read or listen to different information concerning a particular topic or situation. The full picture is then pieced together, when the group combine in discussion to complete the task.

(3)　Attitudes towards learner errors have changed considerably in recent decades. Approaches based on (　E　) principles (particularly audiolingualism) advocate the initial avoidance of errors and their diligent correction should they occur. More recent attitudes have displayed more tolerance; advocates of communicative language teaching, for example, recognize the need for (F) practice, and this may lead to occasions when errors are allowed to pass uncorrected, though perhaps only temporarily.

(4) A (G) language, in this more restricted sense, is a non-native language taught in school that has no status as a routine medium of communication in that country. A second language is a non-native language that is widely used for purposes of communication, usually as a medium of education, government, or business. In this usage, English, for example, has foreign language status in Japan, but second language status in Nigeria. The latter term is also used with reference to immigrants and indigenous groups whose L1 is a minority language: in the USA, for example, English is a second language for millions of immigrants from a wide range of language backgrounds as well as for speakers of American Indian languages.

(5) (H) in language teaching was a reaction against the profusion of rival approaches and methodologies, and their frequent dogmatism. It holds that no single one is adequate, but many contain valuable insights; the practitioner should therefore select the best from each. Its strength is a recognition of diversity, its weakness a tendency to vagueness and lack of principle.

(6) (I) is teacher-initiated and seeks to increase the teacher's understanding of classroom teaching and learning to bring about improvements in classroom practices. This typically involves small-scale investigative projects in the teacher's own classroom.

(7) A syllabus is said to be (J) when the organizing principle involved is not the presentation and practice of the language to be learned but the specification of activities designed to engage learners in language using work, usually without regard to the precise linguistic features such activities are likely to involve.

ア. task-based	イ. TPR	ウ. action research
エ. suggestopedia	オ. fluency	カ. methodology
キ. gap	ク. performance	ケ. scanning

コ．eclecticism　サ．fossilization　シ．Behaviorist
ス．inner speech　セ．notional　ソ．'describe and draw'
タ．jigsaw　チ．foreign　ツ．message-focus
テ．schema

〈京都府〉

5 ★★☆

次の英語教育学上の用語(1)～(3)について，日本語で簡潔に説明せよ。

(1)　acquisition, learning

(2)　syllabus

(3)　authenticity

〈山梨県〉

6 ★★☆

次の英文の空欄に当てはまる語をあとの語群から選び，それぞれ適切な形に変えて，書け。

(1)　We listened to the news with the (　　　) of surprise and horror.

(2)　The security system will be reviewed after a three-month (　　　) period.

(3)　He took his (　　　) glass of wine before going to bed.

(4)　Plans to build a new airport met with fierce (　　　) from local farmers.

(5)　A lot of people make the (　　　) that poverty only exists in the Third World.

(6)　I was too (　　　) in concluding he was lying.

(7)　The (　　　) of the research became impossible owing to lack of money.

(8)　The plane's wings can be folded for easy (　　　).

assume	habit	haste	mix	oppose	pursue	store	try

〈京都府〉

7 ★★☆

次の英文の定義に最もよく合う語を，①～⑤から選び，番号で答えよ。

(1)　(　　　) is an action that is intended to prevent the truth about something, especially unpleasant or not desirable, from becoming known.

① A medicament　② A mortgage　③ A masquerade
④ A metabolism　⑤ Monogamy

(2) (　　) is language which is very complicated and contains a lot of unnecessary words.

① Excessiveness　② Lucidity　③ Physiognomy
④ Grandiloquence　⑤ Verbiage

(3) If someone (　　) an organization's accounts, they examine the accounts officially in order to make sure that they have been done correctly.

① audits　② criticizes　③ intimidates
④ taxes　⑤ foliates

(4) If you are (　　), you are very determined and do not give up easily.

① succulent　② immutable　③ inseparable
④ tenacious　⑤ repellent

〈神奈川県・横浜市・川崎市〉

8 ★★★

Write the most appropriate English word that fits the following definitions.

(1) 1. One who is under the rule of another or others, especially one who owes allegiance to a government or ruler.

2. **a**. One concerning which something is said or done. **b**. Something that is treated or indicated in a work of art. **c**. A theme of a composition, especially a fugue.

3. A course or area of study.

4. A basis for action; a cause.

5. **a**. One that experiences or is subjected to something. **b**. One that is the object of clinical study. **c**. One who is under surveillance. **d**. A corpse intended for study and dissection.

6. The noun, noun phrase, or pronoun in a sentence or clause that denotes the doer of the action or what is described by the predicate and that in some languages, such as English, can be identified by its characteristic position in simple sentences and in other languages, such as Latin, by inflectional endings.

7. The term of a proposition about which something is affirmed or denied.

8. **a**. The essential nature or substance of something as distinguished

from its attributes. **b**. The mind or thinking part as distinguished from the object of thought.

(2) 1. Training expected to produce a specific character or pattern of behavior, especially training that produces moral or mental improvement.

2. Controlled behavior resulting from disciplinary training; self-control.

3. **a**. Control obtained by enforcing compliance or order. **b**. A systematic method to obtain obedience. **c**. A state of order based on submission to rules and authority.

4. Punishment intended to correct or train.

5. A set of rules or methods, as those regulating the practice of a church or monastic order.

6. A branch of knowledge or teaching.

(3) 1. Something kept hidden from others or known only to oneself or to a few.

2. Something that remains beyond understanding or explanation; a mystery.

3. A method or formula on which success is based.

(4) 1. A figure of speech in which a word or phrase that ordinarily designates one thing is used to designate another, thus making an implicit comparison, as in "*a sea of troubles*" or "*All the world's a stage*" (Shakespeare).

2. One thing conceived as representing another, a symbol.

(5) A sum of money paid regularly as a retirement benefit or by way of patronage.

(6) 1. The lesson or principle contained in or taught by a fable, a story, or an event.

2. A concisely expressed precept or general truth; a maxim.

3. Rules or habits of conduct, especially of sexual conduct, with reference to standards of right and wrong.

(7) 1. **a**. A social gathering especially for pleasure or amusement. **b**. A group of people who have gathered to participate in an activity.

2. An established political group organized to promote and support its principles and candidates for public office.

3. a. A person or group involved in an enterprise; a participant or an accessory. b. A person or group involved in a legal proceeding as a litigant.

4. a. A subscriber to a telephone party line. b. A person using a telephone.

(8) 1. A procedure for critical evaluation; a means of determining the presence, quality, or truth of something; a trial.

2. A series of questions, problems, or physical responses designed to determine knowledge, intelligence, or ability.

3. A basis for evaluation or judgment.

4. a. A physical or chemical change by which a substance may be detected or its properties ascertained. b. A reagent used to cause or promote such a change. c. A positive result obtained.

〈茨城県〉

9 ★★★

Write the most appropriate English word that fits the following definitions.

(1) The scientific study of matter in outer space, especially the positions, dimensions, distribution, motion, composition, energy, and evolution of celestial bodies and phenomena.

(2) 1. Knowledge of a person acquired by a relationship less intimate than friendship.

2. A person whom one knows.

3. Knowledge or information about something or someone.

(3) 1. a. A visible body of very fine water droplets or ice particles suspended in the atmosphere at altitudes ranging up to several miles above sea level. b. A mass, as of dust, smoke, or steam, suspended in the atmosphere or in outer space.

2. A large moving body of things in the air or on the ground.

3. Something that darkens or fills with gloom.

4. A dark region or blemish, as on a polished stone.

5. Something that obscures.

6. Suspicion or a charge affecting a reputation.

7. A collection of charged particles.

(4) 1. Any of the cylindrical, keratinized, often pigmented filaments

characteristically growing from the epidermis of a mammal.

2. A growth of such filaments, as that forming the coat of an animal or covering the scalp of a human being.

(5) Any of various two-winged insects of the family Culicidae, in which the female of most species is distinguished by a long proboscis for sucking blood. Some species are vectors of diseases such as malaria and yellow fever. Also called skeeter.

(6) 1. **a**. The plane figure formed by connecting three points not in a straight line by straight line segments; a three-sided polygon. **b**. Something shaped like such a figure.

2. Any of various flat, three-sided drawing and drafting guides, used especially to draw straight lines at specific angles.

(7) 1. Structure spanning and providing passage over a gap or barrier, such as a river or roadway.

2. Something resembling or analogous to this structure in form or function.

3. **a**. The upper bony ridge of the human nose. **b**. The part of a pair of eyeglasses that rests against this ridge.

4. A fixed or removable replacement for one or several but not all of the natural teeth, usually anchored at each end.

(8) 1. **a**. A fermented alcoholic beverage brewed from malt and flavored with hops. **b**. A fermented beverage brewed by traditional methods that is then dealcoholized so that the finished product contains no more than 0.5 percent alcohol. **c**. A carbonated beverage produced by a method in which the fermentation process is either circumvented or altered, resulting in a finished product having an alcohol content of no more than 0.01 percent.

2. A beverage made from extracts of roots and plants.

(9) 1. The natural satellite of Earth, visible by reflection of sunlight and having a slightly elliptical orbit, approximately 356,000 kilometers (221,600 miles) distant at perigee and 406,997 kilometers (252,950 miles) at apogee. Its mean diameter is 3,475 kilometers (2,160 miles), its 29 days 12 hours 44 minutes calculated with respect to the sun.

2. Natural satellite revolving around a planet.

(10) A colorless, highly flammable gaseous element, the lightest of all gases and the most abundant element in the universe, used in the production of synthetic ammonia and methanol, in petroleum refining, in the hydrogenation of organic materials, as a reducing atmosphere, in oxyhydrogen torches, and in rocket fuels. Atomic number 1; atomic weight 1.00797; melting point −259.14℃; boiling point −252.8℃; density at 0℃ 0.08987 gram per liter; valence 1.

〈茨城県〉

10 ★★☆

次の英文の空欄に最も適する語をア〜ソから選び，記号で答えよ。

The organisms that comprise a community and the physical environment with which they interact — including soil, water, atmosphere, terrain, etc. — are (1) known as an “ecosystem.”

While both nutrients and energy move through the food webs (interwoven food chains) of an ecosystem, they follow paths that differ in one important respect. Nutrients are (2) cycled through an ecosystem and are mostly retained within it (although major parts of the cycles may occur in the nonliving portions of the system). They make up the great “biogeochemical cycles” of carbon, nitrogen, sulfur, potassium, and so on. When an animal dies, for example, the materials of its body are broken down by decomposers and the nutrients are (3) to soil, water, or air, from which they again become available to plants. Energy, by contrast, moves only one way through food chains. Usually, most of the energy is lost at every step, because each organism uses some of it to operate its own life processes, and when energy is used, some of it is always (4) to less available forms. As a rule of thumb, only about one tenth of the energy present at each level in a food chain is available to the consumer at the next step (5).

This (6) of usable energy has crucial implications for the way ecosystems are organized. A diagram of energy availability is shaped like a pyramid, (7) the greatest amount flowing into the green plants, much less being available for the plant-eaters (herbivores), and rapidly diminishing quantities going into each level of meat-eaters (carnivores). Likewise, the weight of living material at each level in an ecosystem is usually (8). The green plants at the base have the greatest mass, and succeeding levels of consumers are (　9　) smaller, with the predators at the tops of food chains generally having the least living weight (biomass). There is a greater weight of grass than of antelopes, a greater weight of antelopes than of lions, and a greater weight of lions than of ticks that live on the lions.

The small amount of energy available at the upper ends of food chains limits the population sizes of animals in those positions. Human beings get an important part of the protein for their diets by feeding high on food chains. One (　10　) consequence of the explosive growth of the human population is that Homo sapiens, on average, will be forced to find more of its food lower down — that is, become more vegetarian.

ア. upward	イ. likely	ウ. skeptical	エ. affluence
オ. pyramidal	カ. degraded	キ. loss	ク. continually
ケ. intricate	コ. proportionately	サ. collectively	シ. with
ス. released	セ. substitute	ソ. from	

〈岡山県〉

11 ★★☆

次の英文の下線部分の表現を文脈から考えて最も適切なものにしたい。どれが最も適切か，ア〜エから選び，記号で答えよ。

(1) I am both afraid and awed by her ability to reach important decisions and take action so quickly.

ア. both am afraid and awed by her ability

イ. am both afraid of and awed by her ability

ウ. am both afraid and in awe of her ability

エ. am afraid and also awed by her ability

(2) Personally, I believe that we all will be happier if there were no cars at all in the downtown area of the city.

ア. I believe we all would be happier

イ. I personally believe that all of us will be happier

ウ. I believe that all of us would be more happy

エ. I believe we will all be happier

(3) When you see, instead of read, a play, it sometimes reveals new strengths and weaknesses.

ア. new strengths and weaknesses are sometimes revealed to you

イ. you sometimes see new strengths and weaknesses

ウ．sometimes new strengths and weaknesses are revealed

エ．new strengths and weaknesses are seen sometimes

(4) I especially admire her eagerness to succeed, that she is willing to work hard, and her being optimistic.

ア．that she is eager to succeed, willing to work hard, and that she is optimistic

イ．her eagerness to succeed, her willingness to work hard, and that she is optimistic

ウ．her eagerness to succeed, her willingness to work hard, and her optimism

エ．her being eager to succeed, her being willing to work hard, and her being optimistic

〈京都市〉

12 ★★☆

Suppose you received a different item from what you had ordered from an online shopping company, what would you do? Please read the following information, and write a claim letter to the company. The letter should be more than 150 words written.

インターネット通信販売で，結婚10周年記念日に妻に贈るドレスを購入したが，届いた商品は注文したサイズより小さい。記念日は来週の水曜日であり，早急に取り換えを希望する。妻には内緒なので，送付先は勤務先の会社にしてある。よって，土日の配達は困る。会社の営業時間内（午前9時から午後6時）に配達してもらいたい。送料はもちろん貴社負担でお願いする。

〈鳥取県〉

13 ★★☆

Translate the Japanese statements into English.

(1) 年間30日以上の欠席者のうち，何らかの不安や悩み，ストレスなどから登校しない，あるいは登校したくてもできない状況にある状態を「不登校」といいます。不登校の子どもたちの多くは，自分ではどうすることもできず，挫折感を抱いたり，自信をなくして悩んだり苦しんだりしています。

(2) 「愛」「美」「乙女」などバラには多くの花言葉があるが，「秘密」もその一つだ。英語で「バラの下で」といえば，秘密に，内証に，という意味になる。宴会場の天井に刻まれるバラは，そこで話されたことを外にもらしてはならないという戒めである。

〈鳥取県〉

14 ★★☆

次の⑴, ⑵の日本文を英語に訳せ。

⑴ 言語は人間社会にとって欠くことのできない道具である。これによって，個人が相互に理解し合い，社会としてまとまって行動することができる。

⑵ 多分，私たちの人生に書物が深い影響を与えるのは子供時代だけだろう。大人になると，私たちの心の中にすでにあるものを，本の中で確認するだけになってしまいがちだ。

〈山梨県〉

15 ★★☆

次の文を英語に訳せ。

明治維新以来百余年，日本はひたすら近代化の道をたどってきた。近代化はまことに結構だが，昔のものを何もかも，古い，封建的だ，という名のもとに捨て去ってしまうのはどんなものだろうか。いわゆる古いものに捨てがたいものがあり，新しいものにも歓迎できないものがあり，われわれ日本人は良いもの悪いものを取捨選択しなければならないのである。

〈香川県〉

16 ★★☆

次の日本文を英語に訳せ。

本来，言葉を本当の意味で使いこなすためには技術が必要です。欧米ではこの技術を言語技術と呼び，教育課程の中で指導します。言語技術は，国語ばかりでなく，外国語の授業にも応用されます。国語も外国語もどちらも言語であり，言語である以上，その運用技術は普遍だと考えられているからです。

〈長野県〉

17 ★★☆

次の各問いに答えよ。

⑴　次の日本文を英語に訳せ。

問1　先生が生徒を評価するだけでなく，生徒が先生を評価する時代になってきた。

問2　本来家庭で行うべきしつけを学校に期待する親が増えている。

⑵　昨年，ある自治体が，公道上の一部での喫煙を禁じる条例を施行した。このことについて，賛成・反対どちらかの立場を明確にして，100語程度の英語であなたの意見を述べよ。

〈長崎県〉

18 ★★☆

Write down your opinion about the author's argument in about 150 words with the reference to the article below.

Books, plays and films should be censored

Let us suppose that you are in the position of a parent. Would you allow your children to read any book they wanted to without first checking its contents? Would you take your children to see any film without first finding out whether it is suitable for them? If your answer to these questions is 'yes', then you are either extremely permissive, or just plain irresponsible. If your answer is 'no', then you are exercising your right as a parent to protect your children from what you consider to be undesirable influences. In other words, by acting as a censor yourself, you are admitting that there is a strong case for censorship. Now, you will say that it is one thing to exercise censorship where children are concerned and quite another to do the same for adults. Children need protection and it is the parents' responsibility to provide it. But what about adults? Aren't they old enough to decide what is good for them? The answer is that many adults are, but don't make the mistake of thinking that all adults are like yourself. Censorship is for the good of society as a whole. Imagine what chaos there would be if we lived in a society without laws! Like the law, censorship contributes to the common good.

When discussing censorship, therefore, we should consider the vast numbers of publications and films which make up the bulk of the entertainment industry. When censorship laws are relaxed, people without moral principles are given a license to produce virtually anything in the name of 'art'. There is an increasing tendency to equate 'artistic' with 'pornographic'. The vast market for pornography would rapidly be exploited. One of the great things that censorship does is to prevent certain people from making fat profits by corrupting the minds of others. To argue in favor of absolute freedom is to argue in favor of anarchy. Society would really be the poorer if it deprived itself of the wise counsel and the restraining influence which a censor provides.

〈岩手県〉

19 ★★☆

Suppose your school has a homestay program with a high school in the United States of America and you are in charge of the program. This year, about ten students were planning to come to your school during summer vacation. But the other day, you received the following letter from Ms. Williams, the teacher in charge of the program in the US. Please write a reply to her and explain the circumstances in Japan at the moment. Tell her that Japan is safe and that all the students and teachers of your school are looking forward to the visit. Please write at least 150 words.

＊＊＊

As of today, I have heard that two of our students, Linda Jones and Tom Smith, will not be participating in the program this year. Their families are very afraid of SARS and even though I have explained to them that Japan has had no cases of SARS, they have decided not to participate. I am afraid that David Thompson may also decide not to go. There has been so much in the news here about SARS in parts of Asia that I am not able to convince them otherwise. I will inform you of David's decision as soon as I can. Right now I am trying to convince him to go.

〈鳥取県〉

20 ★★☆

Paraphrase the sentences below for oral explanation. Note that underlined parts should be substituted with other words and phrases.

> How many nerve cells do you think we have in our brain? According to recent research based on many samples of the human brain, our brain has as many as 100,000,000,000 nerve cells! It's almost beyond our imagination. As there are about one hundred billion stars in the galaxy, our brain is often compared to a small universe. As you may know, these cells do not work alone, but are connected with each other. Therefore, our brain can deal with a complex combination of thoughts and emotions.

〈鳥取県〉

21 ★★☆

次の各問いに答えよ。

(1)　ア〜ウの英文を並べかえて，全体が意味の通るパラグラフにせよ。

In planning our syllabus we will look very carefully at the situation where the teaching takes places.

> ア. Clearly a class of twelve in a well-lit, comfortable classroom may be treated differently from students in over-large classes in which continual noise makes learning difficult.
>
> イ. Conditions, then, include such factors as the number of the students in a class, the type of classroom, and the aids and materials available.
>
> ウ. The former may, in other words, be expected to achieve better and faster than the latter.

The European classroom equipped with the modern technology of video, overhead projector, tape recorders, etc. will get different treatment from the less privileged classes that survives with a textbook alone.

(2)　次の文はアメリカから帰国したある日本人の大学生が書いた文の一部である。7ヵ所の誤りを直せ。

One of the interesting difference between America and Japan, it seems for me, is that family life is much more connecting to social life in America than it is Japan. Friends visit one another's house very more often, they have many parties at home, husbands and wives engage in various social clubs and charitable activities. It is a common complain among foreigners in Japan that they are seldom invited to their Japanese friends' homes. And on those rare occasions which they are invited, they are not permitted to see the whole house. They are usually shut up in the so-called drawing room for the evening. Americans go to the opposite extremes and show you the entire house, from the attic to the basement, often apologizing for any disorder that may reveal along the way.

(3) 次の文はTomと職場の同僚Janeの会話である。JaneはTomの話を聞いて，上司にTomの話を聞いてもらうようにしたいと考えている。会話の前後のつながりを考えて，(　ア　)，(　イ　)に英文を入れよ。ただし，(　ア　)には2文，(　イ　)には3文を書け。

Tom：Jane, I made a mistake on business today.
　　My boss said, "You may not come to the office tomorrow."
Jane：(　　　ア　　　)
Tom：Yes, of course, many times. Enough is enough.
Jane：(　　　イ　　　)
Tom：Oh, will you?
Jane：Certainly.
Tom：Thank you, Jane. A friend in need is a friend indeed.

(4) 次の日本文を英文に訳せ。

宿題を出すか出さないかは，教師にとって難しい問題である。宿題は教育的な見地からではなく，ただ単に親たちが望むからというだけの理由で課される，と言われることがよくある。しかし，宿題は家庭学習の時間が確認されることにより自分で学習する習慣を身につけるのに有効であるのも事実である。

〈宮城県・仙台市改題〉

22 ★★★

Write down one English proverb you really like and explain its meaning in detail.

Then describe how you are trying to make the most of it in your daily life or how you want to apply it to your teaching career in the future. Express all this in English, using at least 200 words.

〈神戸市〉

23 ★★☆

次の各問いに答えよ。

(1) 次の英文の下線部①～⑩は，それぞれ文法上，あるいは文脈上必要な語が1語欠けている。どこにどのような語を入れればよいか，その語が入るべき位置の直前にある語と，入れるべき語を書け。

Team-teaching provides good learning opportunities for a better understanding of cultural differences for both students and teachers (ALT and JTL alike). ①The students will learn much about differences and similarities between Japanese culture and the culture from the ALT comes. Just observing how the ALT behaves in the classroom can be enlightening to the students. ②In most cases, the ALT brings along the classroom something that represents his/her cultural background. ③Pictures of his/her hometown, for example, when used appropriately developing students' language skills, can give the students good learning opportunities to observe cultural and social differences. He/She can also bring publications and other objects (e.g., pictures, handicraft) from his/her background.

④The ALT can also relate his/her way of life to parts of the school textbook referring some aspects of different cultures. ⑤When, for example, New Zealand is dealt in a particular section of a lesson, and the ALT happens to be from that country, this would constitute an excellent opportunity to further pursue the cultural, historical, and social background of that country. ⑥Even if the ALT is not from that country, it still provides a good chance to talk about culture if he/she can compare culture of New Zealand with his/her own and possibly that of Japan.

⑦Discussions between the JTL and the ALT in the course of lesson preparation should serve another chance for cultural exchange. Through the process of getting each other's point of view across, both JTLs and ALTs will find covert as well as overt differences in their cultural background. ⑧Besides becoming aware of differences between cultures, both JTLs and ALTs will be able to rid themselves stereotypical images of a culture that they might have initially held.

⑨Students may not directly benefit this kind of cultural learning. However, they can be influenced indirectly by a JTL-ALT pair that is free from stereotypical images of culture, and which demonstrates a smooth, cooperative working relationship. ⑩The attitudes of teachers are conveyed strongly through the way they behave than through what they say.

(2) 次の①～⑳の英文について，文法上誤りのあるものを10選び，それぞれ誤っている箇所を指摘し，正しい表現に改めよ。

① The meeting began with the president's speech.

② Mt. Fuji is higher than any other mountains in Japan.

③ The sun rises in the east.

④ "I've just heard Ken saw a ghost last night." "I don't believe it."

⑤ She was not so an old lady as I had expected.

⑥ Tom has been married with Nancy for six years.

⑦ It is impossible for him to attend the meeting.

⑧ We suggested to John that he go alone.

⑨ Nowadays a lot of Japanese travel abroad.

⑩ They need not have hurried. So they walked slowly.

⑪ The bag was too heavy to lift.

⑫ The burglar got into the museum from the window.

⑬ I'm a student of Sendai Chuo High School.

⑭ I have been neither to Kyoto or Nara.

⑮ Yesterday I was spoken to in English by a stranger.

⑯ I remember the days which I spent in Miyagi.

⑰ I know how Kathy feels about the mistake, but it is not of a much problem.

⑱ Jack knows, I think, Betty hadn't passed the exam.

⑲ "There's a phone call for you from a Nancy." "OK, I'm going."

⑳ They are paid by the week.

〈宮城県・仙台市改題〉

24 ★★☆

次の英文の空欄に当てはまる語をア～エから選び，記号で答えよ。

THE SPRING FINE DINING SINCE 1931

The Spring is more of an area than a restaurant. On this site, long before the "White Man" Indians foraged and camped along the same river that is now seen from the windows of the restaurant. Known as a place of (1) interest, this spot along the Little Calumet River is known as "The Joinings" because of its confluence of rivulets and artesian springs that flow into the river.

In the 1930's, the original "Spring Restaurant" was created. It was the time of the "Great Depression" and a man named Harry Bay was about to lose his home (on the present site). At about the same time, (2) struck in the form of a bridge being constructed on Highway 20. This forced all of the traffic down Mineral Springs Road and right past Harry's home.

Not one to miss an opportunity, Harry converted his home to a roadside restaurant to provide the necessary income to save it from foreclosure. As the restaurant business (3), another source of income was developed. Harry turned the basement into a Speakeasy, complete with Slot Machines, Roulette Wheel, Blackjack and Chuck o Luck ... all very illegal. (4) the "Crystal Bar" for its impressive array of imported crystal, the downstairs was a quick success and drew heavily from Chicago.

Just when Harry's restaurant and casino was becoming a household word, it burned completely to the ground on February 2, 1951. The restaurant was quickly rebuilt in its present design. The business was quickly (5) by ex-FBI agent, Tom Keller, who once again made it famous for its food, all black male wait staff and impressive jazz. The May family has owned the restaurant since 1963, having purchased it from H.J. Sydney. The tradition lives on of "Good Food, Good Times and Good Friends." The Spring restaurant has the décor (6) of a country inn with its ample windows to let in the light and allow the guests to enjoy the vistas of river, the woods and the gardens. The lighting is soft with relaxing colors on the walls. The pace is never hurried.

Following in past traditions, the restaurant (7) truly memorable food. This dedication is seen in the herb garden, where we grow much of the abundant fresh herbs used in our cooking. It can also be seen in our slavish devotion to fresh products and by us using only the finest that can be found. Our food is (　8　), with our own versions of current trends, various regional influenced dishes and old favorites. We are fond to say that we will try and honor most requests and just because it's not on the menu does not mean that we cannot do it.

Special occasions are our specialty, whether your gathering is small or large (we can (　9　) groups from 5-50 in the restaurant). We have several different rooms to choose from and we can create a menu that fits your specific needs. Come on in and celebrate your birthday at The Spring. If you dine with us one day before, after or on your birthday you receive one percent off of your entrée for each year that you are. (We promise not to tell.)

Dress is from blue jeans to black tie, upscale casual is how we like to describe it. Reservations are accepted and recommended for busy evenings. All major credit cards are accepted. We are open seven days each week with the exception of holidays. We look forward to seeing you at The Spring.

(1)	ア. geometrical	イ. geopolitical	ウ. geological	エ. geographical
(2)	ア. providence	イ. frugality	ウ. prudence	エ. circumspection
(3)	ア. crumbled	イ. prospered	ウ. dwindled	エ. foundered
(4)	ア. Razed	イ. Eradicated	ウ. Coined	エ. Daunted
(5)	ア. resurrected	イ. retained	ウ. retorted	エ. repudiated
(6)	ア. equitable	イ. provocative	ウ. reminiscent	エ. affectionate
(7)	ア. endorses	イ. aggrandizes	ウ. features	エ. submits
(8)	ア. inclement	イ. revolting	ウ. compliant	エ. innovative
(9)	ア. grant	イ. furnish	ウ. offend	エ. accommodate

〈神奈川県・横浜市・川崎市〉

25 ★★★

次の英文を読んで，あとの各問いに答えよ。

Ecologists understand the ecological processes that support life on earth. They understand the fundamental role of photosynthesis, ①the concept of sustainable yield, the role of nutrient cycles, the hydrological cycle, the sensitive role of climate, and the intricate relationship between the plant and animal kingdom. They know that the earth's ecosystems supply services as well as goods and that the former are often more valuable than the latter.

A sustainable economy respects the sustainable yield of the ecosystems on which it depends: fisheries, forests, rangelands, and croplands. A particular fishery can sustain a catch of a certain size, but if the demands on the fishery exceed the sustainable yield by even the smallest amount — say, 2 percent a year — the fish stocks will begin to shrink and will eventually disappear. As long as the harvest does not exceed the sustainable yield, it can be sustained in perpetuity. The same is true for forests and rangelands. Nature also relies on balances. These include balances between soil (A) and new soil formation, between carbon emissions and carbon fixation, and between trees dying and trees regenerating.

Nature depends on cycles to maintain life. In nature, there are no linear flowthroughs, no situations where raw materials go in one end and garbage comes out the other. In nature, one organism's waste is another's sustenance. Nutrients are continuously cycled. This system works. ②Our challenge is to emulate it in the design of the economy. Ecologists appreciate the role of photosynthesis, the process by which plants convert solar energy into the biochemical energy that supports life on the earth. Anything that reduces the photosynthetic product, such as desertification, the paving of productive land, or the acidification of lakes by acid rain, reduces the productivity of the earth in the most fundamental sense.

An ecologist not only recognizes that the services provided by ecosystems may sometimes be worth more than the goods, but that the value of services needs to be calculated and incorporated into market signals if they are to be protected. Although calculating services is not a simple matter, any reasonable estimate is far better than assuming that the costs are zero, as is now the case. For example, a forest in the upper reaches of a watershed may provide services such as flood control and the recycling of rainfall inland that are several times more valuable than its timber yield. Unfortunately, market signals do not reflect this, because the loggers who are cutting the trees do not bear the costs of the reduction in services. National economic policies and corporate strategies are based largely on market signals. The clearcutting of a forest may be profitable for a logging firm, but it is economically costly to society.

Another major failure of the market to provide reliable information comes when governments subsidize the (B) of resources or environmentally destructive activities. For example, over several decades the U.S. Forest Service used taxpayer money to build roads into national forests so that logging companies could clearcut forests. This not only artificially lowered the costs of lumber and paper, it led to flooding, soil erosion, and the silting of streams and rivers. In the Pacific Northwest, it destroyed highly productive salmon fisheries. And all this destruction was underwritten by taxpayers.

In a world where the demands of the economy are pressing against the limits of natural systems, relying on distorted market signals to guide investment decisions is a recipe for (C). Historically, for example, when the supply of fish was inadequate, the price would rise, encouraging investment in additional fishing trawlers. When there were more fish in the sea than we could ever hope to catch, the market worked well. Today, with the fish catch often exceeding the sustainable yield, investing in more trawlers in response to higher prices will simply accelerate the collapse of these fisheries.

A similar situation exists with other natural systems, such as aquifers, forests, and rangelands. ③Once the climbing demand for water surpasses the sustainable yield of aquifers, the water tables begin to fall and wells go dry. The market says drill deeper wells. Farmers engage in a competitive (D) of well drilling, chasing the water table downward. On the North China Plain, where 25 percent of the country's grain is produced, this process is under way. In Hebei Province, data for 1999 show 36,000 wells, mostly shallower ones, being abandoned during the year as 55,000 new, much deeper wells were drilled. In Shandong Province, 31,000 were abandoned and 68,000 new wells were drilled. In an eco-economy, by definition one that respects the principles of ecology, drilling additional wells would be banned once a water table showed signs of falling. Instead of spending money to dig deeper wells, investments would be channeled into measures to boost water efficiency and to stabilize population in order to bring water use into balance with the sustainable supply.

Evidence is accumulating that our global economy is slowly ④(______) itself on several fronts. If we want economic progress to continue, we have little choice but to systematically restructure the global economy in order to make it environmentally sustainable.

(Adapted from *Eco-economy* by Lester R.Brown)

⑴　本文中の（　A　）～（　D　）の空所を補うのに最も適当な語を，ア～キから選び，記号で答えよ。

ア．disaster　　イ．dissolution　　ウ．orgy　　エ．erosion
オ．Profusion　　カ．depletion　　キ．culmination

⑵　本文中の下線部①はどのような概念かを本文より読み取って，句読点も含めて50字以内の日本語で書け。

⑶　本文中の下線部②の表す内容を，itが何を指すかを具体的にして，70字以内の日本語で書け。

⑷　本文中の下線部③の状況が発生したとき，どのような対応策をとるべきだと著者は述べているか。本文中から最も適当な一文を選び，その文の最初と最後の単語を書け。

⑸　本文中の下線部④の空所を補うのに最も適当な語をア～オから選び，記号で答えよ。

ア．underwriting　　イ．undertaking　　ウ．undermining
エ．underlining　　オ．underestimating

〈千葉県・千葉市〉

26　★★★

Read the passage and answer questions (1) to (8).

Future historians will doubtless view this unfolding century as (1)pivotal: Perhaps no previous generation has shaped the choices available to its children and grandchildren as much as we will during the decades ahead. (A)Whether our offspring inherit a world of prosperity and possibility or their options are limited by our current environmental misadventures depends directly on the decisions we make as citizens, business people, and politicians.

The good news is that humanity is better equipped than ever to create a sustainable civilization, an Eden reborn. The idea of sustainable development — meeting the needs of the current generation without jeopardizing the prospects of the next — has moved out of the classroom and into the real world, to pilot projects and niche markets that are generating encouraging results.

While (①) is by no means ensured, a solid foundation is being laid on several fronts. One of the easiest hurdles we face may be meeting the energy needs of the next century, because today's oil and coal fields could be replaced by solar generators and wind turbines located everywhere from mountain passes to rooftops. At the same time, hydrogen can be derived from water using solar-and wind-generated electricity. Sent along pipelines, (2) the pollution-free fuel that is now used to power many space vehicles will eventually power cars, homes, and factories.

But even in the information age, we still live in a materials-driven world, and restoring (②) will mean finding new ways of providing the tons of metals, wood, cement, and plastics we depend on. Instead of clearing forests for wood and paper and ripping open the earth to extract metal, why not follow nature's model of recirculating materials? If we generated only useful byproducts, and not waste, our environmental footprint could be substantially reduced. Many forward-thinking cities already set ambitious goals for waste reduction: Nearly half the municipalities in New Zealand, for example, are aiming to become "zero waste" cities by 2020, with virtually no materials going to landfills.

Reducing our consumption of materials requires (③), starting with smart product design. By 2015, for instance, the European Union will require that 95 percent of the materials in all new cars be remanufactured and 85 percent be recycled. That promises a new generation of cars that, instead of being junked, can be easily dismantled at the end of their useful lives and transformed into new vehicles and other products. The Xerox Corp, already designs its copiers to be remanufactured: Instead of heading to the landfill, the used machines are returned to the company, where up to 90 percent of their parts are (3) into something new.

Some pioneering companies have even changed (④); they locate their factories near each other, for instance, so the effluent from one factory can be used as the raw material for another. The city of Kalundborg, Denmark, has established a network of 12 symbiotic industries. Natural gas that was previously flared off by Denmark's largest refinery is being used as feedstock in a plasterboard factory; fly ash from a power plant goes to a cement manufacturer; and nitrogen-rich sludge from a pharmaceutical plant is used as fertilizer on nearby farms.

Even (⑤) — to sell as many goods as possible — can be reassessed in the name of reducing materials consumption. Why not sell people the services they need — transportation, for example — rather than more materials-intensive goods? Carsharing companies in Europe, and increasingly in the United States, allow drivers to eliminate a second car in favor of essentially renting a communal vehicle. People get the transportation they need, they save money, and they avoid (4)<u>clogging roads and parking areas with cars that would otherwise largely sit idle</u>. These imaginative solutions could help us achieve the 90 percent reduction in materials that some scientists say is necessary in wealthy countries to bring our appetites in line with a healthy environment. And these remedies can do so without measurably lowering our quality of life.

Among the most difficult challenges in the next century will be feeding more than 8 billion people in a world short of water. (B)<u>Biotechnology could play a big role in making crops less demanding of water and less vulnerable to pests</u>, but other technologies can be used now, from superefficient drip irrigation systems to ancient farming methods that increase a soil's capacity to retain water. Still, we also may need to shift our diets. More than a third of the world's grain goes to feed animals that in turn produce meat, eggs, and dairy products. This gives humans a protein-and fat-rich diet, but (5)<u>the conversion process</u> is inefficient. If the world's affluent were to consume less meat — living a little lower on the food chain — it would be easier to provide a healthy diet for all.

The biggest challenge of all, however, we may confront within ourselves. The dramatic economic advances of the past century were driven in part by a culture of materialism, and accelerated growth seems to be a universally accepted goal. Today, new homes in America are 38 percent larger than they were in 1975 — despite a decline in household size. And in 2001, the number of cars in the United States surpassed the number of licensed drivers. The planet cannot long support a species whose appetites cannot be satisfied. At the same time, as a nation, we are fatter, more indebted, and more stressed than ever. These trends suggest that our quality of life is declining even as our wealth increases. Consumption, it seems, is undoing us.

(Source: THE FUTURE of Earth: U.S.News & World Report, Special Edition)

(1) Choose the best phrase from the below (a) to (d) that explains the contextual meaning of the underlined word (1).

(a) unstable because a variety of environmental problems came up all at once

(b) fruitful because great environmental inventions have been brought about

(c) important in that decisions made in this century have great effects on the future

(d) desperate in that people have no ways to overcome environmental issues

(2) Write down a word from the passage to which the underlined words (2) refer.

(3) From (a) to (d) below, choose the word for the blank space (3).

(a) restored (b) reassembled (c) retreated (d) reduced

(4) Choose a word from (a) to (d) below to describe the underlined situation (4).

(a) congestion (b) contamination

(c) digestion (d) confusion

(5) In Japanese, describe what "the conversion process", indicated by (5), is.

(6) Choose the best phrase from the below (a) to (e) for each blank (①) to (⑤).

(a) a fundamental purpose of business

(b) a mix of common sense and ingenuity

(c) a socially just and environmentally benign future

(d) our balance with nature

(e) the manufacturing process itself

(7) Put the underlined (A) and (B) into Japanese.

(8) The passage above, with the final paragraph omitted, is to conclude with the sentence below. To complete the sentence, pick up one word from the ninth paragraph for the blank.

"Success, once measured in terms of higher salaries and more goods, would be judged by a new standard: the highest quality of life delivered with the lowest level of (　　　)."

〈石川県〉

27 ★★★

次の英文の文意がつながるように，(1)～(5)のそれぞれに当てはまる英文をア～カから1つ選び，記号で答えよ。

The classroom is often called an artificial environment for learning and using a foreign language. If we take as our yardstick for what is 'real' the situations outside the classroom for which learners are being prepared, this is undoubtedly the case. However, (　　1　　)

It is true that language teaching aims to equip learners for different contexts and that they will later have no cause to, say, 'ask where the chalk is' or 'explain why their homework is late'. However, they will still have cause to 'ask about locations' or 'offer explanations', based on similar forms of language and perhaps differing only in individual vocabulary items.

In other words, (　　2　　) Still more, it depends on whether he masters the more general principles which underlie them. Language structures and communicative functions are not bound to specific situations: (　　3　　) That is why, in our mother tongue, we can acquire the basic communication skills in the close family context, and transfer them in later life to a much wider range of social situations. In the same way, the structures and skills that a foreign language learner acquires during classroom interaction can later be transferred to other kinds of situation. (　　4　　)

In the pages that follow, I will look briefly at four approaches to exploiting the classroom environment as a social context for foreign language use, namely:

1．Using the foreign language for classroom management.
2．Using the foreign language as a teaching medium.
3．Conversation or discussion sessions.
4．Basing dialogues and role-plays on school experience.

(　　5　　)

ア．The second and fourth of these approaches are applicable to school-age learners rather than to adults.

イ．we should not forget that the classroom is also a real social context in its own right, where learners and teacher enter into equally real social relationship with each other.

ウ. the usefulness of language learning does not depend only on what specific pieces of language the learner encounters.

エ. This is particularly important for young school learners, who do not yet have a clear perception of the situations in which they will eventually need the foreign language.

オ. As the learner progresses, it will come increasingly to mean producing speech which is appropriate to the specific situation in which communication is taking place.

カ. once they have been mastered so that they can be used creatively, they can be transferred to contexts other than the one where they were initially acquired.

〈京都市〉

28 ★★★

次の英文を読んで，あとの各問いに答えよ。

Vocabulary learning is one of the important goals of the language classroom. A balanced language course should consist of four major elements of the teaching and learning of vocabulary. These elements may appear in many different forms, but they should all be present in a well-designed course.

Firstly there is learning from ①comprehensible meaning-focused input. This means that learners should have the opportunity to learn new language items through listening and reading activities where the main focus is on the information in what they are listening to or reading. Learning from meaning-focused input can best occur if learners are familiar with at least 95% of the running words in the input they are focusing on. In other words, learning from meaning-focused input cannot occur if there are lots of unknown words.

The second element is ②language-focused learning, sometimes called form-focused instruction. There is growing evidence that language learners benefit if there is an appropriate amount of usefully-focused deliberate teaching and learning of language items. From a vocabulary perspective, this means that a course should involve the direct teaching of vocabulary and the direct learning and study of vocabulary. There is a very large amount of research stretching back to the late 19th century which shows that the gradual cumulative process of learning a word can be given a strong boost by the direct study of certain features of the word.

The third element is ③meaning-focused output. Learners should have the chance to develop their knowledge of the language through speaking and writing activities where their attention is focused on the information they are trying to convey. Speaking and writing are useful means of vocabulary development because they make learners focus on words in ways different from when they are listening and reading. Having to speak and write encourages learners to listen like a speaker and read like a writer. This different kind of attention is not the only contribution that speaking and writing activities can make to language development; from a vocabulary perspective, these productive activities can strengthen knowledge of previously met vocabulary.

The fourth element in a balanced course is ④fluency development. In activities which utilize this element, learners do not work with new language items; instead, they become more fluent in using items they already know. A striking example of this can be found in the use of numbers. Usually, learners quickly learn numbers in a foreign language. But if they go into a post office and the clerk tells them how much the stamps they need are going to cost, they might not understand because the numbers have been said too quickly for them. By doing a small amount of regular fluency practice with numbers (the teacher says the numbers, the learners write the figures) learners will find that they can understand one digit numbers said quickly although they have trouble with two digit numbers said quickly or three digit numbers. Further practice will make these longer numbers fluently available for comprehension. If a course does not have a strong fluency element, then the learning done in the other three elements will not be readily available for normal use. In a language course, the four elements should be allocated roughly the same amount of time. This means that no more than 25% of learning time in and out of class should be given to the direct study of language items; no less than 25% of class time should be given to fluency development. If these elements are not equally represented, then the design of the course needs to be reevaluated.

(1) 下線部①～④の内容を50～60字程度の日本語で簡潔に説明せよ。

(2) 語彙学習にとって，筆者が重要だと言っている4つの要素から3つの要素を選び，その要素を活用した具体例をそれぞれ日本語で書け。

〈兵庫県〉

29 ★★★

次の英文を読んで，あとの各問いに答えよ。

In deciding how to approach the teaching and learning of English we can divide classroom activities into two broad categories: those that give students language input, and those which encourage them to produce language output. Whether acquisition or conscious learning is taking place there will be stages at which the student is receiving language — language is in some way being ‘put into’ the students. But ①exposing students to language input is not enough: we also need to provide opportunities for them to activate this knowledge, for it is only when students are producing language that they can select from the input they have received. Language production allows students to rehearse language use in classroom conditions while receiving feedback which ②(adjust / allows / input / language / them / their / of / perceptions / the / to) they have received. This production of language, or language output, can be divided into two distinct sub-categories. In the first, practice, students are asked to use new items of language in different contexts. Activities are designed which promote the use of specific language or tasks. (A) Practice output marks some kind of a half-way stage between input and communicative output.

Communicative output, on the other hand, refers to activities in which students use language as a vehicle for communication because their main purpose is to complete some kind of communicative task. (B) It becomes an instrument of communication rather than being an end in itself. In most communicative activities the students will be using any and/or all the language that they know: they will be forced to access the language they have in their language store, and they will gradually develop strategies for communication that over-concentration on presentation and practice would almost certainly inhibit. A further distinction has to be made, however between two different kinds of input: *roughly-tuned input* and *finely-tuned input*. The former is language which the students can more or less understand even though it is above their own productive level. The teacher is a major source of roughly tuned input, and so are the reading and listening texts which we provide for our students. At lower levels such material is likely to be roughly-tuned in the way we have suggested and so while we are training students in the skills necessary for reading and listening in English we are also exposing them to language, some of which may form part of their acquired language store. Finely-tuned input, on the other hand, is language which has been very precisely selected to be at exactly the students' level. For our purposes finely tuned input can be taken to mean that language which we select for conscious learning and teaching. Such language is often the focus of the *presentation* of new language where repetition, teacher correction, discussion and/or discovery techniques are frequently used to promote the cognitive strategies.

During the presentation stage teachers tend to act as controller, both selecting the language the students are to use and ③(accurate / asking / for / items / language / new / of / reproduction / the). They will want to correct the mistakes they hear and see at this stage fairly rigorously — in marked contrast to the kind of correction that is generally offered in practice and communicative activities. We can summarize the components of input and output in the following way:

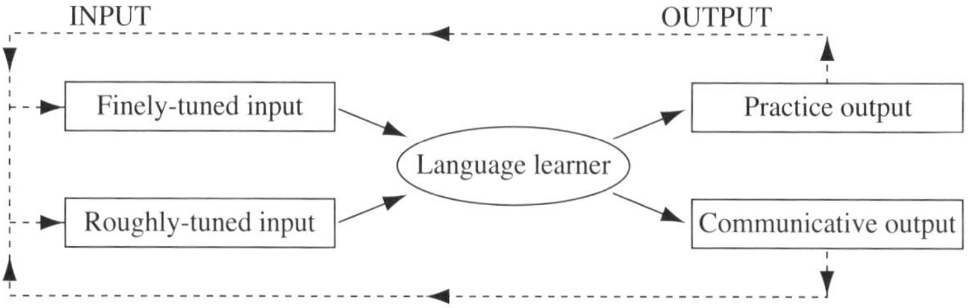

The dotted lines show how output — and the learner's (and teacher's) reaction to it — may feed back into input. Even during a communicative activity a student's output and the degree of success that (ア) achieves may provide valuable information about that language which is then internalized. Teacher correction during a practice activity may give the student more (イ) information about the language in question.

(1) 下線部①に関して，筆者はどうすべきであると考えているか。日本語で具体的に書け。

⑵　下線部②，③の（　　　）内の語を，内容に合うように正しく並べかえよ。
⑶　文中の（　A　），（　B　）に入る最も適切な文を，ア～エからそれぞれ1つずつ選び，記号で答えよ。

ア．Because the task in a communicative activity is of paramount importance the language used to perform it takes, as it were, second place.

イ．Conscious learning is thus seen as only one part of the methodological approach which also encourages language acquisition through a large amount of input and a significant emphasis on the use of language in communicative tasks and activities.

ウ．What is being suggested, then, is that roughly-tuned input and the use of the foreign language in communicative tasks and situations can satisfactorily exist side by side with work which concentrates on conscious learning where new language is being introduced and practiced.

エ．The aim is to give students a chance to rehearse language structures and functions so that they may focus on items that they wish to internalize more completely than before, while at the same time being engaged in meaningful and motivating activities.

⑷　文中の（　ア　），（　イ　）に入る最も適切な語の組み合わせを，①～④から選び，番号で答えよ。

①　ア．input　イ．input　　②　ア．input　イ．output
③　ア．output　イ．output　　④　ア．output　イ．input

⑸　roughly-tuned input と finely-tuned input の相違点は何か。日本語で簡潔に説明せよ。

〈和歌山県〉

30 ★★★

次の英文を読んで，あとの各問いに答えよ。

Two distinct kinds of processes are involved in listening comprehension, which are sometimes referred to as “bottom-up” and “top-down” processing. Bottom-up processing refers to the use of incoming data as a source of information about the meaning of a message. From this perspective, the process of comprehension begins with the message received, which is analyzed at successive levels of organization — sounds, words, clauses, and sentences — until the intended meaning is arrived at. Comprehension is thus viewed as a process of（　A　）. On the other hand, top-down processing refers to the use of background knowledge in understanding the meaning of a message. Background knowledge may take several forms. It may be previous knowledge about the topic of discourse, it may be situational or contextual knowledge, or it may be knowledge stored in long-term memory in the form of "schemata" — plans about the overall structure of events and the relationships between them. For example, if an adult was seated on a park bench reading aloud from a book to a group of enthralled young children, an observer would probably assume that the adult was reading a story — rather than, say, a recipe or a set of instructions on how to assemble a computer.

As well as recognizing the fundamental difference between top-down and bottom-up processing in comprehending language, it is also necessary to recognize the very different purposes that listeners may have in different (B), and how these differences in purpose affect the way they go about listening. Numerous classifications exist of the different functions and purposes for which people use language; a simple but useful distinction made by some researchers between interactional and transactional functions of language is explained here.

Interactional uses of language are those in which the primary purposes for communication are social. The emphasis is on creating harmonious interactions between participants rather than on communicating information. The goal for the participants is to make social interaction comfortable and nonthreatening and to communicate good will. Although information may be communicated in the process, the accurate and orderly presentation of information is not the primary purpose.

Transactional uses of language are those in which language is being used primarily for communicating information. They are "message" oriented rather than "listener" oriented. Accurate and coherent communication of the message is important, as well as confirmation that the message has been understood. Explicitness and directness of meaning is essential, in comparison with the (C) of interactional language. With transactional uses of language, coherence, content, and (D) are crucial.

In many situations, both interactional and transactional functions are involved. The four-part classification of listening processes and listening purposes established previously can be used as a framework for comparing the different demands of different listening activities. Listening activities may be located at different positions within the following quadrant:

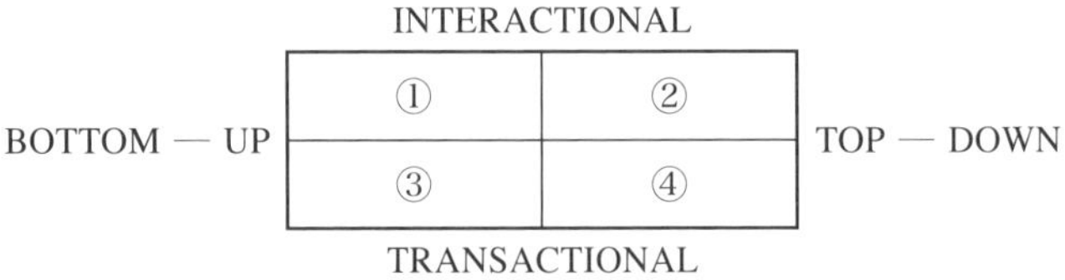

In developing classroom activities and materials for teaching listening comprehension, a clear understanding is needed of the nature of top-down and bottom-up approaches to listening and how these processes relate to different kinds of listening purposes. Too often, listening texts require students to adopt a single approach in listening, one that demands a detailed understanding of the content of a discourse and the recognition of every word and structure that occurred in a text. Students should not be required to respond to interactional discourse as if it were being used for a transactional purpose, nor should they be expected to use a bottom-up approach to an aural text if a top-down approach is more appropriate. Ways of using listening passages should be explored that help students employ appropriate listening strategies for particular listening purposes.

(1) 文中の（　A　）～（　D　）に入る最も適当な語を，ア～カからそれぞれ1つずつ選び，記号で答えよ。

ア. strategy　　イ. situations　　ウ. clarity　　エ. vagueness
オ. encoding　　カ. decoding

(2) 図中の①～④に当てはまる事例として，最も適当なものを，ア～エからそれぞれ1つずつ選び，記号で答えよ。

ア. a person listening to cocktail party banter, for example, during which friends greet each other, exchange compliments and other customary rituals, and engage in small talk on fleeting topics of no import to anyone present.

イ. an experienced air traveler on an airplane listening to a flight attendant reading the air safety instructions before take off.

ウ. a student driver receiving his or her first driving lesson from a driving instructor.

エ. a partygoer listening intently to someone telling a bad joke and trying to identify where to laugh.

⑶　言語の interactional uses と transactional uses の相違点は何か。日本語で簡潔に説明せよ。

⑷　リスニングの指導において，言語活動を行ったり教材を開発したりする際に，教師はどうあるべきだと述べているか。日本語で書け。

〈和歌山県〉

31 ★★★

次の英文を読んで，あとの各問いに答えよ。

It has been argued that output is nothing more than a sign of the second language acquisition that has already taken place, and that output serves no useful role in SLA except possibly as one source of (self-)input to the learner (Krashen 1989). On the contrary, the output hypothesis claims that producing language serves second language acquisition in several ways. One function of producing the target language, in the sense of 'practising', is that it enhances fluency. This seems noncontroversial, particularly if it is not confused with the adage that 'practice makes perfect'. We know that fluency and accuracy are different dimensions of language performance, and although practice may enhance fluency, it does not necessarily improve accuracy (Ellis 1988; Schmidt 1992). Other functions of output in second language acquisition have been proposed that relate more to accuracy than fluency. I will outline those briefly now, then return to consider them in more detail. First, it is hypothesized that output promotes 'noticing'. That is to say, in producing the target language (vocally or subvocally) learners may notice a gap between what they want to say and what they can say, leading them to recognize what they do not know, or know only partially. In other words, under some circumstances, the activity of producing the target language may prompt second language learners to consciously recognize some of their linguistic problems; it may bring to their attention something they need to discover about their L 2 (Swain 1993). This may trigger cognitive processes which might generate linguistic knowledge that is new for learners, or which consolidate their existing knowledge (Swain and Lapkin 1994).

A second way in which producing language may serve the language learning process is through hypothesis testing. That is, producing output is one way of testing a hypothesis about comprehensibility or linguistic well-formedness. A considerable body of research and theorizing over the last two decades has suggested that output, particularly erroneous output, can often be an indication that a learner has formulated a hypothesis about how the language works, and is testing it out (for example, Selinker 1972; Corder 1981). Sometimes this output invokes feedback which can lead learners to modify or 'reprocess' their output.

Thirdly, as learners reflect upon their own target language use, their output serves a metalinguistic function, enabling them to control and internalize linguistic knowledge. My assumption at present is that there is theoretical justification for considering a distinct metalinguistic function of output. However, it may be that we will want to consider it as the pedagogical means by which we can ensure that the other two functions operate.

Before examining these three functions of output in more depth, I would like to make a few preliminary comments about the differences between production and comprehension. The importance to learning of output could be that output pushes learners to process language more deeply (with more mental effort) than does input. With output, the learner is in control. By focusing on output we may be focusing on ways in which learners can play more active, responsible roles in their learning.

In speaking or writing, learners can 'stretch' their interlanguage to meet communicative goals. They might work towards solving their linguistic limitations by using their own internalized knowledge, or by cueing themselves to listen for a solution in future input. Learners (as well as native speakers, of course) can fake it, so to speak, in comprehension, but they cannot do so in the same way in production. They can pass themselves off as having understood, as Hawkins (1985a) so clearly demonstrated. Hawkins showed that learners would often claim to understand their interlocutors when, in fact, they did not. However, to produce, learners need to do something; they need to create linguistic form and meaning and in so doing, discover what they can and cannot do.

(1) 出力について，Krashenの著作にはどのように論じられていたと筆者は述べているか。日本語で説明せよ。

(2) 出力仮説によると，言語産出は流暢さと正確さの向上につながるとされており，本文では，特に正確さの向上について3点述べられている。その3点についてそれぞれ日本語で説明せよ。

(3)　本文では，産出と理解についてどのような見解が述べられているか。日本語で説明せよ。

〈岡山県〉

32 ★★★

文脈から考えて，文中の空欄に入る最も適切な語句を①～⑤から選び，記号で答えよ。

A strategy for the sustainable development of East Asia's seas has been adopted by 12 countries, after years of research produced a stark warning that environmental degradation threatens entire populations. Hunger, job losses and conflicts will increase if the region's seas continue to be overexploited and polluted, according to a 111-page document outlining the strategy.

"If current trends in environmental degradation are not changed, (1) over the next 50 years," the document says. The "Sustainable Development Strategy for the Seas of East Asia" is the product of more than three years of research, launched at a meeting in Dalian, China, in July 2000, and seeks to coordinate responses to the growing threat to the marine environment. The seas in question are bordered by the countries involved in the project — China, North and South Korea, Japan, the Philippines, Indonesia, Brunei, Malaysia, Singapore, Thailand, Cambodia and Vietnam. East Asia's population of 1.9 billion people is expected to rise to 3 billion by 2015, the document says, with about 77 percent of people living within 100 kilometers of the coast. The population is also rapidly transforming from rural to urban and coastal settlements have developed into mega-cities now counted among the most populated in the world, with major economic activity concentrated along the coasts. "Because of the region's geography, (2). There are 10 million fisherfolk, and 50 million people are dependent on fisheries for a major portion of their livelihood." The coasts "are major social and economic development zones, contributing some 40 to 60 percent of the GDP of countries in the region."

The coastal areas provide a continuous supply of goods — fish, oil, gas, minerals, salt and construction materials — as well as services such as transport, recreation and tourism. East Asia has a third of all coral reefs in the world, which generate an estimated $112.5 billion a year, the document says. "The value of the global center of marine biodiversity supported by the area is beyond valuation. If it is lost, (3)." Southeast Asia's coastal ecosystems have already been "severely damaged" over the past 30 years, with 11 percent of coral reefs having collapsed while 48 percent are in critical condition and 80 percent face risks. Fish catches have dropped sharply through overexploitation and destructive practices such as fishing with explosives, while sewage and industrial waste — the major sources of marine pollution — pour into the seas in increasing quantities. Just over 10 percent of the organic component is removed by sewage treatment in countries bordering the South China Sea and (4) it will not only kill off animal life but increase risks to public health, the document says.

Pointing out that marine environmental issues are (5), the strategy calls for the countries of the region to "adopt a shared vision of the seas of East Asia" and take concrete steps to protect them. While the strategy does not involve new legal obligations for the countries, it offers a set of guidelines to ensure sustainable use of coastal and marine resources and to develop ecologically sound economic activities.

(1) ① the social fabric of many nations could hardly deteriorate
② the social fabric of many nations could dramatically deteriorate
③ the social fabric of many nations might be protected
④ hunger, job losses and conflicts would be decreasing
⑤ hunger, job losses and conflicts could be eliminated from many nations

(2) ① only a few of the East Asian people are dependent on marine food production
② a small proportion of the East Asian people are blessed with marine food production
③ a large proportion of the East Asian people are not blessed with marine food production
④ a large proportion of the East Asian people are dependent on marine food production
⑤ a large proportion of the East Asian people have nothing to do with marine food production

(3) ① it can never be replaced
② it can be replaced by the value of mountain biodiversity
③ it can be easily replaceable

④ of course we can replace it with our efforts
⑤ we don't have to take it back

(4) ① because this is going to be improved
② because this is drastically improved
③ because this has been significantly improved
④ if this is drastically improved
⑤ unless this is drastically improved

(5) ① caused by cooperation between countries
② already considered to be resolved
③ by their very nature international
④ not concerned with any countries of the region
⑤ independent of the region's economical prosperity

〈福岡県・福岡市・北九州市〉

33 ★★★

次の英文を読んで，あとの各問いに答えよ。

For centuries, people have recognized the power of luck and have done whatever they could do to try seizing it.

To investigate scientifically why some people are consistently lucky and others aren't, I advertised in national periodicals for volunteers of (A) varieties. Four hundred men and women from all walks of life — ages 18 to 84 — responded. Over a ten-year period, I interviewed these volunteers, asked them to complete diaries, personality questionnaires and IQ tests, and invited them to my laboratory for experiments. Lucky people, I found, get that way via some basic principles — seizing chance opportunities; creating self-fulfilling prophecies through positive expectations; and adopting a resilient attitude that turns bad luck around.

Consider chance opportunities: Lucky people regularly have them; unlucky people don't. To determine why, I gave lucky and unlucky people a newspaper, and asked them to tell me how many photos were inside. On average, unlucky people spent about two minutes on this exercise; lucky people spent seconds. Why? Because on the paper's second page — in big type — was the message "Stop counting: There are 43 photographs in this newspaper." Lucky people tended to spot the message. Unlucky ones didn't. I put a second one halfway through the paper: "Stop counting, tell the experimenter you have seen this and win $250." Again, the unlucky people missed it.

The lesson: Unlucky people miss chance opportunities because they're too busy looking for something else. Lucky people see what is there rather than just what they're looking for.

This is only part of the story. Many of my lucky participants tried hard to add variety to their-lives. Before making important decisions, one altered his route to work. Another described ①a way of meeting people. He noticed that at parties he usually talked to the same type of person. To change this, he thought of a color and then spoke only to guests wearing that color — women in red, say, or men in black.

Does this technique work? Well, imagine living in the center of an apple orchard. Each day you must collect a basket of apples. Gradually, it becomes (B) to find apples in places you've visited before. If you go to new parts of the orchard each time, the (ア)odds of finding apples will increase dramatically. It is exactly the same with luck. Another important principle revolved around the way in which lucky and unlucky people deal with misfortune. Imagine representing your country in the Olympics. You compete, do well, and win a bronze medal. Now imagine a second Olympics. This time you do even better and win a silver medal. How happy do you think you'd feel? Most of us think we'd be happier after winning the silver medal.

But research suggests athletes who win bronze medals are actually happier. This is because silver medalists think that if they'd performed slightly better, they might have won a gold medal. In contrast, bronze medalists focus on how if they'd performed slightly worse, they wouldn't have won anything. Psychologists call this ability to imagine what might have happened, rather than what actually happened, ②"counter-factual"thinking. To find out if lucky people use counter factual thinking to ease the impact of misfortune, I asked my (イ)subjects to imagine being in a bank. Suddenly, an armed robber enters and fires a shot that hits them in the arms. Unlucky people tended to say this would be their bad luck to be in the bank during the robbery. Lucky people said it could have been worse: "You could have been shot in the head." This kind of thinking makes people feel better about themselves, keeps expectations high, and increases the likelihood of continuing to live a lucky life.

Finally, I created a series of experiments examining whether thought and behavior can (ウ)enhance good fortune. First came one-on-one meetings, during which participants completed questionnaires that measured their luck and their satisfaction with six key areas of their lives. I then outlined the main principles of luck, and described ③techniques designed to help participants react like lucky people. They were taught how to be more open to opportunities around them, how to break routines, and how to deal with bad luck by imagining things being worse. They were asked to carry out specific exercise for a month and then report back to me. The result were dramatic: 80 percent were happier and more satisfied with their lives-and luckier. One unlucky subject said that after adjusting her attitude — expecting good fortune, not (エ)dwelling on the negative-her bad luck had vanished. One day, she went shopping and found a dress she liked. But she didn't buy it, and when she returned to the store in a week, it was gone. Instead of slinking away disappointed, she looked around and found a better dress-for less. Events like this made her a much happier person. ④Her experience shows how thoughts and behavior affect the good and bad fortune we encounter. It proves that the most elusive of holy grails-an effective way of taking advantage of the power of luck — is (　C　) to us all.

(1)　下線部(ア)〜(エ)とほぼ同じ意味の語（句）をａ〜ｄから選び，記号で答えよ。

(ア)　ａ．curiosity　　ｂ．importance
　　　ｃ．necessity　　ｄ．probability

(イ)　ａ．acquaintances　　ｂ．colleagues
　　　ｃ．examinees　　ｄ．pupils

(ウ)　ａ．identify　　ｂ．increase
　　　ｃ．influence　　ｄ．spoil

(エ)　ａ．coping with　　ｂ．relying on
　　　ｃ．waiting for　　ｄ．worrying about

(2)　空欄(A)〜(C)に入る最も適当な語（句）をａ〜ｄから選び，記号で答えよ。

(A)　ａ．both　　ｂ．each　　ｃ．many　　ｄ．several

(B)　ａ．harder　　ｂ．luckier
　　　ｃ．more comfortable　　ｄ．more convenient

(C)　ａ．valuable　　ｂ．inescapable　　ｃ．desirable　　ｄ．available

(3)　下線部①の具体的な方法を，本文に即して日本語で答えよ。
(4)　下線部②を日本語で説明せよ。
(5)　下線部③の具体的な内容を３つ，本文に即して日本語で答えよ。
(6)　下線部④の具体的な内容を，本文に即して80字以内の日本語で答えよ。
(7)　次の質問に日本語で答えよ。

問１　Why did lucky people find the message that had been set on the second page of the newspaper?

問２　According to the research, why are the athletes who win bronze medals in the Olympics happier than those who win silver medals?

〈佐賀県〉

34 ★★★

次の英文を読んで，あとの各問いに答えよ。

Herbert Benson's father died of a heart attack at the age of 59, and Benson was determined not to suffer the same fate. Soon after his father's funeral in 1979, he adopted a vegetarian diet. For the next two decades, he carefully watched his weight and blood pressure, checked his cholesterol yearly and paid out of his own pocket for annual electrocardiogram tests (electrical records of heart activity). "I thought I was doing (ア)everything I needed to," says the 56-year-old architect. In comparison to other people, he was very careful about his health.

But at 5 a.m. on Christmas Day, 2000, just weeks after getting a clean bill of health from his doctor, Benson woke with pain in his chest. "The heart attack came from out of the blue," he says. "No prior warning."

Why did he have a heart attack? Though it may come as a surprise, it isn't a surprise at all. Heart attacks regularly strike people who don't have high cholesterol. But (イ)most scientists have come to realize that the road to heart disease isn't a straight line from high-fat foods to a heart attack — not simply a plumbing problem of pipes clogged with grease. They have uncovered other troubles-different types of cholesterol, inflammation (redness and swelling in a part of the body) — that also play a role in heart attacks.

In the aftermath of Benson's heart attack, he got the standard care — angioplasty to open a blocked artery and cholesterol-lowering drugs. But a friend with heart disease kept insisting that Benson should seek further medical advice and visit his doctor. The friend claimed the guy had saved his life.

That doctor, cardiologist (heart specialist) (ウ)Robert Superko, had been arguing for close to 20 years that heart attacks such as the one that struck Benson don't, in fact, come from out of the blue. Through a facility Superko helped found in 1996, Berkeley Heart Lab in Alameda, California, he offers blood tests that go beyond the standard cholesterol check. Listening to Benson's story, Superko suspected his problem was not that his cholesterol levels were abnormal, but that he was "LDL Pattern B."

Superko and other experts believe that while the amount of bad cholesterol, or LDL (low-density lipoprotein), in your blood can be dangerous, the size of the LDL particles is even more important. (エ)If they're extra small — a trait called LDL Pattern B — they're extra likely to produce a heart attack. That may be partly because the smaller particles slip easily into the walls of your arteries, where they more readily become arterial plaque. Pattern B patients also tend to have associated problems, including low HDL (high-density lipoprotein) levels and high triglycerides (chemical forms of fat). Their (オ)HDL may be less efficient at its job of ferrying away bad cholesterol from arterial walls. What's more, their blood vessels are likely to tighten suddenly and uncontrollably, which can burst plaque.

If you add up all these conditions together, says Superko, they mean trouble. (カ)Some American research suggests as many as one in three men and one in seven women have genes that give them a higher risk of having LDL Pattern B.

(1) 下線部(ア)の指す内容を4つ具体的に日本語で答えよ。

(2) 下線部(イ)の科学者が認識するようになった内容を日本語で簡潔に答えよ。

(3) 下線部(ウ)の人物はBensonの病気についてどのように考えたか日本語で簡潔に答えよ。

(4) 下線部(エ)の理由を具体的に日本語で答えよ。

(5) 下線部(オ)の働きを日本語で述べよ。

(6) 下線部(カ)を日本語に訳せ。

(7) 次の質問に対する答えとして適切なものを1つ選び，記号で答えよ。

問1 What happened to Herbert Benson on Christmas Day, 2000?

(a) He got a clean bill of health from his doctor.

(b) He had a symptom of the same disease that his father had died of.

(c) He was surprised to find unpaid bills that were twenty years old.
(d) He had a doctor's visit because of pain in his chest.

問2 Who claimed Benson should consult the special doctor?
(a) A friend who has heart disease and whose life was saved did.
(b) A friend who is an architect and a vegetarian did.
(c) An expert on LDL Pattern B disease did.
(d) A cardiologist from Berkeley, California did.

(8) 本文の内容に合っている英文を３つ選び，記号で答えよ。
(a) For twenty years, Benson watched his physical health carefully.
(b) Scientists believe that heart attacks are always caused by high-fat foods.
(c) Even if you have normal cholesterol levels, you can have a heart attack.
(d) Superko says that LDL in your blood is not dangerous.
(e) The care Benson got after his heart attack didn't include an angioplasty.
(f) LDL Pattern B is defined as having extra small cholesterol particles.
(g) Most LDL Pattern B patients have higher levels of HDL.

〈佐賀県〉

35 ★★★

Read the following passage and choose the best answer to each question from the four choices.

Of all the ways France has resisted the cultural imperialism of the United States, it has arguably achieved its greatest success in the realm of food. Not only is French cuisine the envy of the world, but culinary tradition has allowed the French to consume their *sauce veloute* and *creme brulee* without succumbing to the ills of overconsumption that plague the land of burgers, fries and angioplasty. In recent years, however, statistics have begun to reveal that France is vulnerable to America's junk food influence after all. Although southern, rural France remains steadfastly healthy, its more urban neighbors to the north suffer more from eating-related problems. Not least a rise in childhood obesity. "We can't point our finger at any one thing." says Mariette Garber, a nutritional scientist at the National Institute for Medical Research and Health. "It's a modern way of life, very urban. And it has come from the United States."

France's growing fat problem underscores how inexorable the Americanization of food habits has become. The problem is even more acute in the developing world, where the taste for American fast-food products like McDonald's hamburgers and Coca-Cola has long been fashionable. Urbanization is leading to more sedentary lifestyles in many places. And more and more, even traditional foods are being prepared from processed flour and other ingredients that yield more calories and less healthy roughage. Nobody ever thought resisting the export of American diets would be easy. But the trend has turned out to be more insidious and more widespread than previously thought. "It's very easy to blame globalization, or the big brands like Coca-Cola or McDonald's," says Derek Yach, executive director of the World Health Organization. "But the problem goes much, much deeper."

Diet and exercise habits may be complex, but the basic recipe for health problems is simple: a rise in calorie intake and decline in calorie-burning activities. The number of overweight people in the United States doubled in the past 20 years to 60 percent, and Europe and Asia are catching up. In some developing countries, obesity is increasing faster than in America — the rate is three times higher in Mexico and Egypt. Each year more new cases of diabetes arise in China and India than in all other countries combined. Where are all the extra calories coming from? One surprising source is the raw grains and other ingredients used for cooking traditional — formerly healthy — dishes.

When crops are grown in big farms and processed en masse, much of their nutrient value is taken out, and their "calorie density" rises. Even the noodle, a staple of many traditional diets, is no longer as healthy as it once was. In China, for instance, home-cooked noodles used to be made from whole-grains, ground by hand. Now households use factory-made "refined" flour, from which the grain husks have been discarded along with nutrients like fiber and minerals. What remains are simple carbohydrates that the body more easily turns into fat.

Cooking oils have taken a similar turn for the worse. Back in the 1960s, Japanese and American researchers discovered an inexpensive way to extract oil from vegetables. Westerners and developing countries alike adopted vegetable oils as a cheaper alternative to butter, healthy if used in moderation. The problem is, the oil is so cheap that in places like India it's used to excess. It's not uncommon for Indian cooks to use vegetable oil for breakfast, lunch and supper, and to throw in an extra 10 or 20 grams to enhance a dish's flavor.

As a result of the matters above, health-care costs are rising — $100 billion for obese children in the United States, estimates the Centers for Disease Control. What about the 35 million overweight kids around the world, not to mention 300 million adults? "The cost of health-care — to feed the hungry and pay for the medical bills of obesity is staggering," says Weight Watchers International chief science officer Karen Miller-Kovach. Unfortunately, obesity and all the illnesses it entails hit the poor hardest of all. High-caloric junk food is cheap enough to afford even on a low income. And the well-heeled and well-educated tend to be better about hitting the gym. In developing countries, those leisure activities aren't even an option yet. The popularity of Western-style food has thus led to an alarming trend: obese parents and undernourished children living under the same roof. "It's a very attractive lifestyle," says Popkin. But it's killing people all the same.

(1) What would be the best title for this passage?

① Eating to Death

② Urbanization in developing countries

③ Diet and exercise

④ American Junk Food

(2) How has American food influenced the French diet?

① French people are very proud of their cuisine, so they have refused to eat American food.

② Lately, more and more American food has been imported into France and it has become more popular than traditional foods there.

③ The French diet is influenced by America's junk food in the city center rather than in the country.

④ McDonald's changed French food drastically by inventing and effectively marketing french fries.

(3) What does "the basic recipe for health problems" in the third paragraph refer to?

① It refers to a procedure for resolving the growing obesity problem which is occurring in some developing countries.

② It refers to more sedentary and less active lifestyles which cause mental or physical disorders.

③ It refers to a list of materials and directions for preparing a healthy dish or drink.

④ It refers to an essential method to improve our eating habits so that we can meet our nutrition needs.

(4) Why do we take in unnecessary calories?

① Because we take in a lot of artificial preservatives and colors which contain incredible amounts of fat and remain in our body for a long time.

② Because many staples of traditional diets are made from crops covered with grain husks, they contain many carbohydrates and no fiber.

③ Because vegetable oil became cheaper in the 1960's and it was considered healthy, so it replaced butter to make the taste of food better.

④ Because lots of ingredients used for daily dishes are refined and/or processed, so we eat many carbohydrates which change into fat without fiber or minerals.

(5) What is happening in developing countries?

① Since food is very expensive and scarce in developing countries, more than 300 million people are dying from hunger every year.

② Getting exercise in a gym as well as eating Western-style food is very popular in developing countries because they worry about obesity.

③ More and more adults in poor families are getting fat because they can get food with high calories at a low price.

④ Lots of people are suffering from severe malnutrition, and the government spends much money on health care only to feed the hungry.

〈沖縄県改題〉

36 ★★★

Read the following passage and answer the questions below in English. Write your answers in less than 25 words.

The American Revolution was one concrete example of the philosophy of "Enlightenment" in the 18th century. But Americans did not produce any significant or original philosophical system. They were practical philosophers and their most recognized product was the political pamphlet, which expressed the European ideas of natural rights, religious freedom of thought and universal progress. Their thoughts were not original, but the translation of thought into action was their great contribution.

Enlightenment and Revolution had many ideas in common; they both argued against the division of humans into "superior" and "inferior"; both drew upon certain Newtonian concepts. Sir Isaac Newton stated that the physical is governed by discoverable law and mathematical harmony. Human intelligence is sufficient.

Humans, too, were a product of "nature's God" and as such are conditioned by their environment, the sum total of all their experience. They were no "fallen," depraved creatures; quite the contrary. They are capable of infinite perfection through a program of planned improvement.

The Enlightenment appeared in American religious thought as an emphasis upon "God's essential kindness." Everywhere the universe exhibits evidence of God's plan and rationality. But religion must stand the test of human reason. In a "natural religion" God loves all people and seeks their happiness. Since this is so, humans must themselves seek it. Happiness is the absence of personal sinfulness and social evil. In a natural, "enlightened" religion, theology is practical ethics.

(1) What can we say about American philosophy in the 18th century?

(2) If people follow the new ideas of Enlightenment and Revolution, how should humans be treated?

(3) Explain Newton's claim in your OWN words: "Humans are capable of infinite perfection through a program of planned improvement."

(4) What must humans seek in a "natural religion?" Why?

〈沖縄県〉

37 ★★★

次の英文を読んで，あとの各問いに答えよ。

Language and culture cannot be dissociated from each other. This makes the communicative process a crucial one, where teaching Strategic Competence plays a major part in Communicative Competence development.

Fruitful work on defining Communicative Competence was carried out by Michael Canale and Merrill Swain. According to their theory four different components, or subcategories, make up the construct of Communicative

Competence:

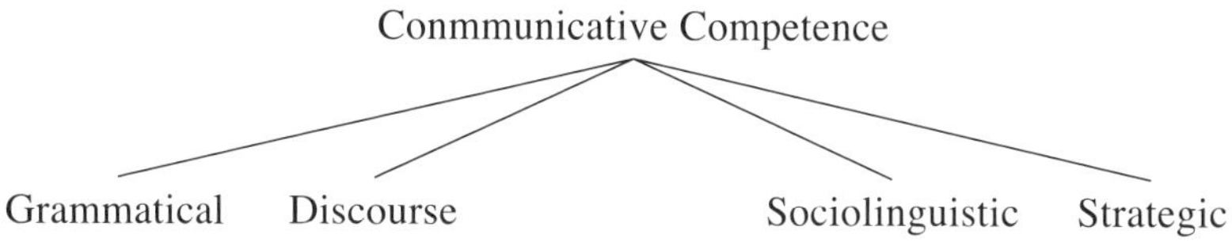

The first two sub-categories reflect the use of language itself. Thus Grammatical Competence includes “ (　　A　　) ” The second sub-category is Discourse Competence — (　　B　　). While Grammatical Competence focuses on sentence-level grammar, Discourse Competence is concerned with intersentential relationships.

The last two sub-categories define the most functional aspects of communication. Sociolinguistic Competence “requires an understanding of the social context in which language is used: the roles of the participants, the information they share and the function of the interaction”. The fourth sub-category is Strategic Competence, a construct that is exceedingly complex. Canale and Swain describe Strategic Competence as “the verbal and non-verbal communication strategies that may be called into action to compensate for breakdowns in communication due to performance variables or due to insufficient competence”.

In fact, C Strategic Competence is the way we manipulate language in order to meet communicative goals. An eloquent speaker possesses and uses a sophisticated Strategic Competence. For example, a salesman utilizes certain strategies of communication to make a product seem irresistible. A teacher also uses some strategies of communication to make a student not only remember the material he or she teaches but also to teach him to study. Canale and Swain's definition of Communicative Competence has undergone some other modifications over the years. These newer views are best described in Lyle Bachman's schematization of what he simply calls Language Competence.

Canale and Swain's Sociolinguistic Competence is now broken into two separate pragmatic categories: functional aspects of language and sociolinguistic aspects. In keeping with current waves of thought, Bachman adds that Strategic Competence is an entirely separate element of the Communicative Competence skill. Here, Strategic Competence serves as an “executive function of making the final ‘decision’, among many possible options, on wording, phrasing, and other productive and receptive means for negotiating meaning”.

by Alla Anisimova

⑴　(　A　)と(　B　)に入る文として，最も適切なものを，ア～エから選び，記号で答えよ。

ア．the ability to connect sentences in conversation and to form a meaningful whole out of a series of utterances

イ．knowledge of differences in dialect or variety, differences in register, naturalness, cultural references

ウ．the ability to explore factors such as the effect of developmental disabilities on social communication, challenges to developing social connections, and the ability to conduct conversations

エ．knowledge of lexical items and of rules of morphology, syntax, sentence-grammar semantics and phonology

⑵　下線部Cを日本語に訳せ。

⑶　本文の内容と下記の英文から，(　ア　)，(　イ　)に当てはまる最も適切な英単語を書け。

Bachman proposed another model of Communicative Competence, which he called “(　ア　) Competence,” which he further divided into two subcategories: Organizational Competence and Pragmatic Competence. Each subcategory has the following two components:

(　ア　) Competence

A．Organizational competence

1．Grammatical competence

2．Textual competence

B．(　イ　) Competence

3．Illocutionary competence

4．Sociolinguistic Competence

(Bachman 1990 : 107)

〈埼玉県・さいたま市〉

38 ★★★

次の文章を読んで，あとの各問いに答えよ。

The classroom model shows the hypothetical integration of four components that have been advanced as comprising communicative competence (Savignon 1972, 1983, 1987, in press; Canale and Swain 1980; Canale 1983a: Byram 1997). Adapted from the familiar “inverted pyramid” classroom model proposed by Savignon (1983), it shows how, through practice and experience in an increasingly wide range of communicative contexts and events, learners gradually expand their communicative competence, consisting of *grammatical competence, discourse competence, sociocultural competence,* and *strategic competence*. Although the relative importance of the various components depends on the overall level of communicative competence, each one is essential. Moreover, all components are interrelated. They cannot be developed or measured in isolation and one cannot go from one component to the other as one strings beads to make a necklace. Rather, an increase in one component *interacts* with other components to produce a corresponding increase in overall communicative competence.

Grammatical competence refers to sentence-level grammatical forms, the ability to recognize the lexical, morphological, syntactic, and phonological feature of a language and to make use of these features to interpret and form words and sentences. Grammatical competence is not linked to any single theory of grammar and does not include the ability to state rules of usage. One demonstrates grammatical competence not by *stating* a rule but by *using* a rule in the interpretation, expression, or negotiation of meaning. *Discourse competence* is concerned not with isolated words or phrases but with the interconnectedness of a series of utterances, written words, and/or phrases to form a text, a meaningful whole. The text might be (A). Identification of isolated sounds or words contribute to interpretation of the overall meaning of the text. This is known as *bottom-up processing*. On the other hand, understanding of the theme or purpose of the text helps in the interpretation of isolated sounds or words. This is known as *top-down processing*. (B)Both are important in communicative competence.

Two other familiar concepts in talking about discourse competence are text (C) and (D). Text (C) is the relation of all sentences or utterances in a text to a single global proposition. The establishment of a global meaning, or topic, for a text is an integral part of both expression and interpretation and makes possible the interpretation of the individual sentences that make up the text. Local connections or structural links between individual sentences provide (D).

Sociocultural competence extends well beyond linguistic forms and is an interdisciplinary field of inquiry having to do with the social rules of language use. Sociocultural competence requires an understanding of the social context in which language is used: the roles of the participants, the information they share, and the function of the interaction.

It is of course not feasible for learners to anticipate the sociocultural aspects for every context. Moreover, English often serves as a language of communication between speakers of different primary languages. Participants in multicultural communication are sensitive not only to the cultural meanings attached to the language itself, but also to social conventions concerning language use, such as turn-taking, (E). These conventions influence how messages are interpreted. (F)Cultural awareness rather than cultural knowledge thus becomes increasingly important. Just knowing something about the culture of an English-speaking country will not suffice. What must be learned is a general empathy and openness towards other cultures. Sociocultural competence therefore includes a willingness to engage in the active negotiation of meaning along with a willingness to suspend judgement and take into consideration the possibility of cultural differences in conventions or use. Together these features might be subsumed under the term cultural flexibility or cultural awareness.

The "*ideal native speaker*," someone who knows a language perfectly and uses it appropriately in all social interactions, exists in theory only. None of us knows all there is to know of English in its many manifestations, both around the world and in our own backyards. Communicative competence is always relative. The coping strategies that we use in unfamiliar contexts, with constraints due to imperfect knowledge of rules or limiting factors in their application such as fatigue or distraction, are represented as (G)strategic competence. With practice and experience, we gain in grammatical, discourse, and sociocultural competence. The relative importance of strategic competence thus decreases. However, the effective use of coping strategies is important for communicative competence in all contexts and distinguishes highly competent communicators from those who are less so.

Savignon, S.J. (2001) Communicative Language Teaching for the Twenty-First Century.

(1) Grammatical competence はどのようなものであると筆者は述べているか，日本語で答えよ。また，この能力を育てるために，英語の授業でどのような指導方法が考えられるか，筆者の考えをふまえながら例をあげて日本語で説明せよ。

(2) 空欄（A）に入る例として，適切なものを3つ考え，英語で答えよ。

(3) 下線部(B)で，筆者は両方のプロセスが大切であると述べているが，それぞれのプロセスの重要性を本文に即して日本語で説明せよ。

(4) 空欄（C），（D）に入る最も適切な語を，ア～エからそれぞれ1つずつ選び，記号で答えよ。

ア．comprehension　　イ．cohesion

ウ．collaboration　　エ．coherence

(5) 空欄（E）に入る例として，適切なものを3つ考え，日本語で答えよ。

(6) 下線部(F) の cultural awareness を，英語の授業を通じて育てるために，生徒に対してどのような態度を身につけさせる必要があるか。また，そのために，どのような指導方法が考えられるか。日本語で説明せよ。

(7) 下線部(G)で，英語の授業で strategic competence を表す例として，どのようなものが考えられるか，日本語で説明せよ。

〈埼玉県・さいたま市〉

39 ★★☆

次の英文を日本語に訳せ。

While the public continues to hear talk of better economic times ahead, working people everywhere remain perplexed over what appears to be a “jobless recovery.” Every day, transnational corporations announce that they are becoming more globally competitive. We are told that profits are steadily rising. Yet, at the same time, companies are announcing massive layoffs. In the single month of January 1994, America's largest employers laid off more than 108,000 workers. Most of the cutbacks came in service industries, where corporate restructuring and the introduction of new laborsaving technologies are resulting in greater productivity, larger profits, and fewer jobs. We are entering a new phase in world history — one in which fewer and fewer workers will be needed to produce the goods and services for the global population.

〈山梨県〉

40 ★★★

次の(1)〜(3)の英文を読み，それぞれのパラグラフを40語以内の英語で要約せよ。

(1) Speech is the method we use most often to express our personality. Controlling the tone of your voice so that it carries meaning beyond mere words is invaluable. You can say the same sentence in different tones of voice and convey very different things. "I need that shipment by Tuesday" can be pronounced with full confidence, letting your supplier know that your request is something you have every reason to expect as a normal part of your relationship. Say it anxiously, and you may find you've given him the idea that you're in a bind and perhaps he can demand a higher price. Say it angrily, and you can undo years of a good partnership.

(2) A well-developed sense of humor aids you in becoming flexible and adaptable to the varying circumstances of life. It allows you to relax and remain human in the midst of pressure, instead of becoming cool and distant or angry and bitter. It keeps you from taking life too seriously. People who cannot laugh when laughter is exactly what is called for are denying themselves a wonderful mental tonic. If you discover some flaw in your product or plan, recognizing the comedy of the situation allows you to back up and start again. Otherwise you will be trapped in your frustrations.

(3) This is a simple skill, really, but it is invaluable at first impression and every time a contact is renewed. Make your grasp firm and friendly, not crushing. You want to establish enthusiasm and cooperation, not competition. A limp handshake will display disdain or weakness. Coordinate your handshake with a greeting, and grip the other person's hand for emphasis on key phrases. Maintain your grip as long as you speak your greeting in order to strengthen the impression you are making. Be direct and assertive in your greeting, and people will associate those qualities with the whole of your personality.

〈福岡県・福岡市・北九州市〉

41 ★★★

次の英文は“KAISHA”という洋書の一節である。この文章において，一般的な認識に関して筆者はどのような問題を指摘し，どのように考えるのが正しいと述べているか，250字以上350字以内の日本語でまとめよ。ただし，句読点も1字とする。

In discussing Japanese-style management, some reference needs to be made to the issue of decision making, and differences in the process between the *kaisha* and Western companies. There is a general view that the *kaisha* have a special approach to decision making, consensual in nature to an exceptional extent, as symbolized by the formal *ringi seido*, in which a memorandum summarizing the decision is circulated and signed by all concerned.

Much attention has also been paid to the informal, pre-decision processes of discussion and accommodation of views, called in Japanese *nemawashi*. The *kaisha* are felt to take a relatively long time to arrive at a decision as these informal and formal processes are worked through, but are seen as able to implement decisions very rapidly once a formal decision is arrived at.

This is no doubt a reasonable description of the usual Japanese decision-making process. It is self-evident that the organization of the *kaisha*, with tight integration of individuals into the group and an emphasis on group values and behavior, would emphasize group-centered decisions as well. The entire culture of the *kaisha* mitigates against the spectacular individual making his way against odds and general opinion and finally drawing the group after him. (Japanese politics are similarly free from this man-on-horseback model.)

The problem with this characterization is that it sets up a polarity between all Western decisions made rapidly by an individual and all Japanese decisions made slowly by groups. Neither extreme describes either universe very well. Japan has its occasional one-man companies. Not all Japanese decisions are long drawn-out ones. Indeed, the Western negotiator who believes negotiations with a Japanese company are taking a long time has probably been politely refused and is unable to comprehend the fact.

Many Western organizations have elaborate procedures for study and review before decisions are made, and it is a rare and usually unsuccessful Western executive who fails to sound out his or her organization informally before making a decision. The usual contrast between cultures in terms of decision making seems not to be a very useful one. One might conclude that the culture of most *kaisha* will ensure group discussion before decisions are made, with the corollary that responsibility for any decision tends to be shared, and that all concerned understand and act on their role in implementation once it is made.

出典文献：KAISHA — THE JAPANESE CORPORATION —, Tuttle, 1987
"The Process of Decision Making", By James C.Abegglen & George Stalk, Jr.

〈京都市〉

42 ★★★

"Content-based instruction (CBI)"に関する次の英文を読んで，あとの各問いに答えよ。

CBI began to gain prominence in the 1980s in the United States when approaches were needed to promote simultaneous content and language learning for a growing number of English language learners (ELLs) in the schools. The basic notion behind CBI is that language should be taught in conjunction with the teaching of academic subject matter. Snow, Met, and Genesee (1989) suggest that it provides students with comprehensible input, opportunities for meaningful use of academic language, and practice with the cognitively demanding, decontextualized language tasks required in academic learning. As is clear from the constructs that Snow et al. use, the work of Krashen (e.g., Krashen, 1982), in his notion of comprehensible input, and Cummins (e.g., Cummins, 1984), with his notions of cognitive demand and decontextualized language, were highly influential in the development of CBI. Modeled on the success of immersion programs, CBI has been promoted-through theme-based ESL-EFL, sheltered classes, and adjunct courses-as a way of providing contexts for teaching language through a focus on grade-appropriate content (see also Snow, 1998).

Typical recommendations for a CBI approach include focus on disciplinary vocabulary and use of a variety of learning and teaching strategies, especially visual aids and graphic organizers to make meanings clear (e.g., Chamot & O'Malley, 1987). Teachers are encouraged to help students comprehend and use the language structures and discourse features found in different subjects and to facilitate students' practice with academic tasks such as listening to explanations, reading for information, participating in academic discussions, and writing reports. This is a solid foundation on which to incorporate an explicit focus on how language is used in different subject areas to construe particular kinds of meanings.

But CBI recommendations typically deal only very generally with the linguistic issues related to instruction in different disciplines. Short (1994), for example, in making recommendations for CBI in social studies, suggests using materials and activities that "[make] the reading process more comprehensible through vocabulary previews, graphic organizers, and so forth" (p.587). She also recommends that teachers use cooperative learning and hands-on activities. Her language-related recommendations include focusing on vocabulary and "explicitly teaching linguistic cues of text structure" (p.587). Short's work is addressed primarily to students at beginning levels of language learning, and her major emphasis is on visual presentation of information to make materials more readily accessible to such learners, referring to Cummins's work in calling social studies "cognitively demanding and context reduced communication" (p.585; see also Short, 1991, 1993; Short, Mahrer, Elfin, Liten-Tejada, & Montone, 1994). Although such a focus may be useful for beginning students, for students who want to achieve grade-level standards, CBI needs to be enhanced through a greater focus on language itself to help students cope with the complexity of grade-level concepts.

Recent trends in second language research suggest that a focus on form can be important for students' language development (see, e.g., articles in Doughty & Williams, 1998). This research stresses that focus on form should be done in ways that are not isolated from the communicative context, but researchers take different positions on whether the focus on form should be incidental (Ellis, Basturkmen, & Loewen, 2001) or through "structured input" (Van Patten, 2000), or should be reactive (Doughty & Williams) rather than proactive, through recognition and awareness focus lessons (Blyth, 2000). Focus-on-form approaches are typically not informed by a theory of language that is discourse and meaning based and instead view language acquisition as the accumulation of sets of structures and rules. The alternative view presented here, based on a functional theory of language, sees how the linguistic features of disciplinary texts construe particular kinds of meanings. This makes a focus on language central to the teaching of disciplinary content.

Functional linguists have developed significant knowledge about the linguistic features of history textbooks in different languages (e.g., Barnard, 2000; Coffin, 1997; Eggins, Wignell, & Martin, 1993; Martin, 2002; McNamara, 1989; Oteiza, 2003; Unsworth, 1999; Veel & Coffin, 1996). We draw on these analyses, along with our own analyses of California history textbooks, to extend CBI approaches beyond vocabulary, graphic organizers, and cooperative interaction to help students develop advanced literacy through a linguistic focus on language in context. Rather than making the content less difficult, we suggest that a functional text analysis can provide tools for helping students work with grade-level textbook material and at the same time develop critical language awareness.

⑴ CBIの背景にある基本的な考え方は何か。日本語で答えよ。

⑵ Snσw, Met and Genesee (1989)は，CBIは学習者に何を与えると言っているか。日本語で答えよ。

⑶ 筆者は今までのCBIはどのようなことに焦点をあてて行われてきたと述べているか。簡潔に日本語でまとめよ。

⑷ “Focus on form”という考え方について，次の問いに日本語で簡潔に答えよ。

問1 最近の第2言語に関する研究によると，“focus on form”はどのようになされるべきだと主張されているか。

問2 “Focus on form”について，研究者たちによって意見が分かれているのはどのような点か。

問3 筆者は“CBI”における“focus on form”についてどのような考え方を提案しようとしているか。

〈長野県〉

43 ★★★

次の文章A～Cには，文意の通らない語がそれぞれ1語ずつある。A～Cそれぞれの中で何行目にその語が含まれているかを示し，その語を適切な英語に直せ。

A. We accept the idea that attitude and motivation are important to success in the broadest sense. The successful salesperson has a “can-do” approach and an enthusiastic attitude toward the product; the achievement-oriented executive can be distinguished by diligence and energy; the winning athlete stands out in terms of a desire to win and a willingness to make the extra effort. All else being equal, the salespersons, executives, and athletes who display these positive attitudes will be more successful than their unequally competent peers. Do these aspects of desire and sentiment also push some second-language learners beyond their limits?

B. The mapping problem is the way in which language learners understand the relation between verbal labels and objects or events in the environment. How do children know that ball is the particular toy and not the shape; that apple is a specific fruit and not any edible; that car is the vehicle and not the action of movement. Adults frequently point to objects in the environment and name them for children. But how do children know which perceptual experience is the correct reference for the label they heard? Sometimes they get it right: children have been reported to assume that the name for a stove is hot, because that is what adults say to them while pointing at the imposing object in the kitchen and admonishing them not to touch it. But usually they get it right and correctly attach the new label to the proper item.

C. Vigotsky differed in that he saw the individual as having two developmental levels which have interacted with learning since the time of birth. In his theory learning precedes maturation. The individual through interaction progresses from what he called an actual developmental level to a potential developmental level. Between the two levels is the "Zone of Proximal Development," which he defined as "the distance between the actual developmental level as determined by dependent problem solving and the level of potential development as determined through problem solving under adult guidance of and in collaboration with more capable peers." The potential developmental level becomes the next actual developmental level through learning which "presupposes a specific social nature and a process by which children grow into the intellectual life of those around them." Learning then should always be one step ahead of development.

〈長野県〉

44 ★★★

次の英文を読んで，あとの各問いに答えよ。

What is emotional intelligence? The term itself was coined by Peter Salovey of Yale University and Jack Mayer of the University of New Hampshire while they were researching factors important to functioning well in society (Mayer & Salovey, 1997). But it was Daniel Goleman's (1995) book *Emotional Intelligence* that brought this idea to the general public in the United States and worldwide.

A good way to understand emotional intelligence is to take note of its shorthand acronym: "EQ." EQ (　ア　) the acronym IQ, which has come to be recognized as signifying academic achievement, typically of a cognitive nature. If IQ represents the intellectual raw material of student success, EQ is the set of social-emotional skills that enables intellect to turn into action and accomplishment.

Without EQ, IQ consists more of potential than actuality. It is confined more to performance on certain kinds of tests than to expression in the many tests of everyday life in school, at home, at the workplace, or in the community. EQ is the missing piece in true reform of education and preparation of students for academic and life success. Schools that see as their mission the joint and synergistic development of EQ + IQ must become the standard of education. Those who lead such schools know this well. Those who aspire to lead such schools are visionaries who are ready to prepare students for the complexities of life in the 21st century and beyond.

There are many definitions of emotional intelligence, and research continues to refine the nuances of this concept. CASEL, the Collaborative for Academic, Social, and Emotional Learning, continues to play a prominent role in monitoring and articulating these changes, especially through its ongoing process of reviewing EQ related programs to determine their features and adequacy. However, it is useful to understand EQ as expressed by Daniel Goleman in Emotional Intelligence because this is the most widespread shared terminology in use.

1．(　イ　): the ability to recognize feelings as they occur in real-life situations

2．Management and (　ウ　) of Emotions: being able to cope with strong feelings so as not to be overwhelmed and paralyzed by them

3．Self-Motivation and Performance: being goal-oriented and able to channel emotions toward desired outcomes

4．Empathy and（　エ　）Taking: being able to recognize emotions in others and to understand others' point of view

5．Social（　オ　）: the ability to handle a range of social relationships

Resource A shows a more detailed elaboration of these areas and provides formats for assessing specific social and emotional learning (SEL) and EQ skills in oneself and in one's students.

EQ, or skills for social and emotional learning, are therefore those skills that underlie the following elements of everyday classroom and school life:

・Communicating effectively
・Participating actively, genuinely, and cooperatively in group work
・Expressing and regulating emotions and impulses appropriately
・Resolving conflicts thoughtfully and nonviolently
・Living a life of sound character
・Bringing a reflective, learning-to-learn approach to all domains of life

Can there be true academic and social success without these types of skills? When the Association for Supervision and Curriculum Development (ASCD) ran articles in Educational Leadership on effective middle schools, ①the common denominator among the schools was that they had systematic procedures in place for addressing children's social and emotional skills. There were schoolwide mentoring programs, group guidance and advisory periods, modifications of the usual discipline systems, and classroom programs that allowed time for group problem solving and team building. Of course, they had sound academic programs and competent teachers and administrators, but other schools had these features as well. It was the social and emotional learning component that distinguished them.

(1)（　ア　）に入る最も適当な語を(a)〜(e)から選び，記号で答えよ。

(a) constitutes　(b) complains　(c) contemplates
(d) competes　(e) complements

(2)（　イ　），（　ウ　），（　エ　），（　オ　）に入る最も適当な語を(a)〜(h)から1つずつ選び，記号で答えよ。

(a) Conscience　(b) Decision　(c) Literacy
(d) Perspective　(e) Self-Awareness　(f) Self-Regulation
(g) Skills　(h) Conflict

(3) 下線部①を和訳せよ。

〈京都府〉

45 ★★★

Read the following passage on a hypothesis of second language acquisition and answer the questions below.

Like the input hypothesis, the interaction hypothesis emphasizes the importance of comprehensible input. It also seeks to explain how acquisition comes about and makes claims regarding which kinds of interaction will best promote it. The interaction hypothesis has led to a substantial amount of classroom research, although, as we will see, this research has not been directed at falsifying the hypothesis. Rather, it has been based on the assumption that the hypothesis is correct.

Description The interaction hypothesis differs from the input hypothesis in the way it attaches importance to one particular method of making input comprehensible. There are three ways of making input comprehensible (Long, 1983 a):

(1) by means of input simplifications;

(2) through the use of linguistic and extra-linguistic context; and

(3) through modification of the interactional structure of conversation.

Long (1981) refers to (1) as **input features** and (3) as **interactional features**. In formulating the interaction hypothesis, Long argues that acquisition is made possible and is primarily facilitated when interactional adjustments are present....

The presence of such features indicates that there is **negotiation of meaning** taking place. Long (1983 c) identifies two kinds of negotiation: (1) negotiation aimed at avoiding conversational trouble and (2) negotiation aimed at repairing discourse when trouble occurs. Interactional modifications that derive from (1) reflect long-term planning by the native speaker and govern the way entire conversations are conducted. Long describes these modifications as **strategies**.... Interactional modifications that derive from (2) are spontaneous and mainly affect how topics are talked about. They are referred to as **tactics**....

The interaction hypothesis also considers two-way communication of greater importance for acquisition than one-way. This is because negotiation of meaning is much more extensive when the learner is able to provide feedback on her success in understanding the native speaker. Negotiation of meaning, therefore, involves the learner as well as the native speaker/teacher. In this respect, therefore, the interactional hypothesis takes learner production as well as input into account. However, like the input hypothesis, it sees no direct role for output in promoting acquisition.

Rod Ellis, *Instructed Second Language Acquisition* (BLACKWELL)

(1) Which is the correct statement?

1. A substantial amount of classroom research has been based on the assumption that the input hypothesis is correct.
2. Long refers to the ways of making input comprehensible by means of input simplifications as interactional features.
3. The input hypothesis attaches importance to one particular method of making input comprehensible.
4. The interaction hypothesis makes claims regarding which kinds of interaction will best promote acquisition.

(2) According to the passage, which phrase is related to "tactics"?

1. native speakers' long-term planning
2. repairing discourse
3. governing the way entire conversations are conducted
4. avoiding conversational trouble

(3) According to the interaction hypothesis, which is the correct statement?

1. One-way communication is more important than two-way communication.
2. Native speakers/teachers are involved in negotiation of meaning, but learners are not.
3. Learners' providing of feedback about their understanding makes negotiation of meaning more extensive.
4. Learner production directly helps second language acquisition to come about.

(4) Find the appropriate words with which to fill in the blanks (A) and (B) in the following statement, and then choose the correct combination of (A) and (B) from among the four alternatives below.

According to Long's argument, second language acquisition is facilitated (A) making input comprehensible through interactional adjustment (B) negotiation of meaning.

1. (A) without (B) such as 2. (A) without (B) except for

3. (A) by (B) except for 4. (A) by (B) such as

〈東京都〉

46 ★★★

Read the following passage and answer the questions below.

Though economic growth slowed throughout much of the world during 2001, world carbon emissions from burning fossil fuels continued their relentless upward trend, surpassing 6.5 billion tons. As a result of the consistent growth of emissions, the atmospheric concentration of carbon dioxide (CO_2) has increased from the preindustrial level of 280 parts per million (ppm) to today's 370 ppm, a 32-percent increase. In the last 20 years, the atmospheric concentration of CO_2 has increased at the unprecedented rate of 1.5 ppm a year.

In 1950, carbon emissions stood at 1.6 billion tons. By 1977, that had more than tripled, to 4.9 billion tons. In 2000, carbon emissions approached 6.5 billion tons, a quadrupling in just 50 years. Since the atmosphere's capacity to fix carbon is fairly constant, as the volume of emissions rises, the earth fixes a decreasing percentage of emissions. The increased atmospheric concentrations of CO_2 and other greenhouse gases (GHG) trap more of the earth's heat, causing temperatures to rise. These in turn are responsible for melting ice, rising sea levels, and a greater number of more destructive storms. Three fourths of the carbon emissions from human activities are due to the combustion of fossil fuels; the rest is caused by changes in land use, principally deforestation. Global energy consumption is projected to rise 60 percent over the next 20 years. Coal use is expected to increase by 45 percent, oil consumption by 58 percent, and natural gas by 93 percent, according to the U.S. Department of Energy. Since coal consumption has actually declined by 6 percent since its peak in 1996, however, there is reason to believe its use will either continue to drop or will increase less than projected. Yet even if coal usage remains steady over the next 20 years, the current level of emissions from all fossil fuels is simply too high. The increasing use of fossil fuels will only exacerbate changes in global climate.

According to the Intergovernmental Panel on Climate Change (IPCC), atmospheric CO_2 concentrations by 2100 will be in the range of 650 to 970 ppm — more than double or triple pre-industrial levels. As a result, the global average surface temperature will likely rise between 1.4 and 5.8 degrees Celsius between 1990 and 2100, an unprecedented rate of increase.

Four major sectors produce carbon emissions. Electricity generation is responsible for the largest share — 42 percent. Transportation generates 24 percent of global emissions. Industrial processes account for 20 percent, and residential and commercial uses produce the remaining 14 percent.

Fortunately, changes can be made in each of these sectors to reduce carbon emissions using readily available technology. Shifting to wind, solar, and geothermal power for all electricity generation could greatly reduce the use of fossil fuels. Increased appliance and machinery efficiency could lower industrial and residential energy use. In the short term, shifts away from personal vehicles toward mass transit, along with increases in fuel efficiency, can reduce transportation emissions. And in the longer term, use of hydrogen-fueled cars and buses could cut emissions even further....

Various policy measures have been put forward to address climate change and reduce concentrations of CO_2 and other greenhouse gases. The most prominent is the Kyoto Protocol, which commits industrial nations to reduce their emissions by at least 5 percent below 1990 levels by 2008-12. To enter into force, 55 countries representing 55 percent of emissions from industrial and former Eastern bloc nations must ratify the treaty. As of early June 2002, 74 countries responsible for 35.8 percent of global GHG emissions have ratified the protocol, including Japan and all nations of the European Union. But with the United States and Australia refusing to ratify, the likelihood that it will enter into force is considerably diminished....

The Kyoto Protocol, even if implemented, is only a first step. According to the IPCC, stabilizing atmospheric levels of CO_2 at 450 ppm would require fossil fuel emissions to drop below 1990 levels within a few decades, and eventually to decline to a small fraction of current levels.

Regardless of the ultimate fate of the Kyoto Protocol, other policy initiatives show promise. Decreasing or eliminating government subsidies to fossil fuels, which total $300 billion annually worldwide, can move the energy economy away from heavy reliance on carbon-intensive fossil fuels. Decreasing taxes on income while instituting or increasing carbon taxes would constructively align economic and environmental goals. Increasing funding for further research and development of clean energy technologies can also help move the world from a carbon-based and toward a hydrogen-based energy system. Finally, stabilizing human population sooner rather than later will help reduce future emissions. Bernie Fischlowitz-Roberts, Carbon Emissions Climbing (W. W. Norton & Company, Inc.)

(1) According to the passage, which figure below correctly illustrates world carbon emissions from fossil fuel burning?

1.

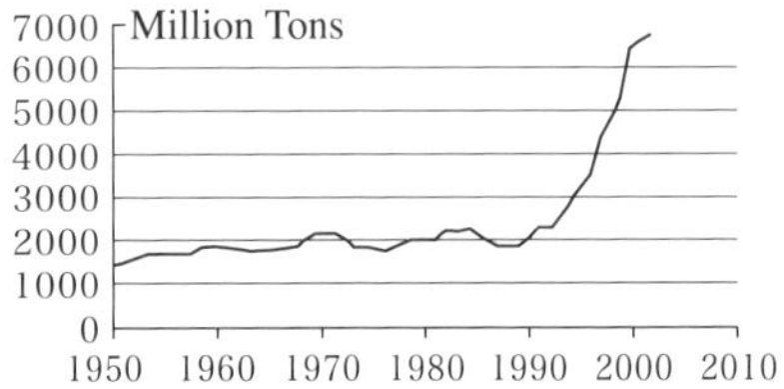

2.

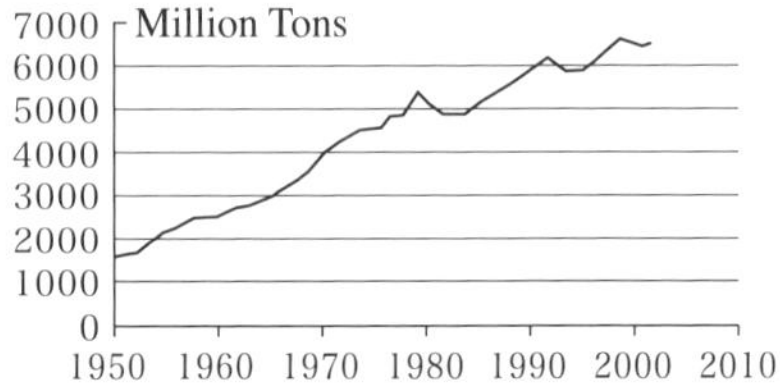

3.

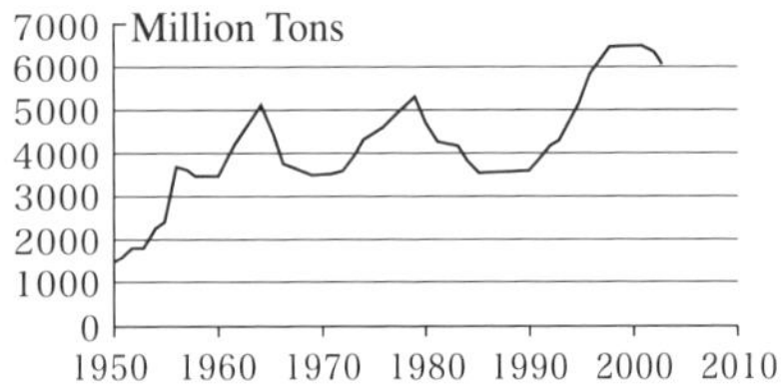

4.

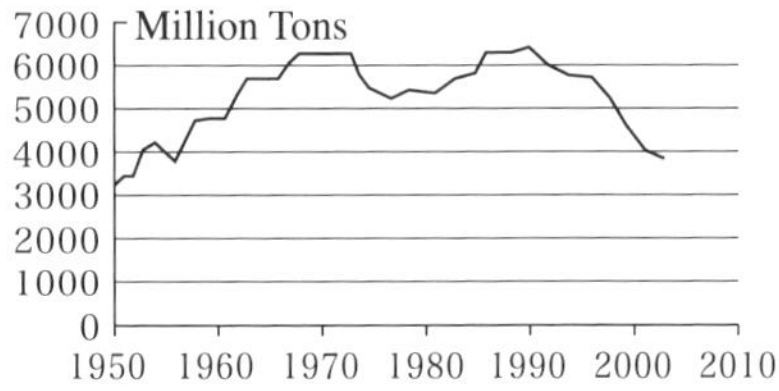

(2) According to the passage, which is the correct statement?

1. The atmospheric concentration of CO_2 has increased from 340 ppm to 370 ppm in the last 20 years, a 9-percent increase.

2. The atmospheric concentration of CO_2 will have increased from today's level of 650 ppm to 970 ppm in the next century.

3. Electricity generation is responsible for the largest share of carbon emissions; its share is more than half of all global emissions.

4. Readily available technology has been used to reduce carbon emissions from industrial and residential energy use because these are the sectors producing most of the carbon emissions.

(3) According to the passage, which is the correct statement?

1. The U.S. Department of Energy projected that oil consumption can be expected to decrease by 58 percent and natural gas by 93 percent.

2. The Kyoto Protocol announced that stabilizing atmospheric levels of CO_2 at 450 ppm would require fossil fuel emissions to drop below 1990 levels within a few decades.
3. The IPCC commits industrial nations to reduce their emissions by at least 5 percent below 1990 levels by 2008-12.
4. The IPCC warned that the global average surface temperature will likely rise between 1.4 and 5.8 degrees Celsius between 1990 and 2100, an unprecedented rate of increase.

(4) According to the passage, which is the correct statement?

1. The increased atmospheric concentrations of CO_2 and other greenhouse gases give off more of the earth's heat, causing temperatures to fall.
2. Changes in land use, principally deforestation, cause one forth of the carbon emissions from human activities.
3. Coal consumption has actually increased, though it had been expected to decline by 6 percent after its peak in 1996.
4. Many countries, including Japan, the United States, and all nations of the European Union, have already ratified the Kyoto Protocol.

(5) According to the passage, what is one promising policy initiative for reducing carbon emissions? Choose the most appropriate answer from the four alternatives below.

1. To cut government subsidies to readily available technology for reducing carbon emissions.
2. To shift away from mass transit toward personal vehicles.
3. To put forward other policy measures in place of the Kyoto Protocol.
4. To institute or increase carbon taxes while decreasing income taxes.

〈東京都〉

47 ★★★

次の英文を読んで，あとの各問いに答えよ。

Traditionally, language pedagogy has emphasized form-focused instruction. The Grammar Translation Method and the Audiolingual Method both involve attempts to teach learners grammar, differing only in how this is to be accomplished. More recently, however, language pedagogy has emphasized the need to provide learners with real communicative experiences.

Communicative Language Teaching is premised on the assumption that learners do not need to be taught grammar before they can communicate but will acquire it naturally as part of the process of learning to communicate. In some versions of Communicative Language Teaching, then, there is no place at all for the direct teaching of grammar. This brief review suggests that there are two key questions: (a) Does form-focused instruction work (i.e. do learners learn what they have been taught)? and, assuming a positive answer to (a), (b) What kind of form-focused instruction works best? Given form-focused instruction can work, it becomes important to discover whether some kinds of form-focused instruction work better than others. Arguably, it is this question that is of greater interest to teachers. The issues at stake are not merely a question of pedagogical efficiency, however. They are also of considerable theoretical significance for Second Language Acquisition.

To illustrate this we will consider a number of options in form-focused instruction. The first concerns the distinction between input-based and production-based practice. Traditionally, grammar teaching has emphasized production. Indeed, language pedagogy offers a rich array of techniques for eliciting the production of targeted structures from students (for example, substitution drills, blank-filling exercises, dialogues, and games of various kinds). However, as we have seen, some theories of Second Language Acquisition see interlanguage as driven by input rather than output. An interesting question — from both a pedagogical and a theoretical standpoint — is whether instruction that emphasizes input-processing works better than instruction that emphasizes output production.

An experimental study carried out by researchers was designed to investigate this. One group of learners was exposed to traditional production-based instruction, and another to input-based instruction where they had to listen to and respond to sentences containing the target structure. At the end of the instruction both groups completed two tests, one a test of production and the other a test of comprehension. The group that received the input-based instruction did far better on the comprehension test and just as well on the production test. This study, then, suggests that form-focused instruction that emphasizes input processing may be very effective. It also supports theories of Second Language Acquisition that emphasize the role of conscious noticing in input; input-based instruction may work because it induces noticing in learners.

The second issue, concerns consciousness-raising. This term refers to attempts to make learners aware of the existence of specific linguistic features in the target language. One way in which this can be done is by supplying the learner with positive evidence. An alternative approach is to provide negative evidence.

The implication for language pedagogy is that positive input in the form of input flooding may help learners to start using some difficult forms like subject-adverb-verb-object (SAVO) sentences but may not be sufficient to destabilize interlanguage and prevent fossilization. That is, positive input does not show learners that forms like SVAO are ungrammatical.

If positive evidence does not work, then, perhaps negative evidence does. One study found that giving learners explicit information about adverb sentences together with negative feedback did enable them, temporarily at least, to reduce instances of the SVAO error. Other studies have also shown that learners are able to make use of negative evidence, in the form of teacher correction, to eliminate errors in their production.

⑴　本文で述べられているCommunicative Language Teachingの特徴について，日本語で説明せよ。

⑵　form-focused instruction（形式に焦点を当てる指導）について，筆者はどのような方法が効果的であると述べているか。具体的研究事例を含めて130字以内の日本語で説明せよ。（句読点も1字と数えること）

⑶　negative evidence の例とその働きを日本語で説明せよ。

〈岡山県〉

48 ★★★

次の英文を読んで，あとの各問いに答えよ。

1．You know a great deal more now than you did when you were 12 years old. You knew more when you were 12 than you did when you were 10. You learned a lot in fifth and sixth grades. In fact, when you were 12, you probably believed that you knew more than your parents did! Certainly what we know generally increases with age, but what we “know” is not a direct measure of intelligence.

2．One interesting question is whether the IQ scores of young children can predict their IQ scores at ages 14 or 40 or 80. As it happens, the measured

IQs of individuals much younger than 7 do not correlate very well with later IQ scores. We cannot put too much importance on IQs earned by 4-year-olds as predictors of adult intellectual abilities. The data in Figure are typical in this regard. They show the correlations of IQ scores earned at ages 16 to 18 with IQ scores at some younger age. Notice that when previous testing was done before 7 or 8 years of age, the correlations are quite low.

3. This does not mean that the testing of young children is without purpose. Determining the intellectual abilities of young children is often very useful, particularly if there is some concern about retardation or if there is some thought that the child may be exceptional or gifted. The resulting scores may not predict adult intelligence well, but they do serve as a guide to assess the development of the child compared to other children. Even taken as a rough guide or indicator, knowing as early as possible that there may be some intellectual problem with a youngster is useful information.

4. What about intellectual changes throughout one's whole life span? Does intelligence decrease with age? Perhaps you can anticipate the answer: yes, no, and it depends. Much of the data that we have on age differences in IQ scores have been gathered using a cross-sectional method. That is, IQ tests are given at roughly the same time to a large number of subjects of different ages. When that is done, the results seem to indicate that overall, global IQ peaks in the early 20s, stays rather stable for about 20 years, and then declines rather sharply.

5. A different approach to the same question would be to test the same individuals over a long period of time. This is the longitudinal method. When this technique is used, things don't look quite the same, usually showing IQ scores rising until the mid-50s and then very gradually declining.

6. So we have a qualified "yes" and a qualified "no" as answers to our questions about age and IQ so far. Probably the best answer is "It depends." Some studies of cognitive abilities seem to demonstrate that we should ask about specific intellectual skills, because they do not all decline at the same rate, and some do not decline at all. For example, tests of vocabulary often show no drop in scores with increasing age whatsoever, while tests of verbal fluency often show steep declines beginning at age

30.

7．Another “it depends” answer comes to the surface when we consider the distinction between what is called fluid intelligence and crystallized intelligence. It appears that fluid intelligence — abilities that relate to speed, adaptation, flexibility, and abstract reasoning — includes the sorts of skills that show the greatest decline with age. On the other hand, crystallized intelligence — abilities that depend on acquired knowledge, accumulated experiences, and general information — includes the sorts of skills that remain quite constant or even increase throughout one’s lifetime.

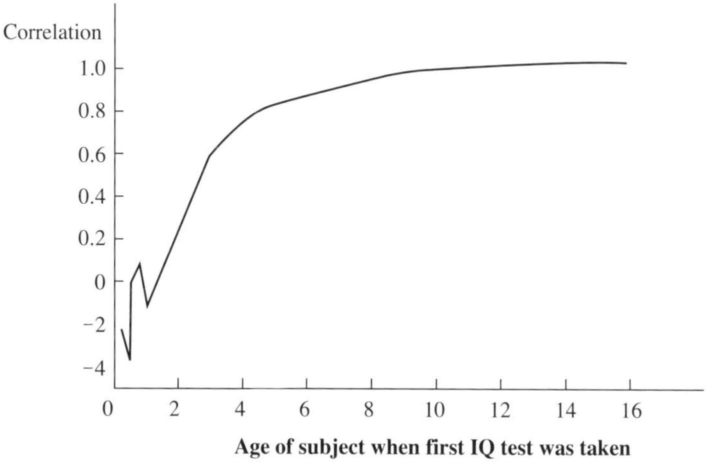

Figure　Correlations of IQ scores earned by males ages 16 to18 with IQ scores earned at a younger age by the same subjects (from Bayley and Schaefer, 1964)

⑴　次の文章は，2と3の内容をまとめたものである。空欄に適切な数字または語句を補え。

（　A　）歳よりもずっと幼いときに測定されたIQ値は，のちのIQ値とあまり相関関係がなく，（　B　）歳までに測定されたIQ値は，（　C　）を予測するデータとしてあまり参考にならない。しかし，だからと言って幼い子どものIQ値を測定することに目的がないというわけではない。特にその子どもに（　D　）の心配があったり，（　E　）と考えられるような場合は，有効であることが多い。つまり，（　F　）と比較することにより，その子どもの（　G　）を評価することができるのである。

⑵　次の(i)と(ii)を示すグラフを書け。

(i)　Global IQ scores (cross-sectional method)

(ii) Global IQ scores (longitudinal method)

(3) 次の(i)と(ii)を示すグラフをア～エからそれぞれ1つ選べ。

(i) Fluid intelligence

(ii) Crystallized intelligence scores

ア.

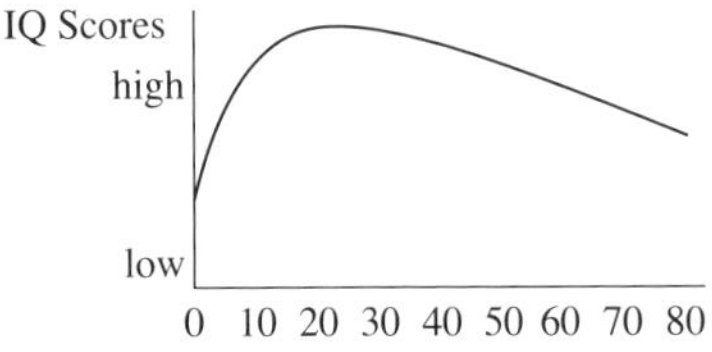

イ.

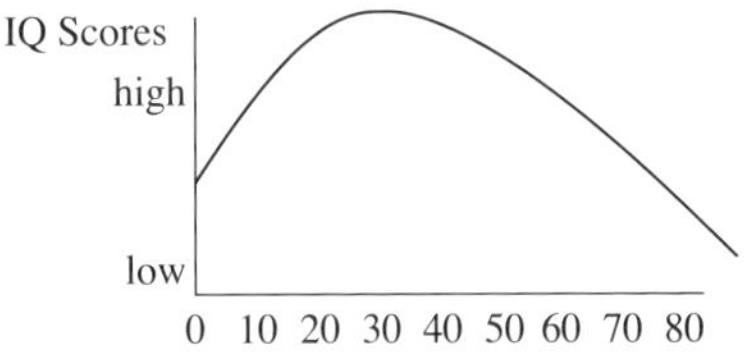

ウ.

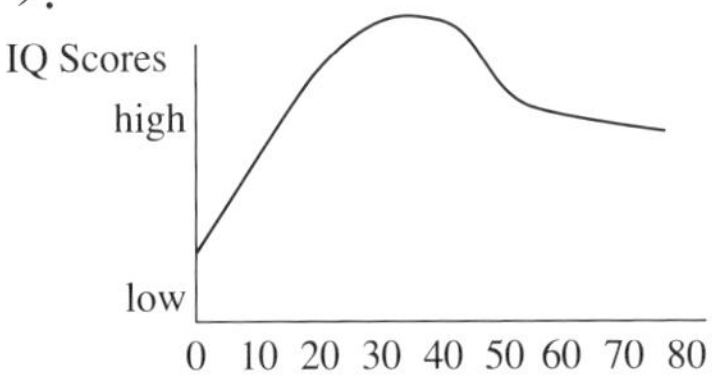

エ.

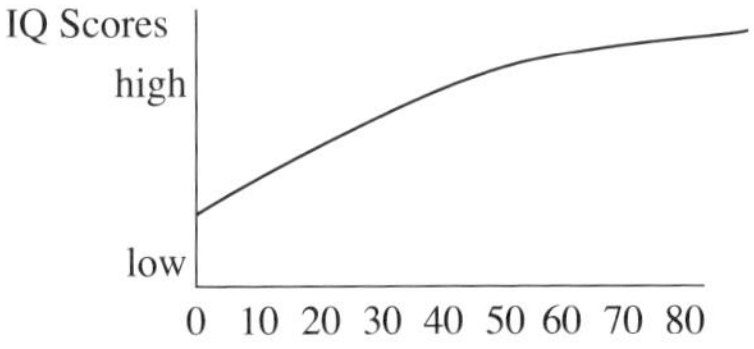

〈静岡県・静岡市〉

49 ★★★

次の英文を読んで，あとの各問いに答えよ。

Advance notice is often referred to in America as ①“lead time,” an expression which is significant in a culture where schedules are important. While it is learned informally, most of us are familiar with how it works in our culture, even though we cannot state the rules technically. The rules for lead time in other cultures, however, have rarely been analyzed. At the most they are known by experience to those who lived abroad for some time. Yet think how important it is to know how much time is required to prepare people, or for them to prepare themselves, for things to come. Sometimes lead time would seem to be very extended. At other times, in the Middle East, any period longer than a week may be too long.

How troublesome differing ways of handling time can be is well illustrated by the case of an American agriculturalist assigned to duty as an attaché of our embassy in a Latin country. After what seemed to him a suitable period he let it be known that he would like to call on the minister who was his counterpart. For various reasons, the suggested time was not suitable; all sorts of cues came back to the effect that the time was not yet ripe to visit the minister. Our friend, however, persisted and forced an appointment which was reluctantly granted. Arriving a little before the hour (the American respect pattern), he waited. The hour came and passed; five minutes — ten minutes — fifteen minutes. At this point he suggested to the secretary that perhaps the minister did not know he was waiting in the outer office. This gave him the feeling he had done something concrete and also helped to overcome the great anxiety that was stirring inside him. Twenty minutes — twenty-five minutes — thirty minutes — forty-five minutes (the insult period)!

He jumped up and told the secretary that he had been "cooling his heels" in an outer office for forty-five minutes and he was "damned sick and tired" of this type of treatment. This message was relayed to the minister, who said, in effect, "Let him cool his heels." The attaché's stay in the country was not a happy one.

The principal source of misunderstanding lay in the fact that in the country in question the five-minute-delay interval was not significant. Forty-five minutes, on the other hand, instead of being at the tail end of the waiting scale, was just barely at the beginning. To suggest to an American's secretary that perhaps her boss didn't know you were there after waiting sixty seconds would seem absurd, as would raising a storm about "cooling your heels" for five minutes. Yet this is precisely the way the minister registered the protestations of the American in his outer office! He felt, as usual, that Americans were being totally unreasonable.

Throughout ② this unfortunate episode the attaché was acting according to the way he had been brought up. At home in the United States his responses would have been normal ones and his behavior legitimate. Yet even if he had been told before he left home that this sort of thing would happen, he would have had difficulty not feeling insulted after he had been kept waiting forty-five minutes. If, on the other hand, he had been taught the details of the local time system just as he should have been taught the local spoken language, it would have been possible for him to adjust himself accordingly.

What bothers people in situations of this sort is that they don't realize they are being subjected to another form of communication, one that works part of the time with language and part of the time independently of it. The fact that the message conveyed is couched in no formal vocabulary makes things doubly difficult, because neither party can get very explicit about what is actually taking place. Each can only say what he thinks is happening and how he feels about it. ③The thought of what is being communicated is what hurts.

⑴ 下線部①の"lead time"とはどのような役割を担うものかを本文に即して日本語で説明せよ。

⑵ 下線部②について以下の設問に答えよ。

問1 このepisodeの概略を日本語でまとめよ。

問2 このようなepisodeが起きないようにするためにはどのような対応が必要だったのかを本文に即して日本語で説明せよ。

⑶ 下線部③の意味するところを本文に即して具体的に日本語で説明せよ。

〈長野県〉

50 ★★☆

次のア～エの英文は，grammar-translation method, audiolingual method, direct method, communicative approachについて簡単にまとめたものである。それぞれがどれについて記述したものかを読み取り，記号で答えよ。

ア. Language learning is a matter of habit formation. This is based on behaviorism. Error correction is considered important to prevent bad habits. As well, a structural syllabus is used in class. As a result grammatical structures are brought to the forefront with meaning being neglected. This is largely discredited in academic circles, though in some places it is still practiced.

イ. Here, students are given tasks to accomplish using languages (asking permission, asking directions, etc.), instead of studying the language (past tense, conditionals, etc.). There is less emphasis on error correction as fluency and communication become more important than accuracy. The class becomes more student-centered as students accomplish their tasks with other students, while the teacher plays more of an observer role.

ウ. This has its roots in the teaching of Latin and focuses on memorizing vocabulary, learning rules, studying conjugations and so on. Its focus is on accuracy and not on fluency. Emphasis is on form and not on meaning. Most of the teaching is done through explanation in the learner's first language.

エ. Here, second language learning should model first language learning. Grammar is taught inductively with no explanations, the learner's first language is not used in the class, and new vocabulary is introduced by demonstration. This came about as a much needed replacement for the classical method in the late 1800's. It faded in the 1900's and saw a comeback after World War II.

〈山梨県〉

51 ★★★

次の英文を読んで，あとの各問いに答えよ。

For those who know China well, ①there is no greater sin than to suggest that the country does not make sense as a single colossus. Wonder aloud if it would be better off being chopped into smaller and more manageable states, and your Chinese friends will respond with horrified looks and fierce rebuttals. You will be told, most likely, that different standards apply to China. Size matters.

Within the People's Republic, from the graybeards in the Politburo to the average Wang, it is ②an article of faith that only national unity can produce greatness and peace, while fragmentation entails chaos. Memories of China's most recent collapse — barely 90 years ago — and its accompanying turmoil remain fresh, vivid and terrifying. History books used in Chinese middle schools recount, in excruciating detail, the national humiliation and mass sufferings endured by the Chinese people in the first half of the last century. The notion that China ought to remain one and whole has in effect been hard-wired into the national psyche. ③To think otherwise would be un-Chinese.

Yet look around. Anyone who has seen more of the country lately than the Great Wall and terra-cotta warriors would laugh at the idea that there is but one China. For the last two decades, divergent social and economic forces have silently but persistently pulled different parts of the country in different directions. In many ways Shanghai now has more in common with Seattle than with Xian. Life on the barren fields of Guangxi more closely resembles certain parts of Central America and sub-Saharan Africa than neighboring Guangdong province. If an unemployed steel worker were to riot in the streets of Shenyang, he would do so for very different reasons from that of a disgruntled Uighur in Kashgar's ancient market.

The question isn't whether the People's Republic will or should fragment. The question, for all practical purposes, is what to do now that it ④has. No one — neither the party apparatchiks in Beijing, nor the CEOs of Western multinationals, nor the generals in the Pentagon — can afford to see only the China that makes headlines, the so-called factory to the world. The white-hot growth rates enjoyed by the People's Republic over the last two decades have slowed. Unemployment is approaching double digits in many cities. Rural incomes have been declining in absolute terms in recent years. Beijing faces rising deficits and a mountain of bad bank loans (about 50 percent of GDP). The new leaders who will emerge from this autumn's Party Congress will confront a country where multiple realities coexist and, increasingly, clash. How they resolve those contradictions will determine if China really can be one.

(1) 下線部①を日本語に訳せ。
(2) 下線部②の内容を日本語で述べよ。
(3) 下線部③とは，どのように考えることか，日本語で述べよ。
(4) 下線部④の後に省略されている語を書け。
(5) 中国の諸都市および中央政府が，現在，それぞれ抱えている問題を簡潔に日本語で述べよ。
(6) 中国の新しい指導者たちを待ちうけているのは何か，日本語で述べよ。

〈富山県〉

52 ★★★

次の英文を読んで，あとの各問いに答えよ。

One question which arises in any discussion of global English is whether a single world standard English will develop, forming a supranational variety which must be learned by global citizens of the 21st century. This demands a more complicated answer than those who ask probably desire.

There are, for example, at least two dimensions to the question: the first is whether ①English will fragment into many mutually unintelligible local forms; the second is whether the current 'national' standards of English (particularly US and British) will continue to compete as models of correctness for world usage, or whether some new world standard will arise which supersedes national models for the purposes of international communication and teaching.

The widespread use of English as a language of wider communication will continue to exert pressure towards global uniformity as well as give rise to anxieties about 'declining' standards, language change and the loss of geo-linguistic diversity. But as English shifts from foreign-language to second-language status for an increasing number of people, we can also expect to see English develop a larger number of local varieties. These contradictory tensions arise because English has two main functions in the world: it provides a vehicular language for international communication and it forms the basis for constructing cultural identities. The former function requires mutual intelligibility and common standards. The latter encourages the development of local forms and hybrid varieties. As English plays an evermore important role in the first of these functions, it simultaneously finds itself acting as a language of identity for larger numbers of people around the world. There is no need to fear, however, that trends towards fragmentation will necessarily threaten the role of English as a lingua-franca. There have, since the first records of the language, been major differences between varieties of English.

The mechanisms which have helped maintain standard usage in the past may not, however, continue to serve this function in the future. Two major technologies have helped develop national, standard-language forms. The first was printing, the invention of which provided a 'fixity' in communication by means of printed books. According to scholars such as Anderson (1983), such fixity was a necessary requirement for the 'imagined communities' of modern nation states. But with increasing use of electronic communication much of the social and cultural effect of the stability of print has already been lost, along with central 'gatekeeping' agents such as editors and publishers who maintain consistent, standardised forms of language.

The second technology has been provided by broadcasting, which in many ways became more important than print in the socially mobile communities of the 20th century. But trends in global media suggest that broadcasting will not necessarily play an important role in establishing and maintaining a global standard. Indeed, the patterns of fragmentation and localisation, which are significant trends in satellite broadcasting, mean that television is no longer able to serve such a function. How can there be such a thing as 'network English' in a world in which centralised networks have all but disappeared?

Meanwhile, new forms of computer-mediated communication are closing the gap between spoken and written English which has been constructed laboriously over centuries. And cultural trends encourage the use of informal and more conversational language, ②a greater tolerance of diversity and individual style, and a lessening deference to authority. These trends, taken together, suggest that a weakening of the institutions and practices which maintained national standard languages is taking place: that the native-speaking countries are experiencing a 'destandardisation' of English.

David Graddol, *The Future of English?* (1997)

(1) 下線部①English will fragment into many mutually unintelligible local formsの意味をあなたの英語で表現し直せ。(ただし，文末にピリオドは不要。)

(2) 英語がより広範なコミュニケーションを図るための言語として普及したことから，今後生じるであろう不安と影響について筆者が述べている内容を60字程度の日本語で書け。

(3) 英語の標準的用法の発展にこれまで寄与してきた2つの科学技術の名称をあげ，それぞれに生じた変化について，本文に即して具体的に日本語で説明せよ。

(4) 下線部②a greater tolerance of diversity and individual styleとあるが，あなたが考えるその具体例を1つ日本語で簡潔に書け。

〈大阪府・大阪市〉

実践問題　解答・解説

1

A．趣味　　B．文
C．電子メール　　D．日常的
E．出来事　　F．社会的
G．気持ち

2

A．多様　　B．交渉
C．ディベート
D．ディスカッション
E．工夫

3　〔解答例〕

To begin with, students have a dialogue by utilizing this material. It is important for them to image or think ― by using the situation and functions of the language. At this stage of learning, topics which aim for communication that involves the conveying of factual information and judgments should be taken up. Such a situation is instigating action to express volition. Examples of functions of the language include asking questions, requesting, conforming and promising. Students have to set up the conditions in pairs. And they make a series of dialogue and practice it. It is necessary for them to convey their intention or feeling.

4

A．ア　　B．キ　　C．タ
D．ソ　　E．シ　　F．オ
G．チ　　H．コ　　I．ウ
J．カ

5

⑴　子どもが母国語（第一言語）を習得する場合のように，言語形式を意識せずに，自然に言語を習得していく過程を**acquisition**という。**acquisition**のためには，自然にコミュニケーションが行われる環境にいることが最低条件である。**learning**は一般的に外国語や第二言語習得時に行われる学習活動のことを指し，言語形式などを意識して学習していく過程をいう。

⑵　指導の目的や内容，授業の進度，教授法更には評価などをまとめたものを指す。シラバス編成に際しては，指導目的が重要な意味をもつ。その編成規準としては，文構造を中心とした**structural syllabus**，言語が使用される状況を中心にした**situational syllabus**，言語のもつ概念や機能を中心にした**notional ／ functional syllabus**などがある。

⑶　言語教材が，教育のために特別に作られたものでなく，言語が使用される本来の例，実際の使用例になっていることをいう。特にコミュニカティブな言語教育の中で重視されるようになってきた。言語活動をより自然なものにするために，実際に使われているものを使うことによってコミュニケーション能力を向上させることをねらいとしている。

6

(1) **mixture** (2) **trial**
(3) **habitual** (4) **opposition**
(5) **assumption** (6) **hasty**
(7) **pursuance** (8) **storage**

解説

(8) 「その飛行機は簡単に格納できるよう翼を折りたためる」の意。

7

(1) ③ (2) ⑤ (3) ①
(4) ④

8

(1) **subject** (2) **discipline**
(3) **secret** (4) **metaphor**
(5) **pension** (6) **moral**
(7) **party** (8) **test**

9

(1) **astronomy** (2) **acquaintance**
(3) **cloud** (4) **hair**
(5) **mosquito** (6) **triangle**
(7) **bridge** (8) **beer**
(9) **moon** (10) **hydrogen**

10

(1) サ (2) ク (3) カ
(4) ス (5) ア (6) キ
(7) シ (8) オ (9) コ
(10) イ

11

(1) イ (2) ア (3) ア
(4) ウ

12 〔解答例〕

I am writing this letter to inform you that the item you dispatched was not the one I had ordered. I would like to request that you exchange it for the correct item as soon as possible. I ordered a dress from the online shopping of your company. The item you dispatched was, however, smaller in size than what I had ordered. The dress shall be the present for my wife celebrating our 10th wedding anniversary, which I keep secret form her. Our anniversary will be next Wednesday. Therefore, would you please confirm my order and dispatch the item as soon as possible by next Wednesday? As I previously requested, the item is to be sent to the office where I work. That is, I would like it delivered during the business hours: 9 am to 6 pm on weekdays, not on weekend. Needless to say, I would like the carriage on a parcel to be born by your company. (160 words)

13

(1) **Among the students who are absent from school more than 30 days in a year, those who don't go to school because of some anxiety, distress or stress, or who can't go to school despite their will are referred to as "Futoukou." Many of them cannot help themselves out of the difficulty and are feeling frustrated, distressed or troubled with the loss of confidence.**

(2) **In addition to "love", "beauty" and "virgin", "secret" is one of the many languages of flowers**

for roses. The English phrase, "under the rose" is synonymous with adverbs such as "secretly" and "confidentially." A rose which is inscribed on the ceiling of a banquet hall is the admonition that no one should reveal what is talked there.

14

(1) Language is an indispensable instrument of human society. It is the means by which individuals understand each other and are enabled to function as community.

(2) Perhaps it is only in childhood that books have any deep influence on our lives. In later life, we are more likely to find in books merely a confirmation of what is already in our minds.

15

Japan has fervently been pursuing a course toward modernization for the past one hundred and some years since the Meiji Restoration. Although modernization is certainly acceptable, it leaves us in doubt whether all of the conventions are abandoned just because they are feudalistic or archaic. Something old may be hard to scrap and something new is not necessarily favorable. Therefore we Japanese should select what is good but dismiss what is bad.

16

Basically, you require technique in order to have an authentically good command of language. In Europe and the U.S., this technique is called "language technique" and taught as a part of curriculums. Language technique is applied to teaching foreign languages as well as to teaching the national language. This is because it is believed that the national language and foreign languages can be employed using the same technique, for they both have common attributes of a language.

17

(1) 問1 The days have come when students estimate teachers, as well as vice versa.

問2 More and more parents are expecting from schools the discipline of their children, which is originally their own duty.

(2) 〔賛成の解答例〕

I agree with the regulation. First, it is very dangerous to smoke on a crowded street, for other pedestrians may get burnt by the cigarette. Second, the fumes of cigarettes are unpleasant for non-smokers. Smokers have no rights to make other people feel ill just for the sake of their refreshment. Third, not a few smokers throw away their cigarette butts on the street. Today you can see so many butts scattered on streets everywhere. It undoubtedly spoils the beauty of cities and towns. If smokers are unaware of what a nuisance smoking is to the people around them, they may well be forbidden to smoke by regulations.

（108語）

〔反対の解答例〕

I don't agree with the regulation. Smoking is lawful, in the first place. However, it is forbidden on most trains, in most public facilities such as hospitals and schools, and in offices. One cannot smoke anywhere except on streets once he or she leaves home. And if smoking on streets is also forbidden, what can one do? I think it is too severe restriction against smokers. Smoking on public streets should not be forbidden by laws or regulations on condition that smokers take good care not to annoy people around them. It is a matter of manners, not that of laws or regulations. （103語）

18 〔解答例〕

I totally agree with the author. Censorship as a law is indispensable for a society in order that the society may have the common good. Nowadays, there is obviously increasing tendency to equate 'artistic' with 'pornographic', and there are a lot of negative products of pornography, which are easily exposed to many people. It goes without saying that they would have a bad influence upon children. Then, what about adults? Ideally, every adult should be mature enough to distinguish what is preferable for them from what is not. Unfortunately, however, it is certain that there are quite a few adults who prefer immoralities or make fat profits by corrupting the minds of others. What is worse, it seems impossible for each individual to check every contents. Therefore, books, plays, and films are to be censored by not only individuals but also laws set for the society.

（146 words）

19 〔解答例〕

I can assure you that Japan is safe. As you have pointed out, Japan has had no cases of SARS, and the epidemic of this disease is almost completely controlled in neighboring Asian countries. Still, all the necessary precautions are taken against SARS in Japan. The Ministry of Health, Labor and Welfare practiced at countermeasures it would take if a SARS patient were to be found in Japan, jointly with a few autonomies. The Ministry also advises travelers who have just come home from affected countries should consult a health center right away if they have a fever. For the present, we are completely free from SARS. It would be a great loss if your students gave up visiting Japan from quite groundless fears. All the students and teachers of my school are looking forward to your visit. We are preparing some events to make your stay enjoyable and stimulative. Please ask Linda and Tom to think again. I hope all of your ten students will come to Japan and have a good time. (174 words)

20 〔解答例〕

Can you imagine how many nerve cells we have in our brain? Recently a lot of specimens of the human brain were examined, and as a result, it was discovered that our brain has as many as one hundred billion nerve cells! It's almost unimaginable, isn't it? There are about one hundred billion stars in the universe, so our brain is often likened to a small universe. Do you know these cells don't work alone but are linked with each other? That's why our brain can handle a complex association of thoughts and emotions.

21

(1) ア→ウ→イ

(2) difference → differences
for me → to me
connecting → connected
engage → are engaged
occasions which → occasions when
for the evening → during the evening
may reveal → may be revealed

(3) 〔解答例〕

(ア) Oh, that's too bad. Did you apologize to him for your fault?

(イ) I'm sorry to hear that. OK, leave everything to me. I'll ask him to forgive you for your mistake.

(4) Whether to give students homework or not is a difficult question for teachers. It is often said that teachers give homework to students not from an educational viewpoint but for the mere reason that parents want them to do so.

However, it is true that homework is effective in making students acquire the habit of studying by themselves because teachers check how long they have studied at home.

解説

(1) イ. 1行目の then は,「それ故, 従って」の意で結論を示している。主に書き言葉で, 通常主語の後に挿入する。

22 〔解答例〕

My favorite English proverb is "Where there is a will, there is a way." I would say a strong will might be compared to solid foundations with which a building is well constructed. Any building whose foundations are not strong will be unable to endure strong winds or heavy rain and will, in the end, collapse. This can be applied to cases in which we try to achieve something

difficult. I believe a strong will definitely creates a positive attitude, the ability to deal with challenging problems and persistence, which will surely lead to great success. I myself have tackled many difficult tasks. Even if I failed at first, I challenged again and again with a spirit of 'trial and error.' I could learn many new and valuable things through the mistakes I made. In this way, I am sure we can go forward step by step towards success.

There are also other proverbs related to this, like "Constant dripping wears away the stone" and "It's dogged that does it." These proverbs point out that our strong will and persistence are really crucial in performing a task. Therefore, utilizing my strong will to overcome any hurdles I may face, I am eager to realize my dream of becoming a teacher. And as an educator in the future, I want to tell my students the importance of this philosophy and encourage them to challenge anything they want to without being afraid of failures. **(242 words)**

23

⑴

	直前にある語	入れるべき語
①	**from**	**which**
②	**along**	**to**
③	**appropriately**	**for**
④	**referring**	**to**
⑤	**dealt**	**with**
⑥	**compare**	**the**
⑦	**serve**	**as [for]**
⑧	**themselves**	**of**
⑨	**benefit**	**from [by]**
⑩	**conveyed**	**more**

⑵

②	**mountains**	→	**mountain**
⑤	**an old**	→	**old a**
⑥	**with**	→	**to**
⑩	**need not have hurried**	→	**didn't need to hurry**
⑫	**from**	→	**through**
⑬	**of**	→	**at**
⑭	**or**	→	**nor to**
⑰	**of a much**	→	**much of a**
⑱	**hadn't passed**	→	**didn't pass**
⑲	**going**	→	**coming**

解説

⑴ ② bring along ～ to …「～を…に連れて来る[行く]」

目的語somethingに関係詞節がついて長くなっているため，後置された形。

⑥ that of Japanのthatは反復の代用語として使われ，前出のthe＋名詞の代わりとなる。ここは「日本のそれ（文化）」という意なのでthe cultureとする。

⑵ ② 比較級＋ than any other ＋名詞で「他のどの～よりも」と最上級の意味を表す。主語が単数なので，any otherの後の名詞も単数になる。

⑤ so＋形容詞＋a [an] ＋名詞の語順に注意。

⑩ need not have doneは「～する必要がなかった（のに～した）」の意で，実際にしてしまったことを含意する。didn't need to doは「～する必要がなかった（ので～しなかった）」の意。

⑲　「今行きます」は“I’m coming.”

24

⑴　エ　⑵　ア　⑶　イ
⑷　ウ　⑸　ア　⑹　ウ
⑺　ウ　⑻　エ　⑼　エ

25

⑴　A．エ　B．カ　C．ア
D．ウ

⑵　枯渇しない範囲で，動植物や水などの資源を消費していく限り，その資源は永久に利用可能であるという概念。（50字）

⑶　自然界では，ある生物の老廃物は他の生物の食物となり，栄養分が絶えず循環する。私たちの課題は，経済設計の際にこれを見習うことである。（65字）

⑷　最初の単語：**Instead**
最後の単語：**supply**

⑸　ウ

26

⑴　⒞　⑵　**hydrogen**
⑶　⒝　⑷　⒜

⑸　穀物が家畜の餌となり，その家畜が肉・卵・酪農製品を産出し，それが人間のタンパク質・脂質の多い食事になるというプロセス。

⑹　①　⒞　②　⒟　③　⒝
④　⒠　⑤　⒜

⑺　Ⓐ　我々の子孫が繁栄と可能性に満ちた世界を受けつぐのか，それとも彼らのとるべき道が我々の現在の環境に対する過ちによって制限されるのかは，我々が市民として，実業家として，政治家として下す決定に直接左右される。

Ⓑ　バイオテクノロジーなら農作物をより少ない水しか必要とせず，かつ害虫により冒されにくいものにするのに，大きな役割を果たし得るだろう。

⑻　**consumption**

27

⑴　イ　⑵　ウ　⑶　カ
⑷　オ　⑸　ア

28

⑴　①　聞いたり，読んだりして情報を得ることに焦点を当て，リスニングやリーディングを通して，新しい言語項目を習得する方法。（57字）

②　語彙を直接教えたり，語彙を直接身に付けたりする学習方法で，言葉の特徴を直接学習することで言葉を少しずつ身に付けていく方法。（61字）

③　伝えようとする情報に焦点を当て，スピーキングやライティングの活動を通して，言語の知識を伸ばす方法。（49字）

④　新しい言語項目に取り組むのではなく，既に習った項目を使って，流暢さを身に付けていく方法。（44字）

⑵　〔解答例〕
第１要素：（ほとんど）既習の語彙で書かれた易しい教材を利用し，リーディングやリスニングの活動を通して，内容を把握させる指導。
第２要素：教材での新出の語彙に関して，辞書等を活用して語法や意味等を学習させ，それらの語を覚えさせる指導。
第３要素：スピーキングやライティングで自分の考えや意見などを書かせたり，発表させたりする指導。
第４要素：早口で言われると聞き取りの難しい桁数の多い数字を書かせる指導。
から３つ

29

⑴　身につけたインプットから，実際に（その場にふさわしい）言語を選んで活用してみる機会を生徒たちに与えるべきであると考えている。

⑵　②　**allows them to adjust their perceptions of the language input**

③　**asking for the accurate reproduction of new language items**

⑶　（A）　エ　（B）　ア

⑷　④

⑸　**roughly-tuned input**は生徒の能力を超えていたとしても，多かれ少なかれ理解が可能な言語であるのに対し，**finely-tuned input**は生徒の能力にちゃんと合うように厳選された言語であるということ。

30

⑴　（A）　カ　（B）　イ
（C）　エ　（D）　ウ

⑵　①　エ　②　ア　③　ウ
④　イ

⑶　**interactional uses**は友好的なコミュニケーションをとることに重きをおいており，**transactional uses**は情報の正確な伝達を重視したものであるということ。

⑷　生徒が個々のリスニングの目的に応じて適切にリスニング対処方法を選べるように，教師はリスニング用の文章の組み方を研究すべきである。

31

⑴　出力とは既に行われた第二言語習得の証拠以外の何物でもなく，学習者にとっての（再）入力となるという役にしか立っていない。

⑵　第一に言語産出は，学習者が自分の知識の不足に「気づく」のを助ける。

第二に言語産出を通じて，学習者はわかり易さや言語の仕組みに対する自己の仮説の検証を行っている。

第三に出力は，メタ言語的機能を果たし学習者が言語の知識をコントロールし内面化できるようにする。

⑶　理解については，学習者は，たとえ本当に理解していなくても理解しているかのように振るまうこともできる。しかし，産出については，積極的な行為を必要とするので，何が出来て何が出来ないかはっきりする。

32

⑴　②　⑵　④　⑶　①
⑷　⑤　⑸　③

33

⑴　㋐　d　㋑　c　㋒　b
㋓　d

⑵　Ⓐ　c　Ⓑ　a　Ⓒ　d

⑶　パーティで同じタイプの人にばかり話しかける傾向があるので，それをやめて，決まった色の服を着た人

にだけ話しかけるという方法。
⑷　実際に起きたことではなく，起こり得たことを想像する能力。
⑸・身の回りの好機を見逃さないようにすること。
・決まりきった行動パターンを変えてみること。
・もっと悪い事態も起こり得たのだと想像することで不運を乗り切ること。
⑹　気に入った服を買わずにいたら，次に店へ行った時にその服がなくなっていたという場合，落胆するのではなく辺りを見回して，もっと安くて良い服をみつけられたという経験。　（80字）
⑺　問1　彼らは求めているものだけよりもそこに何があるかを調べるから。
問2　銀メダルを獲得した選手はもう少し良い結果が出せたとしたら金メダルを獲得していたかもしれないと考えるが，銅メダルを獲得した選手はもう少し悪い結果だったとしたら何も獲ることができなかったと考えるから。

34

⑴・野菜中心の食事に切り替えたこと。
・体重と血圧を管理したこと。
・毎年コレステロールを測定したこと。
・毎年心電図をとったこと。
⑵　単に脂が血管を詰まらせるという問題ではなく，脂肪分の多い食事が心臓発作に直結するわけではない。
⑶　**Benson**の病気は，コレステロールレベルの異常だけが原因で生じたわけではなく，彼が「**LDLパターンB**」という特徴を持つため起こったと考えた。
⑷　粒子が小さいと血管壁に入り込みやすく，動脈プラークを生じやすいから。
⑸　悪玉コレステロールを血管壁から流し去ること。
⑹　アメリカの調査の中には，男性3人に1人，女性7人に1人もの割合で「**LDLパターンB**」の危険が高くなるような遺伝子を持つ者がいると示唆するものもある。
⑺　問1　⒝　　問2　⒜
⑻　⒜，⒞，⒡

解説

out of the blue「だしぬけに，思いがけなく」
arterial plaque「動脈プラーク」

35

⑴　①　　⑵　③　　⑶　②
⑷　④　　⑸　③

36

⑴　**It was the philosophy of “Enlightenment”, and Americans translated the ideas of natural rights, religious freedom of thought and universal progress into action.**
（23 words）
⑵　**They should be treated equally, instead of being divided into “superior” and “inferior”.**
（13 words）
⑶　**As a part of nature, humans are destined to improve this physical world governed by law and mathematical harmony, with their**

sufficient intelligence. (**23 words**)

⑷ **They must seek their happiness, because God loves them all and seeks their happiness, too.**

(**15 words**)

37

⑴ (A) エ (B) ア

⑵ 方略的能力とは，伝達の目的をかなえるために言語を操る方法である。

⑶ ア．**Language**

イ．**Pragmatic**

38

⑴ **Grammatical competence**：文法能力とは，ルールを述べることができることではなく，ルールを使うことができるということである。

指導方法〔解答例〕：

たとえば，学習した文法項目を使って自由英作文を行わせたり，スキットに織り込ませて，ペアワークなどで練習させたりすることが考えられる。

⑵ 〔解答例〕

an e-mail message, a telephone conversation, a novel

⑶ 文章などを理解するうえで，内容の誤解を避けるために個々の語句の意味や使い方をしっかりと把握することが大切であり，また，個々の文の意味のつながりを把握するために，その文章の全体的なテーマを理解することが大切である。

⑷ (C) エ (D) イ

⑸ 〔解答例〕

内容の適切さ，非言語的表現，声の調子

⑹ 習慣の違いなどを知識として理解するだけでなく，その違いを受け入れる態度を育成する必要がある。

指導方法〔解答例〕：

たとえば，ある場面を設定して，英語でロールプレイをさせる方法が考えられる。

⑺ 〔解答例〕

会話練習などで，相手に通じない場面に出会っても，あきらめずに，知っている単語や表現を使って，何とか言いたいことを伝えようとすること。

39

将来経済が良くなると大衆は聞かされ続けているが，各国の労働者は「仕事のない経済回復」がどのようなものかよく分からないままでいる。多国籍企業は，毎日，自らの地球規模での競争力は高まっている，と言っている。利益は着実に増加していると言われている。しかし，同時に，企業は大量解雇を発表してもいる。1994年の1月だけでも，アメリカの大企業は，108,000人以上の労働者を解雇した。この削減の多くは，サービス産業に見られる。この分野では，会社の再編や省力化を進める新しいテクノロジーの導入によって，生産性は高まり利益も増大するが，仕事は減っているのである。我々は現在，世界史の新しい段階に入っている。―この段階では，地球上の人々が使う商品やサービスを生産するのに必要な労働者の数は，次第に減っていくのである。

40 〔解答例〕

⑴ **We frequently use speech as a method of expressing our**

personality because we can control the tone of our voice to convey meaning beyond mere words. Speech may make our relationship better or worse. That depends upon how you say.　（40語）

⑵　**A well-developed sense of humor is helpful in your life. It gives you relaxation and humanity. Laughter is a wonderful mental tonic. Recognize the comedy of the situation if there's something wrong with your plan, or you will get frustrated.**　（40語）

⑶　**Your handshake should be coordinated with a greeting. A firm and friendly grasp makes you establish enthusiasm and cooperation. Neither crushing grasp nor a limp handshake is good. Greet directly and assertively, and people will think much of your personality.**　（40語）

41　〔解答例〕

一般に，日本のカイシャでは稟議制度や根回しに見られるように案件を決定するまでの過程が非常に長く，集団主義が強調されるのに対し，欧米の会社では決定までの過程は非常に短く，その決定は管理職などのトップが単独で行う傾向が強いと考えられている。しかし，この問題を異文化間の対比という図式でとらえるのは有効ではない。日本にもワンマン企業は存在するし，欧米でも実際には多くの企業で入念な議論を経て案件は決定されていく。むしろ，日本のカイシャでは，決定や決定事項の実施における個人の役割について全員に理解をさせて責任を持たせるために，集団討議を確保しているのである，という見方もある。　（285字）

42

⑴　言語は学習の題材と関連づけて教えるべきだという考え方。

⑵　理解可能なインプット，教科用語の意味ある使用の機会。教科の学習で必要とされる，認知力を要する非文脈化された言語課題の練習。

⑶　生徒に，教科に固有の語彙を教えると共に，視覚教材を多用して各教科で言語が意味をもって使用されていることを理解させ，言語の構造についての知識をつけさせること。

⑷　問1　コミュニケーションの文脈から切り離さずになされるべきである。

問2　付随的なものであるべきか，「構造化されたインプット」を通じて行われるべきか。事前対策型のものであるより，反応型のものであるべきではないか。

問3　言語獲得を構造と規則の蓄積とみなすのではなく，機能性理論に基づいて，教科のテキストのもつ言語的特性に焦点を置き，機能的テキスト分析を行うべきだという考え方。

43

A．8行目：**unequally → equally**

B．8行目：**right → wrong**

C．7行目：**dependent → independent**

44

⑴ ⒠

⑵ (イ) ⒠　(ウ) ⒡

(エ) ⒟　(オ) ⒢

⑶ それらの学校の共通項は，子どもの社会的・情緒的なスキルに対応するためのきちんとした系統立った方法があるということだった。

45

⑴ 4　⑵ 2　⑶ 3

⑷ 4

46

⑴ 2　⑵ 1　⑶ 4

⑷ 2　⑸ 4

47

⑴ 学習者はコミュニケーション活動がうまくできるようになる前に文法を教わる必要はなく，コミュニケーションの仕方を学ぶ過程の一部として自然に文法を覚えていくものだという仮定を前提としている。

⑵ インプット処理をすることに重点を置いた方法が効果的である。結果を生み出すことを重視する指導を受けたグループと，インプット処理を重視する指導を受けたグループとでは，後者のほうが理解力テストだけでなく，結果を生み出すテストでもはるかに好成績を収めたためである。

(128字)

⑶ 大量のインプットを受けることによって，例えば**SAVO**のような複雑な構文を使いこなせるようになるが，それだけでは**SVAO**が非文法的であることを理解させることはできない。**negative evidence**はある文構造が誤りであることを示すものであり，それを示されることによって，学習者は**SVAO**のような誤用を減らすことができる。

解説

pedagogy「教育(学)，教授法」

48

⑴ (A) 7　(B) 4

(C) 大人になったときの**IQ**値

(D) 知的障害

(E) 非常に優秀である，あるいはずばぬけた才能がある

(F) ほかの子ども

(G) 成長(発育)

⑵ (i)

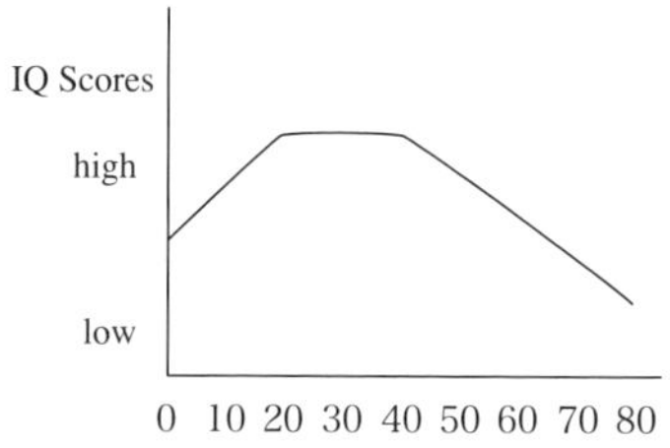

(ii)

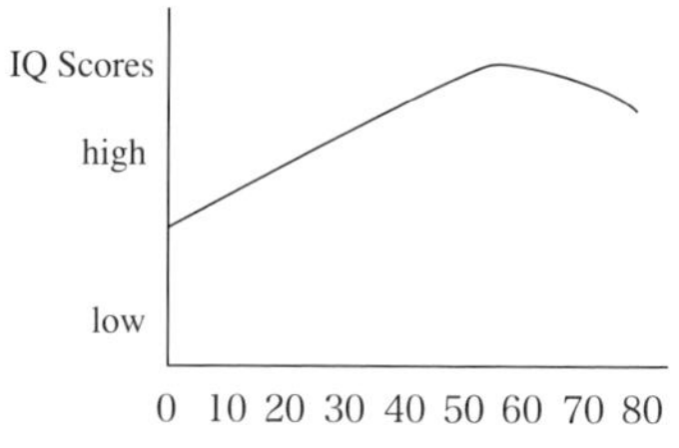

⑶ (i) イ　(ii) エ

49

⑴ 事前に予告しておくことで，来るべき事柄に対して心構えをするための時間を与えるという役割。

⑵ 問1 アメリカ人農学者があるラ

テンの国に大使館員として赴任した。その国で担当大臣と会うことになり，アメリカ式の敬意を払って，約束の時間より少し前から外で大臣を待ち続けたが，約束の時間を45分過ぎても現れないという侮辱に耐えられず秘書に向かって怒りの言葉を放った。それを伝えられた大臣の怒りをかってその大使館員は不幸な滞在の日々を送った。

問2 自分が育ってきた環境では常識であることも他の文化圏ではそうでないことも多々ある。その国の言語を覚えて赴任してきたようにその国流の時間のきまりごとについても詳しく教わってくるべきであった。

(3) 大使館員も大臣も，自分に起こった事とそれについてどう感じたか言うだけで，どちらも実際に何が起こっていたのかはっきりとわかっていない。事実は，言葉で言い表せないメッセージを伝えていて，これはコミュニケーションのもう1つの形である。このもう1つのコミュニケーションの形を理解していないと，コミュニケーションというものは，人の気持ちを害してしまうこともある。

解説

(2) cool one's heels「長いこと待たされる」

50

grammar-translation method＝ウ
audiolingual method＝ア
direct method＝エ
communicative approach＝イ

51

(1) この国が一つの大国としては意味をなしていないのではないかと示唆するほど重い罪はない。

(2) 国家の統一性だけが偉大さと平和を生み出すのであり，分裂は混乱につながるということ。

(3) 中国が欠けたところのない一つの存在である必要はないと考えること。

(4) **fragmented**

(5) 諸都市：失業率が2桁に達しつつあること。
中央政府：赤字の増大と巨額の不良債権に直面していること。

(6) 複数の現実が共存し，次第に衝突するようになってきている一つの国。

解説

colossus「巨大国」
apparatchik(s)「共産党の機関の党官僚」

52

(1) **English is minutely divided into dialects which cannot be understood each other**

(2) 世界の言語統一へプレッシャーをかけたり，英語の基準があいまいになったり，言語が変化したり，地域言語上の多様性が失われてしまうこと。(65字)

(3) 印刷技術：電子のコミュニケーションの使用が増すにつれて，印刷の適応力の文化的，社会的影響はほとんど失われてしまった。
放送技術：英語の細分化や地方の特色化の傾向のある衛星放送の出現によって，

放送技術が世界標準の
確立と維持という役割
を果たすことはできな
くなった。

⑷ 〔解答例〕

ブログやSNS上では，英語の文法や用法などの形式よりも，多様性や個性に協調を示すようになってきていること。

解説

supranational「超国家的な」
intelligible「理解できる，わかりやすい」
↔unintelligible
supersede「〜に取って代わる」
lingua-franca「国際共通語」
deference「服従」

教員採用試験対策　オープンセサミシリーズ
ステップアップ問題集⑩　専門教科　中学・高校　英語

発　行　2023年10月20日　第1版第1刷

編　著　東京アカデミー
発行人　佐川泰宏
発行所　株式会社ティーエーネットワーク
〒450-6306 名古屋市中村区名駅 1-1-1
ＪＰタワー名古屋６Ｆ
電話　：052-586-7805㈹
FAX：052-563-2109
発売元　東京アカデミー七賢出版株式会社
〒171-0021 東京都豊島区西池袋 1-11-1
メトロポリタンプラザビル 13F
電話　：03-6852-0803
FAX：03-6852-0180

ISBN978-4-86455-628-6　C7337